高性能
桥梁缆索用钢

High
-performance
Steel
For
Bridge
Cables

吴开明 赵 军 胡丞杨 张剑锋
等 编著

化学工业出版社

· 北京 ·

内 容 简 介

本书整合了国内外高性能桥梁缆索钢领域的前沿研究成果，紧密结合生产实践与工程应用实际，对现有高性能桥梁缆索钢进行了系统且深入的梳理与剖析。内容主要包括高性能桥梁缆索钢的特点、主要分类，桥梁缆索钢的强韧化技术及合金成分设计，桥梁缆索钢制造关键技术，桥梁缆索钢的服役性能等，可为材料科学领域的科研人员、工程技术人员，以及桥梁工程领域的设计、施工与维护专业人士提供参考。

图书在版编目（CIP）数据

高性能桥梁缆索用钢 / 吴开明等编著. -- 北京：化学工业出版社，2025.8. -- ISBN 978-7-122-48205-1

Ⅰ. U443.38

中国国家版本馆 CIP 数据核字第 2025HV2076 号

责任编辑：赵卫娟
责任校对：杜杏然
装帧设计：刘丽华

出版发行：化学工业出版社
　　　　　（北京市东城区青年湖南街 13 号　邮政编码 100011）
印　　装：北京建宏印刷有限公司
710mm×1000mm　1/16　印张 14½　字数 267 千字
2025 年 9 月北京第 1 版第 1 次印刷

购书咨询：010-64518888　售后服务：010-64518899
网　　址：http://www.cip.com.cn
凡购买本书，如有缺损质量问题，本社销售中心负责调换。

定　　价：128.00 元

桥梁是生命线工程，在"一带一路"倡议和"交通强国""海洋强国""西部大开发"等国家战略中具有重要地位。为满足经济和社会发展需求，桥梁建设正向山区、沿江和外海延伸，驱动缆索承重桥梁向超大跨方向发展。《中华人民共和国国民经济和社会发展第十四个五年规划和 2035 年远景目标纲要》提出了"加快建设交通强国"的发展战略。发展超大跨缆索承重桥梁用关键材料是实现这一战略的基础之一。

现代缆索承重桥梁起源于美国布鲁克林大桥，是世界上第一座现代大跨度缆索承重桥梁。经过近百年发展，2022 年国外建成了主跨2023m 的 1915 恰纳卡莱大桥，缆索强度已从 1120MPa 提高至1960MPa。我国于 1999 年建成首座千米级桥梁——主跨 1385m 的江阴长江大桥，2018 年建成主跨 1700m 的杨泗港长江大桥，缆索强度由1570MPa 提升至 1960MPa。其间，法尔胜泓昇集团、中信泰富江阴兴澄特钢等企业联合哈尔滨工业大学、重庆大学、东南大学、武汉科技大学等高校形成"产学研"团队，打破了缆索材料依赖进口的局面，实现了"盘条-钢丝-缆索"全产业链的国产化。随着跨径和通航的需要，缆索承重桥梁正在向超大跨发展，对关键钢结构材料的力学性能、耐腐蚀性能及抗疲劳性能有着极为严格的要求。为了满足交通工程建设的需求，需要对新一代钢铁材料的冶金质量与加工制备等方面的关键共性技术进行深入研究，并开展服役性能的系统评价，以促进高性能桥梁缆索钢的技术发展与工程应用。

为此，本书在总结国内外高性能桥梁缆索钢研究结果及生产与应用实践的基础上，对现有高性能桥梁缆索钢进行了系统梳理。结合作者多年从事研发与应用的经验，针对高性能桥梁缆索钢独特的组织特点与性能要求，详细介绍了高性能桥梁缆索用钢铁材料的物理冶金规律，揭示了生产过程中的关键技术原理，明确了高性能桥梁缆索钢发展的方向。

第 1 章概述了大跨度缆索承重桥梁的发展。第 2 章概述了高性能桥梁缆索钢的特点、主要分类及发展趋势。第 3 章首先论述了高性能桥梁缆索钢的材料设计和组织调控基本原理，给出了典型合金元素在钢铁材料中的作用规律，可作为高性能桥梁缆索钢设计的参考；然后论述了组织细化理论及其对力学性能的影响规律，同时说明了钢铁材料的基本相变规律及其在开发高性能桥梁缆索钢中的应用。第4章首先从炼钢的洁净度出发，论述了夹杂物控制机理，其次指出了连铸坯的主要缺陷及控制方法，然后重点论述了控制轧制和控制冷却的基本原理、以在线水浴为特征的新一代热处理条件下热轧钢材组织性能调控基本规律，还介绍了高性能桥梁缆索钢的典型冷拔及热镀工艺。第5章强调了高性能桥梁缆索钢在服役过程中的疲劳、腐蚀、多因素耦合断裂特征及相关防护策略与寿命预测，为高性能桥梁缆索钢的设计及选材提供了依据。

本书由吴开明等编著，第1章由胡丞杨、张梦佳编写，第2章由胡丞杨、周杰、万成功、张梦佳编写，第3章由周杰、胡丞杨、贾力、张腾运、张梦佳编写，第4章由胡丞杨、蔡攀、鲍思前、张剑锋、耿思远、赵军、薛花娟、朱晓雄编写，第5章由胡丞杨、赵天亮、侯廷平、蔡攀、张梦佳、贾力、朱晓雄编写。

本书是在国家重点研发计划"先进结构与复合材料"重点专项"超大跨缆索承重桥梁用关键材料研发与示范应用"（2022YFB3706700），以及"十三五"国家重点研发计划"高性能桥梁用钢"（2017YFB0304800)的支持下完成的。在本书的编写过程中得到了东南大学、北京科技大学等高校以及中信泰富江阴兴澄特钢、中国宝武集团等企业的大力支持，在此表示衷心的感谢。

由于本书涉及多学科交叉，且材料科学正在以日新月异的速度向前发展并不断涌现新的成果，因此本书对新成果的总结难免会有疏漏；加之编者的水平有限，定会有不足和偏颇之处。敬请广大读者批评指正。

编著者

2024.12

Contents 目录

第5章
桥梁缆索钢的
服役性能
152

第**1**章
大跨度缆索承重桥梁的发展

桥梁作为跨越障碍的通道，具有悠久的历史。古代桥梁以石材和木材为主要建造材料，跨越能力有限。19 世纪 20 年代后，火车这一新型交通工具对桥梁的载重、跨度等方面提出新的要求，推动了桥梁工程技术的发展[1-2]。根据结构形式，现代桥梁主要可分为以下五类：梁桥、悬臂梁桥、拱桥、桁架桥和索承桥梁。其中索承桥梁包括斜拉桥与悬索桥，二者均是千米级大跨度桥梁的首选桥型[3]。目前世界最长的斜拉桥和悬索桥分别是位于俄罗斯符拉迪沃斯托克的俄罗斯岛大桥（主跨 1104m）和位于土耳其恰纳卡莱省的 1915 恰纳卡莱大桥（主跨 2023m），如图 1-1 所示。

(a) 俄罗斯岛大桥（斜拉桥）　　　　　　(b) 1915恰纳卡莱大桥（悬索桥）

图 1-1　目前世界最长的索承桥梁

1.1
斜拉桥的演变历史

斜拉桥又称斜张桥，主要由主梁、桥塔和斜拉索三大部分组成[4]。斜拉桥的结构型式最早起源于我国古代。早在 4000 多年前，城门外以护城河作为军事防御体系，在各城门处通常采用吊桥跨越护城河，如图 1-2 所示。该桥在城门侧设置转动铰，通过拉动绳索即可实现吊桥升降。当吊桥平放时，绳索并不受力，仅在吊桥升降过程中，绳索才起斜拉索的作用。因而，我国古代城门吊桥蕴含了斜拉桥的概念雏形。

1617 年，威尼斯工程师 Verantius 建造了欧洲历史上第一座斜拉桥，其结构型式如图 1-3 所示。该桥采用铁链作为斜拉索，铁链一端连接在圬工桥塔上，一端与纵梁相连，从而在纵梁上布设木板以形成桥面系。1784 年，德国人 Loscher 建造了第一座真正意义上的斜拉桥，该桥跨度 32m，拉索、桥面系与拉杆采用木材建造。

图 1-2　我国古代城门吊桥

图 1-3　欧洲最早的斜拉桥设计图

1821 年，法国工程师 Poyet 首次系统性地提出了斜拉桥的结构体系，其设想采用锚固于桥塔顶部的扇形布置的锻铁拉杆连接主梁与桥塔。1949 年，德国工程师 Dischinger 发表了斜拉桥体系相关理论成果，为现代斜拉桥的诞生与发展奠定了基础。1952 年，德国学者 Leonhardt 教授主持设计了第一座现代化斜拉桥，即德国 Theodor-Heuss-Brücke 大桥，该桥采用 3 根平行拉索与主梁连接，主跨 260m，边跨 108m，1953 年始建，1957 年完工，如图 1-4 所示。1953 年，德国工程师 Dischinger 与 Demag 公司设计了 Strömsund 大桥，该桥于 1956 年通车，成为世界首座现代斜拉桥，其主跨 182m，两侧边跨各 75m，是当时世界上主跨最长的斜拉桥，如图 1-5 所示。Strömsund 大桥的建成为现代斜拉桥建设拉开了序幕。

图 1-4   Theodor-Heuss-Brücke 大桥

图 1-5   Strömsund 大桥

1.2
现代斜拉桥的发展

现代斜拉桥共经历 3 个发展阶段[5]：

第一阶段，20 世纪 50 年代中期至 60 年代中期，其特征是拉索为稀索体系，采用钢或混凝土作为主梁的建筑材料，主梁结构受力特征以受弯为主。该型式斜拉桥的典型为瑞典的 Strömsund 大桥（图 1-5）和委内瑞拉的 Maracaibo 大桥（图 1-6）。其中，Strömsund 大桥采用钢主梁，而 Maracaibo 大桥采用混凝土主梁。

图 1-6　Maracaibo 大桥

第二阶段，20 世纪 60 年代后期到 80 年代初，此时斜拉桥逐步采用密索体系，并可更换斜拉索，钢和砼主梁以受压为主，截面减小，Saint-Nazaire 大桥是该时期斜拉桥的典型代表，如图 1-7 所示。

图 1-7　Saint-Nazaire 大桥

第三阶段，20 世纪 80 年代中期至今，斜拉桥已普遍采用密索体系，梁体结构则出现组合式、混合式、钢管混凝土等新形式，主梁向着更加轻型化的方向发展，梁高减小，法国 Normandy 大桥是该时期混合梁斜拉桥的典型代表，如图 1-8 所示。

图 1-8　Normandy 大桥

除上述常见斜拉桥体系外，多塔斜拉桥、单索面斜拉桥、独塔斜拉桥等新型斜拉桥体系也屡见不鲜。图 1-9 展示了斜拉桥最大跨度的发展历史。由图 1-9 可知，受材料与技术限制，1991 年前，现代斜拉桥跨度增长缓慢。但随着钢材冶炼技术的提升，高强轻质钢主梁的应用使斜拉桥的跨径有了质的飞跃。2008 年，我国斜拉桥设计建造技术取得了突破性进展，建成了主跨

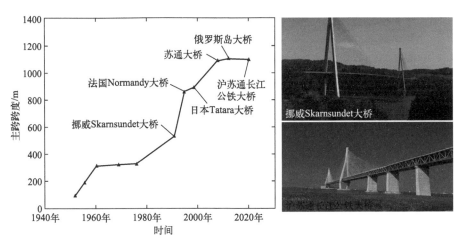

图 1-9　斜拉桥主跨跨度历史沿革[6]

1088m 的苏通大桥，刷新了世界斜拉桥主跨记录。不久后，俄罗斯建成了主跨 1104m 的俄罗斯岛大桥。2020 年 7 月，我国又建成了主跨 1092m 的沪苏通长江公铁大桥，该桥也是世界上首座跨度超千米的公铁两用斜拉桥。这些大桥的相继建成，标志着现代斜拉桥已进入千米级发展时代。

1.3
悬索桥的演变历史

悬索桥是当代跨度最大的桥型，它起源于中国。2000 多年以前，中国古人采用藤、竹、草等自然界材料制作绳索，从而建造了早期的溜索、绳桥和藤桥，且随着铸铁技术进步，铁索被广泛应用于索桥的建造。中国古代铁索桥的典型代表为 1631 年贵州盘江建成的盘江铁桥，根据徐霞客记载，该桥建成时跨度不足 45m。1667 年，法国传教士 Kircher 将《中国奇迹览胜》一书带回西方，从此索桥技术传到西方。西方最早的铁索桥是 1741 年英格兰建成的 Winch 人行桥，如图 1-10 所示。

图 1-10　Winch 人行桥

18 世纪下半叶，英国建造了若干铁制环链悬索桥（小尺寸铁环相连）；19 世纪起，欧洲和美国开始将环链改为销链，但由于应力集中、疲劳开裂、施工架设不便等原因，采用铁丝来代替销链已是大势所趋。法国人最早采用铁丝造索，1824 年马可赛坎和吉约姆-亨利迪富尔在瑞士日内瓦建造了圣安东尼人行桥，该桥有 6 根主索，每索由 90 根铁丝组成，每丝直径 1.9mm。1826 年，由英国工程师 Thomas Telford 设计的梅奈海峡悬索桥建成，该桥主跨 176m，如图 1-11 所示。由于在建成时未增设加劲桁架，该桥在风载荷作用下稳定性不足，同期不少类似的链式悬索桥都因此毁坏。

1842 年，美国人 Charles Ellet Jr. 在宾夕法尼亚州费城建成了美国第一座"法式"悬索桥——Fairmount 桥，如图 1-12 所示。John Augustus Roebling 与 Charles Ellet Jr. 是同时期的桥梁工程师，1883 年 John Augustus Roebling 建成了举世闻名的布鲁克林大桥，如图 1-13 所示。布鲁克林大桥主跨 486m，较之前的悬索桥有了质的飞跃，被认为是世界七大工业奇迹，该桥的建成拉开了现代大跨度悬索桥建设的序幕。

图 1-11　梅奈海峡悬索桥

图 1-12　Fairmount 悬索桥

图 1-13　布鲁克林大桥

1.4
现代悬索桥的发展

现代悬索桥发展迅猛。1931 年 10 月建成的 George Washington 悬索桥主跨 1100m，是跨度首次突破千米的悬索桥。截至 20 世纪 60 年代，美国拥有全世界仅有的四座主跨超千米的悬索桥。此后，欧洲开始了他们在悬索桥领域的追赶，如 1964 年建成的跨度为 1006m 的英国福斯公路桥（Forth Road Bridge），1966 年建成的跨度为 1013m 的葡萄牙塔古斯桥（Tagus Bridge）和跨度为 987m 的英国塞文桥（Severn Bridge）。其中塞文桥因其创新性地采用了钢箱梁与斜吊索而闻名于世，其斜吊索的构造形式虽在之后的悬索桥中较少采用，但钢箱梁的主梁形式则影响深远，其后有较多的缆索承重桥梁都采用该形式的主梁，如 1973 年土耳其修建的主跨为 1074m 的博斯普鲁斯大桥（Bosporus Bridge），1981 年英国修建的主跨为 1410m 的亨伯尔桥（Humber Bridge）等。可以看出欧洲悬索桥的加劲梁形式，早期均采用钢桁加劲梁，自塞文桥之后则一致采用钢箱加劲梁。

日本的桥梁建设在第二次世界大战以后得到了飞速发展，悬索桥的建设受美国风格影响较深，主梁形式更多地采用钢桁梁的形式，直到 1988 年才建成第一座采用扁平钢箱加劲梁的大岛大桥（Ōshima Bridge）。其在 20 世纪 70～90 年代实施的本州-四国联络线工程中有 8 座悬索桥，其中 6 座采用了钢桁梁。目前日本已建成的 4 座超千米的悬索桥中，钢桁梁和钢箱梁悬索桥各有 2 座，700m 以上跨径的则大多采用钢桁梁。

进入 20 世纪 90 年代以后，我国开始修建跨度超过千米的悬索桥，如 1999 年建成的江阴长江大桥（主跨 1385m）、2005 年建成的润扬长江大桥（主跨 1490m）。此时我国悬索桥更多地学习欧洲的风格，大多采用扁平钢箱梁作为主梁。在建成了几座跨度超千米的扁平钢箱梁悬索桥后，2009 年建成了首座跨径超千米的贵州坝陵河钢桁梁悬索桥，并在此后修建的大跨径悬索桥中更多地采用了钢桁梁。我国的钢桁梁悬索桥有“越来越多、越修越大”的趋势，且近年来钢桁加劲梁在悬索桥总量中所占比例有所上升。早期的钢桁加劲梁主要用在跨度不大的悬索桥中，而近年来开始在大跨度悬索桥被较多地采用，2019 年建成的以钢桁梁为主梁形式的武汉杨泗港长江大桥更是一跃成为我国跨度最大的悬索桥（主跨 1700m）。1820—2020 年间的悬索桥跨度发展历程见图 1-14。

与斜拉桥类似，21 世纪初期索承桥梁的跨度发展速度放缓，桥梁的安全性能已然成为制约索承桥梁跨度进一步提升的关键科学问题[7-11]。因而，有必

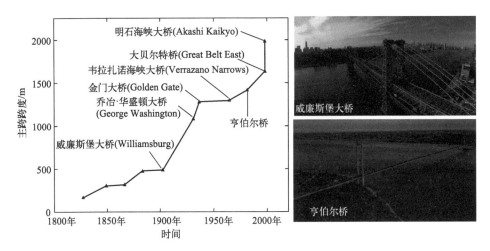

图 1-14　悬索桥发展历程[6]

要加强大跨度索承桥梁的安全性能研究，从而进一步推动索承桥梁跨度的飞跃[12]。

1.5
斜拉桥和悬索桥的未来发展趋势

　　我国斜拉桥建造技术已达到世界领先水平，未来将继续在结构体系、设计及施工控制等方面进行技术创新和优化。例如，沪苏通长江大桥主航道桥作为世界上首座跨度超过 1000m 的公铁两用斜拉桥，采用主跨 1092m 的双塔三索面钢桁梁斜拉桥结构，主塔高 325m，主梁使用新研发的 Q500qE 高强桥梁钢，世界上首次采用伸缩量 2000 毫米级的桥梁轨道温度调节器和伸缩装置，这些技术经验可为后续更大跨度斜拉桥的建设提供借鉴。目前世界排名前十的斜拉桥，中国有 9 座，其中 4 座在建。随着交通基础设施建设的不断推进，未来还会有更多主跨 1100m 以上的斜拉桥项目规划建设，特别是在一些重要的交通枢纽和跨江跨海通道中，如《长江三角洲地区交通运输更高质量一体化发展规划》明确要规划研究沪甬、沪舟甬、东海二桥等跨海通道，这些通道中可能会包含主跨 1100m 以上的斜拉桥。斜拉桥正朝着多塔多跨、宽桥面、大刚度和公铁两用方面发展。多塔多跨斜拉桥可以减少基础数量，降低造价，方便施工，同时保护岸线资源，为航运和码头建设留出更大空间。公铁两用斜拉桥则能满足多种交通需求，提高桥梁的利用效率。

　　当前我国现行的桥梁设计标准规范仅适用于跨径小于 2000m 的悬索桥，

未来需要结合大跨径桥梁的科研和现场资料，针对特大型跨海桥梁开展基础和应用研究，建立一套完善的设计技术标准，为将来在复杂环境条件下建好桥梁打下坚实基础。张靖皋过江通道是主跨 2300m 的在建悬索桥项目，若能在 2026 年完成建设，将打破我国悬索桥跨径增长比例减缓的趋势，届时我国悬索桥平均每年跨度增长将达到 57.8m，跨度增长比例可达 28%。此外，随着经济社会的发展，中国东部临海地区未来仍有建设大型甚至特大型跨海桥梁的需求，可能会有更多的主跨 2000m 以上的悬索桥项目进入规划和建设。

参考文献

[1] 范立础. 桥梁工程 [M]. 北京：人民交通出版社，2001.

[2] 马建，孙守增，杨琦，等. 中国桥梁工程学术研究综述. 2014 [J]. 中国公路学报，2014，27（5）：1-96.

[3] 葛耀君. 大跨度悬索桥抗风 [M]. 北京：人民交通出版社，2011.

[4] 姚玲森. 桥梁工程 [M]. 北京：人民交通出版社，2008.

[5] 陈明宪. 斜拉桥的发展与展望 [J]. 中外公路，2006，26（4）：76-86.

[6] 陶天友. 台风作用下大跨斜拉桥抖振非平稳效应模拟与实测研究 [D]. 南京：东南大学，2018.

[7] 项海帆. 现代桥梁抗风理论与实践 [M]. 北京：人民交通出版社，2005.

[8] 叶继红，张志强，王浩，等. 地震、风、火灾害调查与解析 [M]. 北京：中国建筑工业出版社，2016.

[9] 陈政清. 桥梁风工程 [M]. 北京：人民交通出版社，2005.

[10] 葛耀君. 大跨度桥梁抗风的技术挑战与精细化研究 [J]. 工程力学，2011，28（增刊Ⅱ），11-22.

[11] 王浩. 基于 SHMS 的大跨度悬索桥风致抖振响应实测研究 [D]. 南京：东南大学，2007.

[12] 项海帆. 结构风工程研究的现状和展望 [J]. 振动工程学报，1997，10（3）：258-263.

第**2**章
高性能桥梁缆索钢

2.1
概述

随着经济和科技的发展，中国从 20 世纪 90 年代初期便开始了大规模的基础设施建设，桥梁建设也随之兴起。特别是新世纪以来，中国积极吸纳世界结构科学、材料科学以及建筑学的先进成果，建造了一大批具有世界领先水平的大跨度桥梁，如世界最长跨海大桥港珠澳大桥、主跨长达 1650m 的舟山西堠门大桥等。这些桥梁的建设对国民经济的持续发展起到了至关重要的作用，但同时也对桥梁的后续评估和维护技术提出了更高的要求。

近年来，我国的经济、科技高速发展，在设计和建造桥梁时桥梁的跨度不断增大。调查结果表明，目前世界上已经建成的以及正在设计的大跨度桥梁基本上都是斜拉桥和悬索桥[1]。斜拉桥和悬索桥主跨度通常超过 500m，其建筑高度较低，结构重量较轻，建造时材料损耗较少。作为现代大跨度桥梁最主要的建设形式之一的悬索桥，其结构是通过悬挂于塔桥和两端的缆索及吊索拉起桥面，具有节省材料，自重轻等优势。主缆是悬索桥的主要承重构件，主要承受拉力，其强度与性能是建设悬索桥的重要工程因素。而作为悬索桥、斜拉桥等大跨径桥梁的核心承重部件的桥梁缆索[1]，是由多股大形变冷拉拔技术生产的高强度钢丝制成的索股组装而成[2-3]。所以，缆索桥梁的发展也推动了桥梁缆索用钢丝行业的发展。

由于桥梁的跨距增加，如果不提高缆索钢丝的强度，则会导致材料用量越来越多，增加桥梁的自身重量，大幅度增加桥梁的建设成本。据学者估算，桥梁缆索用钢丝每提高 1 个强度等级，即提高 100MPa 的抗拉强度，能够降低大约 10% 的主缆重量[4]，从而可以减少约 1% 的桥梁建设成本，有很大的经济效益[5]。

在服役期内，桥梁不仅需要承受交通载荷、风载、地震等交变载荷作用，还会受到环境侵蚀的影响。桥梁缆索经常横跨江、河、湖、海，长期处于风雨、潮湿和受到污染的大气环境中，同时需要承受过往交通工具的静载荷和动载荷，以及因风振而产生的脉动循环应力。潮湿的大气环境和空气中的腐蚀性介质将促使桥梁构件发生锈蚀[2]。长期的环境侵蚀和交变载荷作用将不可避免地导致结构局部疲劳损伤累积，使桥梁结构抵抗突发极端载荷的能力下降，严重时甚至会导致桥梁结构在服役过程中发生突然破坏。因此，桥梁缆索钢丝不仅要求强度高，韧性好，扭转性能优异，还必须具备良好的耐腐蚀性能和耐疲劳性能[6-7]。

2.2
国内外高强度桥梁缆索钢的发展

2.2.1　国外高强度桥梁缆索钢的发展

世界上第一座现代化悬索桥是建于 19 世纪末的布鲁克林大桥，其跨度仅486m，主缆钢丝采用热镀锌钢丝，强度约为 1120MPa。20 世纪后半叶，随着世界经济复苏，悬索桥缆索制造技术得到迅速发展，20 世纪 80 年代各国桥梁缆索用钢丝的强度基本达到了 1570MPa；到 20 世纪末主要发达国家生产的桥梁缆索用钢丝强度已达到 1670MPa；而建成于 1998 年的明石海峡大桥，采用新日铁公司专门为其开发的 SWRS82B 作为主缆钢丝材料，其强度达到1770MPa。进入 21 世纪，我国与韩国在高强度桥梁缆索的研发与应用方面处于领先地位，韩国 2014 年建成的李舜臣大桥和蔚山大桥首次应用了强度为1860MPa 和 1960MPa 级别的主缆钢丝[1-2]。

2.2.2　国内高强度桥梁缆索钢的发展

我国现代悬索桥建设虽起步较晚，但起点较高，且发展迅速。1995 年我国建成了第一座现代化悬索桥——广州湾汕头海湾大桥，其主缆索强度约为1570MPa；2005 年通车的江苏润扬大桥，其主缆强度超过 1670MPa；2008 年建成的西堠门大桥，主缆强度为 1770MPa，达到国际先进水平[3]。近年来，国内桥梁缆索用钢产业取得长足发展，具备了研发先进高强度桥梁缆索用钢的能力，如兴澄特钢、青岛特钢、宝武集团等成功开发了 1960MPa 和 2000MPa级别的高强度桥索钢丝，并先后应用于 2019 年的杨泗港江大桥、广东虎门二桥和 2020 年的沪苏通长江大桥；深中大桥采用强度 2060MPa 级别桥索钢丝作为主缆；建设中的张靖皋大桥设计使用强度 2200MPa 以上的桥索钢丝，兴澄特钢、青岛特钢、宝武集团均已开展了相关研究。

2.3
桥梁缆索钢的性能特点与要求

随着社会需求的增长，对大跨度现代悬索桥梁的使用性能和安全性的要求不断提高。高强度桥梁缆索用钢丝是现代大跨度悬索桥建设的基础，因此研制更高性能、更具可靠性的桥梁缆索用钢丝成为国内外桥梁建设的重要研发课题。

2.3.1 钢丝强度

桥索钢丝强度是悬索桥设计中的重要参数，主要包括抗拉强度 R_m 和塑性延伸强度 $R_{p0.2}$，国内外相关标准通常以抗拉强度评价钢丝强度级别[8]。高强度钢丝不仅能提高主缆的承载能力，为更大跨度的桥梁建设提供条件，也能够节省缆索用量，节约成本。据统计，主缆热镀锌钢丝强度每提高 100MPa，可使主缆用料减少 10%。桥索钢丝的强度主要由盘条初始强度、拉拔和热镀过程强度和韧性变化决定。由于盘条直径一般小于 14.0mm，冷拔成钢丝的总压缩率低于 70%，冷拔过程产生的冷作硬化效应不明显。因此，通过优化产品成分设计和配置合理的热处理工艺等提高盘条初始强度与抗热镀软化能力成为高强度桥索钢的主要研究方向[9]。

2.3.2 扭转性能

扭转性能是钢丝在单向扭转时的塑性变形能力，早期多数国家并不将其作为考核指标，仅日本对桥梁缆索用钢的扭转性能有严格标准。随着大量跨江、海悬索桥梁的建设，大风、车辆震动等都会使桥索承受一定的扭转载荷，因此扭转性能逐渐成为评判桥梁缆索钢丝安全性的重要标准，我国相关标准也对不同级别钢丝的抗扭转能力做出了要求。扭转性能受复杂因素影响，早年研究表明：珠光体片层间距、组织均匀程度对扭转性能影响显著，片层间距小，晶界数量多，扭转性能更好；热镀锌过程中，钢丝中渗碳体片层受热球化形成渗碳体颗粒，对位错产生钉扎作用，造成内部缺陷，影响扭转性能。通过优化化学成分、添加合金元素，可有效改善钢丝组织，提高钢丝的热稳定性。采用合适的热镀锌工艺，也能够减轻渗碳体球化对钢丝性能的影响[10]。近年来，研究钢丝微观组织、织构与扭转性能关系的研究报道逐渐增多。赵敏等通过实验发现，钢丝的 {110} 织构强度对扭转性能存在显著影响，钢丝扭转性能随 {110} 织构强度增大而降低；东南大学蒋建清团队对钢丝拉拔过程中珠光体组织、织构取向变化、组织层状撕裂机理、扭转断口形貌分析等方面进行了研究，力求探索出通过改善微观组织来提高钢丝强度、扭转性能的有效方法[11-17]。

2.3.3 抗腐蚀性能

桥梁缆索长期与潮湿空气环境接触，在污染地区易受酸雨侵蚀，为保证桥梁的安全性，桥梁缆索钢丝要具备良好的抗腐蚀性。热镀锌法具有操作简便、可靠耐用、成本低廉等优点，广泛应用于钢丝、板件耐腐蚀处理。Zn 镀层与大气接触，其表面会迅速氧化，形成致密的保护膜，屏蔽外界环境对被镀零件的直接侵蚀；而 Zn 的电极电位较 Fe 低，一旦发生电化学腐蚀，可作为阳极先于被镀零件损耗，兼具阴极保护的效果。热镀过程中，锌液与基件表面 Fe 相互扩散形成合金层，使镀层与基体结合更加牢固。但 Zn 镀层存在腐蚀产物疏松、高温易腐蚀等缺陷，且 Zn-Fe 合金层塑性较差，在长期应力作用下易产生裂纹，影响缆索使用寿命。为进一步提升镀层的综合性能，20 世纪 70 年代后 Zn-Al 合金镀层得到了开发和广泛应用。Al 具备与 Zn 类似的耐腐蚀特性，且与 Fe 具有更好的亲和力，能够形成韧性更好的 Fe-Al 合金层，减少硬脆的 Fe-Zn 合金层生成。比利时研发的 Galfan（Zn-5％Al-Re）镀层在国内应用最广，虎门二桥、沪苏通长江大桥等主缆钢丝上都有应用。目前对 Zn-Al-Mg 三元合金镀层的研究与开发已成为国内外钢材表面防腐研究的热点，Mg 能够优化合金层，使其更薄更致密，同时其腐蚀产物可以降低溶解氧的扩散速度，减缓镀层的电化学腐蚀。日新制钢早在 1988 年就研制出了 Zn-Al-Mg 系合金镀层，随后新日铁、塔塔钢铁、蒂森克虏伯等公司也先后开发出不同种类的 Zn-Al-Mg 镀层，其抗腐蚀能力为 Zn-Al 镀层的 5～8 倍。2019 年初，宝武集团开发出适用于桥梁缆索用钢丝的 Zn-Al-Mg 镀层，并具备工业化生产能力[18-19]。

2.4
高强度桥梁缆索钢丝成分设计特点

成分设计是提高盘条强度、改善盘条性能的重要方法。日本对高强度桥梁缆索用钢的研究起步最早，20 世纪末，新日铁开发了 SWRS82B 钢，化学成分见表 2-1。国内外后续高强桥索钢的开发主要是以此为基础，通过优化成分设计和添加强化合金达到更高性能[5]。

表 2-1　SWRS82B 钢化学成分　　　　　　　　单位：％

成分	C	Si	Mn
含量（质量分数）	0.82	0.90	0.75

2.4.1 C 元素

C 是决定钢铁材料强度的重要元素。随着 C 含量增加，组织中会形成更多渗碳体，使索氏体片层间距减小，材料抗拉强度、硬度不断提高，塑性不断降低。超高强桥索钢 C 含量通常大于 0.82%，属过共析钢，随着 C 含量增加，材料轧制过程中更易在晶界间产生网状碳化物，影响盘条性能。因此，桥索钢材料的 C 含量一般控制在 1.0% 以内。

2.4.2 Si 元素

Si 是钢铁材料常用强化元素，以固溶形式溶于铁素体和奥氏体中，加大 Si 含量可以降低珠光体中 C 元素的偏聚，对材料的抗拉强度有显著的强化作用。高含量 Si 可以抑制渗碳体受热分解球化，提高钢丝抗回火软化能力，降低热镀锌造成的钢丝软化现象。同时高含量的 Si 也能提高材料的屈服强度和屈服比，使材料弹性极限升高。但是，Si 含量增加会降低材料的塑性和韧性。因此，桥索钢材料的 Si 含量一般控制在 0.3%～1.5%[20]。

2.4.3 Mn 元素

Mn 元素可以提高钢铁材料强度，也常用作炼钢脱氧剂和脱硫剂。Mn 可固溶于铁素体和渗碳体中，其溶于渗碳体的浓度高于铁素体，渗碳体中的 Mn 可阻碍其球化，提高材料的热稳定性，减少镀锌过程中的强度损失。Mn 还具有降低临界冷却速度的作用，可以显著提高淬透性。由于 Mn 在冶炼过程中易产生偏析，因此 Mn 含量一般控制在 1.0% 以内。

2.4.4 Cr 元素

Cr 是常用的强化合金元素，可固溶于渗碳体，也能置换钢中 Fe 原子生成 $(Fe,Cr)_3C$ 合金渗碳体，产生析出强化效应，显著提高材料的抗拉强度。同时，Cr 也可减缓渗碳体球化的过程，抑制热镀锌过程中强度的降低，但过量的 Cr 会造成钢丝在扭转过程中出现分层断裂。因此，Cr 含量一般不高于 0.5%。

2.4.5 V 元素

V 是盘条生产中常用的强化合金元素，含 V 桥索钢技术已较为成熟，国内多家钢厂已有生产能力。V 在钢中主要以 VC、VN、V（C，N）化合物形式存在，含 V 化合物在加热和轧制前期溶解于奥氏体中，抑制奥氏体晶粒长大；在线材轧制控冷阶段，V 化合物在相变过程中析出，起析出强化作用，显著提高材料的抗拉强度和屈服强度。在过共析钢中，VC 化合物的生成能够降低周围组织 C 浓度，抑制先共析渗碳体生成，同时 VC 颗粒的析出可以阻碍连续网状碳化物的产生。V 含量过高，碳化物析出过量会严重影响材料的塑性，因此 V 元素用量一般在 0.06％以下[21-22]。

2.5
桥梁缆索钢盘条热处理工艺发展现状

桥梁缆索钢是高碳合金钢，其组织为索氏体化率极高的珠光体结构。因此，桥梁缆索钢的生产需要合理的控轧控冷和热处理工艺来保证产品的性能。斯太摩尔工艺（DP）是国内外线材产线普遍采用的控轧控冷方法，其采用风机风冷降温，通过改变辊道速度、风速、入口风量来控制线材的相变过程。但由于风冷冷却能力不稳定，同时存在搭接点与非搭接点冷却不均匀等问题，经常导致线材不同部位出现明显的性能差异。因此，高强度桥梁缆索用钢盘条通常需要再次铅浴冷却、盐浴冷却、水浴冷却等工艺提高组织性能。

2.5.1　铅浴冷却

铅浴冷却（LP）工艺最早由英国人发明，至今仍广泛用于钢丝、钢绳的生产。其工艺过程是将重新奥氏体化的盘条，浸入熔融态的铅液中，利用 450～550℃的铅液进行等温淬火，完成组织相变。由于铅液温度与索氏体转变温度相近，盘条经铅浴冷却可以得到索氏体化率高于 95％的组织，具有良好的力学性能。但铅液本身具有毒性和易挥发性，使用中会对环境和操作人员的健康造成严重危害。而且，铅浴冷却工艺属于离线热处理，需要将盘条再次加热，还存在操作复杂易挂铅等问题，导致生产成本较高。因此，国家已出台政策停止新建并逐步淘汰铅浴炉，同时鼓励更节能环保的替代工艺的开发[23]。

2.5.2　盐浴冷却

盐浴冷却（DLP/QWTP）工艺目前是替代铅浴的主流热处理工艺，其采用熔融硝酸盐（KNO_3、$NaNO_3$）代替铅液，实现对盘条的恒温冷却。根据刘澄等[24]的研究，盘条经过盐浴冷却后组织索氏体化率可达到 95％，产品性能达到了铅浴水平。与铅液相比，盐对环境的危害更小、更易控制，且盐具有优秀的水溶性，可避免出现"挂铅"问题。1985 年日本新日铁公司建成了 DLP（direct in-line patenting）在线盐浴工艺生产线，如图 2-1 所示。DLP 工艺核心冷却设备有冷却槽和恒温槽两个盐浴装置，冷却槽用于控制盘条冷却速度，使盘条在合适的温度下进入恒温槽完成索氏体转变。DLP 工艺无需将盘条重新奥氏体化，大大降低了生产成本，目前仅新日铁掌握相关技术[25]。国内企业青岛特钢也研发了离线盐浴 QWTP（Qingdao wire toughness patenting）技术来替代铅浴，其技术工艺流程与铅浴类似，需要将盘条重新加热，但在冷却温度控制方面更加优越。青岛特钢已采用此工艺实现 1960～2000MPa 级别高强度桥梁缆索钢丝的生产，其产品已经成功应用于虎门二桥、沪苏通长江大桥的建设[25-26]。

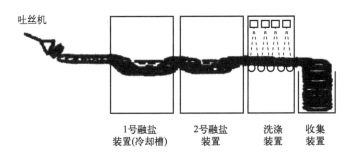

图 2-1　DLP 工艺流程图[25]

2.5.3　水浴冷却

水浴冷却（EDC/XDWP）工艺很早就应用于线材和钢丝的生产中，其原理是将线材浸入沸水中，利用水汽化吸热来吸收线材表面的热量，EDC（easy drawing conveyer）工艺流程如图 2-2 所示。

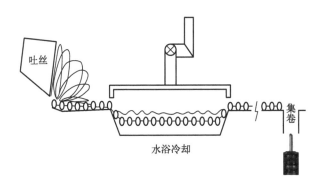

图 2-2　EDC 工艺流程图

水浴冷却使用水作为冷却介质，在冷却过程中只产生无害的水蒸气，不仅降低成本也符合绿色环保的工艺发展方向。但是，水浴冷却工艺无法实现等温淬火，也难以在冷却过程中控制温度，因此，相变过程不稳定，组织索氏体化率≥90%。铅浴、盐浴、水浴冷却组织如图 2-3 所示。

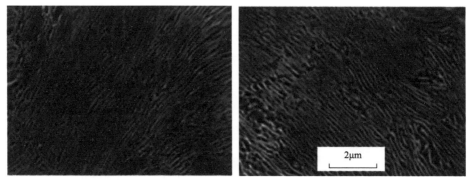

(a) 铅浴冷却   (b) 盐浴冷却

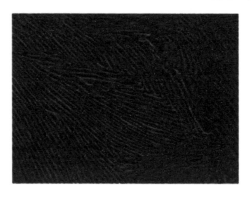

(c) 水浴冷却

图 2-3　不同冷却方式盘条金相组织

　　因此，水浴冷却工艺并没有在高速线材产线中得到广泛应用。目前，国内外研究主要集中在向水中加入有机溶剂，增加水的黏度，使线材表面在冷却过程中形成一层稳固的薄膜，延长膜态冷却的过程，实现类似等温淬火的稳定冷却条件。兴澄特钢自主研发的 XDWP（Xingcheng direct water patenting）水浴冷却技术，以水和 RX 添加剂作为冷却介质，已成功生产出 1960MPa、2000MPa 级别高强度桥梁缆索钢丝，并对虎门二桥和沪苏通长江大桥的建设提供了小批量产品。水浴冷却工艺在高强度桥梁缆索钢生产领域具有巨大潜力和潜在的经济效益，但目前工艺尚不成熟，其在高速线材产业的工业化生产还需要进一步探索[27-28]。

2.6
桥梁缆索钢发展展望

近些年桥梁缆索钢快速发展，不断提升的抗拉强度、良好的韧性、高的疲劳寿命、低的应力松弛性、匹配的预应力体系，对桥梁缆索钢的要求越来越高。目前1860MPa级桥梁缆索钢已广泛应用，桥梁缆索钢的强度级别不断提升，国内外已经在研制开发2300MPa级桥梁缆索钢。

作为衡量安全的重要指标，高应力幅与高疲劳寿命成为近期桥梁缆索钢研究热点方向。雷欢等[29]针对1860MPa级光面桥梁缆索钢，试验不同应力幅的疲劳性能，当疲劳应力幅为350MPa时，满足200万次加载循环次数；当应力幅达到400MPa时，加载循环次数只有9万～21万次。

部分桥梁缆索钢应用于跨海大桥、化工厂等恶劣的环境中，这就要求桥梁缆索钢必须具有较高的耐腐蚀性能，避免材料因腐蚀原因失效。雷欢等[29]对比了不同表面状态桥梁缆索钢的疲劳性能，镀锌桥梁缆索钢优于光面桥梁缆索钢。同时，随着强度级别的不断提高，研究桥梁缆索钢抗氢致延迟断裂也值得关注。GB/T 39039—2020《高强度钢氢致延迟断裂评价方法》中指出，不仅高强度螺栓钢会发生氢致延迟断裂，其他高于800MPa的高强钢也常会发生氢致延迟断裂。

2.6.1 超高强度钢盘条

2.6.1.1 高纯净度与高表面质量

随着桥索钢强度的不断提升，其对缺陷的敏感度也越来越高，对应盘条的质量要求也越来越高。做钢丝疲劳寿命评价时，材料会从最薄弱的地方破坏，从而影响疲劳寿命。

盘条内部的夹杂物与表面的缺陷都是需要关注的重点。对于夹杂物的问题，就是要求钢的高纯净度，钢中的夹杂物越少越好，尺寸越小越好。冶炼过程中选择合适的渣系，通过寻找渣的熔点、碱度、黏度、吸附性等参数的影响规律来控制夹杂物组成，提升纯净度。钢水的纯净度还受到钢中气体含量的影响，钢中的气体含量高，钢水的纯净度就不好，所包含的夹杂物数量及种类也相应较多。

盘条表面任何缺陷均可能成为产品断裂的根源，如裂纹、耳子、折叠、结疤等缺陷均不允许存在。实际生产中，除了控制轧制过程中的稳定性，还要确保加热前坯料表面质量，坯料的检查、修磨、精整作为重要的工序要重点关注。

2.6.1.2 抗氢致延迟断裂控制

"氢"会引起高强钢失效的问题：随着使用时间的延长，材料在生产或使用过程中残留或吸入的大量氢，会造成氢致延迟断裂。延迟断裂过程受应力、环境及材料三个因素的影响，对钢铁承载件的危害极大，材料不发生塑性变形，在低于屈服强度下也会发生破坏。

针对氢的问题，在盘条生产过程中，一是通过成分设计添加微合金化元素，利用第二相析出形成氢陷阱起到固氢作用；二是冶炼过程中选择优质原材料并进行充分的烘烤去除水分，降低炼钢过程中氢含量的增加，并通过真空精炼进一步降低钢液中氢含量；三是利用不同温度氢扩散能力的不同，生产过程中对坯料、盘条进行去氢。

2.6.1.3 新型等温韧化处理

钢铁行业作为高能耗密集型企业，其碳排放量约占全国碳排放量的15%。钢铁工业的绿色低碳发展对于国家实现"碳达峰"和"碳中和"的目标至关重要，高性能、低成本、绿色生产已成为未来钢铁研究的发展趋势。

随着桥索钢强度级别的提升，传统的斯太尔摩风冷已经无法满足超高强度的要求。各大钢厂提出了不同的解决方法，铅浴、盐浴、水浴等韧化处理方法不断进步发展。兴澄特钢积极响应国家的绿色低碳发展政策，产品设计初期把绿色制造的理念贯穿其中，自主研发出盘条在线水浴韧化处理技术。盘条在水浴过程中先后经历临界冷却、膜沸腾、过渡、核沸腾及对流换热5个阶段。桥索钢盘条所需要的组织是索氏体组织，膜沸腾时大量气膜包裹盘条，使其冷却急剧减缓，近似等温，发生索氏体转变。

因此，膜沸腾阶段是整个过程的控制核心，气膜保持时间与破裂速度是保障盘条索氏体转变的关键。增加水浴液浓度、提高水浴液温度、适当降低搅拌速度对气膜保持时间的延长及气膜破裂速度的降低有显著作用。在水中添加环保材料RX溶剂，可以提高水溶液黏度，降低热传导系数，实现了盘条在相变温度前快速冷却，形成蒸汽膜腔后缓慢冷却以维持索氏体化所需要的时间和温度，转变完成后再快速冷却或出水缓冷。

目前，兴澄特钢已经掌握了在线水浴韧化处理的核心控制技术：水浴液流场均匀控温技术；水浴液温度稳定控制技术；水浴液位稳定控制技术。在线水浴韧化处理技术具有能耗低、生产效率高、绿色环保等优点，为国内外钢铁企业建立绿色高效的生产模式做出示范。

通过上述关键技术的研究，兴澄特钢已批量生产2100MPa级桥梁缆索用盘条，并成功研制出2300MPa级桥索钢用盘条。图2-4为采用在线水浴韧化处理技术生产的盘条组织，索氏体含量超过90%，片层间距在100~150nm。

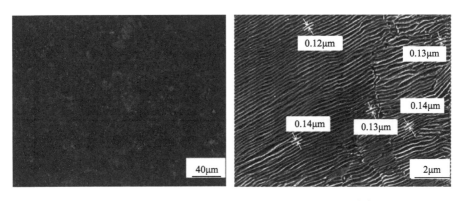

图 2-4　采用在线水浴韧化处理技术生产的盘条组织[30]

2.6.2　超高强度钢丝

冷拉拔是金属压力加工的方法之一，利用金属线材的塑性变形能力，通过专用的设备将大直径盘条拉拔成预先设计的较小直径的钢丝。线材的拉拔技术历史悠久，经过不断的技术改进，相对来说目前的拉拔工艺已经比较成熟。线材的表面状况、润滑介质、拉拔模具、散热能力、总压缩率和部分压缩率的分配、应变速率等是钢丝冷拉拔中的关键控制点。拉拔一般有两种方式，即湿拉和干拉。湿拉适用于较小直径钢丝的拉拔，使用液态润滑介质。桥梁缆索用钢丝的拉拔因直径较大，一般均采用干拉方式，其润滑介质为颗粒状或粉末状，俗称拉丝润滑粉。拉拔模具也叫拉丝模，主要由模套和模芯组成。模芯一般是金刚石、硬质合金等材质。桥梁缆索钢丝拉拔用的拉丝模一般均为钨钴类硬质合金拉丝模。图 2-5 中的（a）图是拉丝模结构示意图，（b）图是钢丝拉拔变形示意图。钢丝的拉拔过程是首先到达入口区，经润滑区与润滑粉一起进入工作区，在拉拔方向的拉力和拉丝模产生的压力作用下发生塑性变形，然后经过定径区稳定变形，最后从出口区被拉出。由（b）图可以看出，横截面上钢丝的变形并不均匀，从钢丝外层往中心方向，塑性变形的程度由大变小。因此每道次压缩率的选择、拉丝模工作区的锥角、拉拔速度都会影响钢丝的变形，而这也是钢丝拉拔时控制的难点[31]。由于拉丝模的工作锥半角一般在 5°～15°，因此锥角的精度控制对钢丝拉拔的影响也较大[32]。

桥梁缆索超高强度钢丝拉拔过程是决定钢丝强度、塑韧性、抗疲劳性能的关键。钢丝拉拔过程是在盘条前端施加一定的力或速度，使盘条坯料通过孔径比坯料直径小的拉丝模具，以达到直径减小、强度提升的过程。钢丝拉拔过程中存在的变形不均匀对成品钢丝的性能影响极大，变形不均匀程度越大，产品

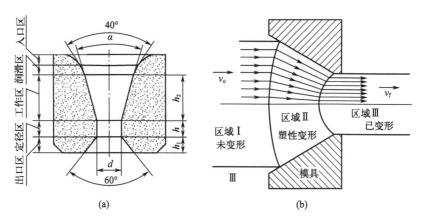

图 2-5　拉丝模结构示意图 (a) 和钢丝拉拔变形示意图 (b)[33]

的表层和心部性能的差距越大，也更加容易产生起皮、中心裂纹、表面裂纹等缺陷，因此，减小钢丝拉拔过程变形的不均匀程度，对改善钢丝性能、提高钢丝综合质量、提高钢丝成品率具有十分重要的意义。针对以上问题，法尔胜提出了桥梁缆索超高强度钢丝拉拔强度预测模型及拉拔参数设计方法，将受多个因素影响的问题进行分析计算，进而寻求优化的参数。另外，为了实现低损伤拉拔，建立了钢丝表面损伤在线监测系统，在线验证了缺陷检测仪对大规格桥梁缆索钢丝表面缺陷检测的有效性，并针对不同规格钢丝的传感器设定参数及其与缺陷大小的关系进行了初步研究。

参考
文献

[1] 任安超，鲁修宇，张帆，等．大跨度桥梁缆索用钢的发展及制造技术 [J]．天津冶金，2017 (5)：32-34.

[2] 叶觉明，张太科，鲜荣，等．1960MPa级钢丝加工及其在悬索桥主缆上的应用 [J]．金属制品，2015，41 (2)：1-6.

[3] 张海良，罗国强，李刚．大跨径悬索桥应用国产1770MPa主缆索股的技术研究 [J]．公路，2009 (1)：70-75.

[4] 母俊莉，姚赞，江晨鸣．2000MPa级斜拉桥用高强度钢丝开发 [J]．金属制品，2020，46 (5)：10-14.

[5] 马海宽，焦悦，李培力，等．2160MPa级桥梁缆索用线材的研发 [J]．机械工程与自动化，2022 (2)：126-127，132.

[6] 张鑫敏．1960MPa缆索"吊起"虎门二桥 [J]．中国公路，2019 (11)：40-43.

[7] 王林烽，陈华青．Φ7.0 mm 2000MPa级桥梁缆索用热镀锌铝合金钢丝

的研制 [J]. 现代冶金, 2018, 46 (6): 16-20.

[8] 任翠英. 桥梁缆索用钢制品国际标准研制 [J]. 金属制品, 2019, 45 (1): 52-55, 64.

[9] 冯路路, 吴开明, 鲁修宇, 等. 桥梁缆索用超高强度钢丝的研究现状及发展趋势 [J]. 中国材料进展, 2020, 39 (5): 395-403.

[10] 张泽灵, 王林烽, 罗国强, 等. 超高强度桥梁缆索钢丝的研究现状及发展趋势 [J]. 现代交通与冶金材料, 2021, 1 (5): 6 9, 11, 27.

[11] Zhou L, Fang F, Zhou J, et al. Strain-induced coarsening of ferrite lamella in cold drawn pearlitic steel wire [J]. Materials Science and Engineering A, 2020 (771): 138602.

[12] Zhou L, Fang F, Kumagai M, et al. A modified pearlite micro-structure to overcome the strength-plasticity trade-off of heavily drawn pearlitic wire [J]. Scripta Materialia, 2022 (206): 114236.

[13] Yin X L, Cheng J, Zhao G. Deformation Law of Cold Drawing Process of High Strength Bridge Cable Steel [J]. Materials Science Forum, 2021 (1035): 801-807.

[14] Zhou L, Fang F, Wang L, et al. Torsion performance of pearlitic steel wires: Effects of morphology and crystallinity of cementite [J]. Materials Science and Engineering A, 2019 (743): 425-435.

[15] Fang F, Hu X, Zhou L, et al. Effect of vanadium on micro structure and property of pearlitic steel wire [J]. Materials Research Innovations, 2015, 19 (s8): 394-396.

[16] 赵敏, 聂明芬, 蔡磊. 钢丝的扭转性能分析 [J]. 金属制品, 2007 (6): 34-36.

[17] 朱家晨, 刘静, 程朝阳, 等. 盘条组织及织构对桥梁缆索钢丝扭转性能的影响 [J]. 热加工工艺, 2016, 45 (18): 49-52.

[18] 魏大圣, 叶觉明, 罗国强, 等. 大跨度桥梁缆索用钢丝热浸镀层研究综述 [J]. 表面技术, 2019, 48 (11): 91-105.

[19] 母俊莉, 胡东辉. 桥梁缆索用钢丝锌铝镁合金镀层的开发进展 [J]. 金属制品, 2019, 45 (5): 29-33.

[20] 王雷, 麻晗, 李平, 等. Si 在高碳钢盘条开发中的应用 [J]. 钢铁研究学报, 2014, 26 (6): 54-56.

[21] 王晓慧. 合金元素分配对珠光体转变组织及性能的影响 [D]. 南京: 东南大学, 2017.

[22] 麻晗, 王雷. V 和 Ti 在高碳钢中的应用 [J]. 钢铁研究学报, 2015, 27 (4): 69-74.

[23] 孙中伟, 陈海燕, 张剑锋, 等. 高强度大桥缆索用盘条生产现状分析 [J]. 中国冶金, 2019, 29 (1): 66-69.

[24] 刘澄, 朱帅, 李阳, 等. 环保型高强度桥梁缆索用盘条工业化热处理工艺的研发 [C] //第十一届中国钢铁年会论文集. 北京: 中国金属学会, 2017: 963-966.

[25] Ohba H., Nishida S., Tanli T., 等. 应用 DLP 工艺生产高性能线材制品 [J]. 世界钢铁, 2008, 8 (1): 49-55.

[26] 刘澄, 李阳, 朱帅, 等. 盘条离线盐浴索氏体化处理 (QWTP) 工业化生产实践 [C] //第十一届中国钢铁年会论文集. 北京: 中国金属学会, 2017: 959-962.

[27] 钱刚, 许晓红, 张剑锋. 绿色低碳高效超高强度桥梁缆索钢用线材的研发及应用 [J].

现代交通与冶金材料，2021，1（4）：75-82.

［28］车安，任玉辉，韩立涛．线材生产 EDC 控冷技术研究［J］. 金属制品，2016，42
（1）：35-39.

［29］雷欢，邹易清，覃巍巍，等．预应力钢绞线疲劳性能研究［J］. 装备制造技术．2018
（6）：226-229.

［30］耿思远，石龙，张剑锋，等．超高强度钢绞线用盘条现状及发展［J］. 现代交通与冶
金材料，2023，3（02）：27-31.

［31］彭科，刘静，袁泽喜，等．冷拔应变对 304H 钢丝扭转性能的影响［J］. 特殊钢，
2021，42（04）：66-70.

［32］冯汉臣．超大应变冷拔铁丝的变形机制和回复研究［D］. 南京：东南大学，2021.

［33］郭宁．桥梁缆索用冷拔珠光体钢丝微观组织表征及力学性能研究［D］. 重庆：重庆大
学，2012：9-13.

第**3**章
桥梁缆索钢的强韧化技术及合金成分设计

3.1
强化技术

　　高碳钢的组织形态主要有全片层珠光体组织和颗粒状珠光体组织，其细晶强化的机制为细化珠光体的片层间距，同时避免出现过多的颗粒状组织。这是因为珠光体片层间距越小，单位体积内的晶粒越细小，强度越高。在承受冲击载荷的时候，外力会沿着晶界运动，片层间距越小，铁素体和渗碳体的晶界越多，外力沿着晶界运动的距离就越长，应力集中的趋势就越小，韧性也相应提高。高碳珠光体钢还存在固溶强化现象。由于合金元素的作用，它们与高碳钢中的铁形成了固溶体。固溶体尺寸与珠光体中渗碳体的尺寸存在差异，导致铁素体发生晶格畸变，阻碍塑性变形过程中位错的运动增值，进而强化基体，提高钢材强度。高碳珠光体钢同样具备位错运动强化机制，在塑性变形发生的时候，位错沿着外力方向向前运动，遇到前方存在的位错，便与之发生交叉反应，相互切割，向前运动受阻，达到了位错强化的目的。此外，第二相强化也叫弥散析出强化，是在钢的基体中析出纳米级的细小颗粒阻碍位错向前运动，起到强化效果。

3.1.1　固溶强化

　　固溶强化指由于外来元素的原子尺寸效应、弹性模量效应以及固溶体有序化效应等，造成基体晶格畸变，晶格畸变增大了位错运动的阻力，使塑性变形更加困难，从而使合金固溶体的强度与硬度增加。固溶强化可分为间隙固溶强化和置换固溶强化。间隙固溶强化作用显著，同时塑性明显下降。固溶强化取决于合金元素及其浓度。通常认为每个元素的贡献与其他元素的存在无关，每个元素的强度与其浓度成正比[1]。不妨假设浓度较低时溶质原子与位错运动具有相互作用[2]；当溶质原子浓度足够高时，位错运动受到与溶质原子持续相互作用引起的摩擦效应的阻碍[3]。基于此推导出一个相似的表达式：

$$\Delta\sigma_{ss} = B_i X_i^y \tag{3-1}$$

式中，σ_{ss} 为固溶强化引起的强度增量；X_i 为溶质原子的浓度；B_i 为与溶质原子种类和基体金属特性相关的常数；y 为用于描述溶质原子浓度与强化效果非线性关系的指数，固溶量低时 y 取 $1/2$，固溶量高时 y 取 $2/3$ [2-3]。对于铁素体，基于不同等级钢中存在的合金元素，开发了一系列固溶强化的经验方程。式（3-2）给出了一个示例（σ_{sss} 为置换固溶，σ_{iss} 为间隙固溶）[4]：

$$\sigma_{sss}+\sigma_{iss} = 32Mn + 678P + 83Si + 39Cu - 31Cr + 11Mo + 5544(C_{ss}+N_{ss}) \tag{3-2}$$

其中，各个元素前的数字表示它们在固态溶液中的质量百分比。

间隙固溶元素的强化能力很强，但由于其固溶量很小，依靠固溶强化取得的强化效果十分有限[5]。图 3-1 为微合金铌、钒的碳化物和氮化物在低合金高强度钢奥氏体和铁素体中的固溶度曲线[6]。由图 3-1（a）可知，铌、钒微合金碳化物和氮化物在奥氏体中的固溶度积数值在 $10^{-1}\sim10^{-8}$，固溶度积大小的顺序为 VC＞NbC＞VN＞NbN，同一元素的氮化物的固溶度积小于碳化物的固溶度积，NbC 比 NbN 大 1 个数量级左右，VC 比 VN 大 2 个数量级以上，VC 比 NbC 大接近 2 个数量级，NbC 很接近并略大于 VN，VN 比 NbN 大不到 1 个数量级。由图 3-1（b）可知，铌、钒微合金碳化物和氮化物在铁素体中的固溶度积数值在 $10^{-4}\sim10^{-13}$，固溶度积大小的顺序为 VC＞VN＞NbC＞NbN，同一元素的氮化物的固溶度积小于碳化物的固溶度积，NbC 比 NbN 大 2 个数量级左右，VC 比 VN 大 2 个数量级以上。

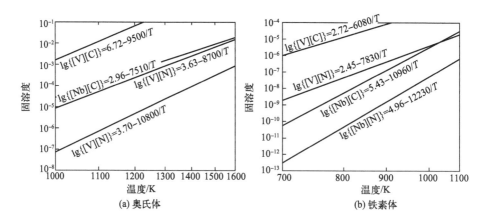

图 3-1　微合金铌、钒的碳化物和氮化物在低合金高强度钢奥氏体和铁素体中的固溶度曲线

间隙固溶元素的扩散能力很强，很容易结合其他原子析出：如碳元素可以与铌、钒、钛形成析出物，降低基体中的溶质原子浓度[7]。钢中加入钛和铌，使之与碳、氮形成稳定的碳氮化物，可以适当放宽碳含量的控制范围，节约生产成本[8]。不锈钢中加入钛和铌，与晶界偏聚的碳形成稳定的碳化物，可以有效防止晶界周围贫铬导致的晶间腐蚀。中碳钢中适当加入钛、铌等元素，可以有效抑制各种氢致缺陷，明显提高钢的疲劳性能，尤其是抗断裂性能。

当溶质原子的尺寸与周围原子尺寸不同时，晶格参数的差异导致溶质原子周围存在阻碍位错运动的高应力场。表面硬化是固溶强化的一个例子，在钢材表面附近区域，溶质原子的密度得以增加。固溶强化通过增大应力的方式增加材料的屈服强度，具体强化方程为[9]：

$$\Delta\tau = Gb\varepsilon^{\frac{3}{2}}\sqrt{c} \tag{3-3}$$

式中，$\Delta\tau$ 为屈服强度增量；c 为溶质原子的浓度；G 为剪切模量；$\boldsymbol{b}$ 为柏氏矢量；ε 为溶质原子引起的晶格应变。

钢中固溶的溶质原子造成晶格畸变，增加位错运动的阻力，提升了钢的强度。

在珠光体钢中，可以起到置换固溶强化作用的元素主要有 Mn、Si、Cr 和 Ni 等，这些元素的强化效果远小于间隙原子，不过它们对塑性和韧性的影响较小。Pickering 和 Gladman[10] 研究了含 0.25%C+1.5%Mn 的铁素体珠光体钢，并给出了不同元素含量下固溶强化作用对屈服强度的贡献，见图 3-2。

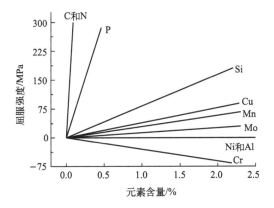

图 3-2　钢中各合金元素的固溶强化作用[10]

桥梁缆索用珠光体钢丝属于高碳低合金钢，在钢中可以起到间隙强化的元素主要有 C 和 N 等。对于全珠光体钢而言，C 全部以渗碳体的形式存在，同时 N 元素含量非常少，因此间隙固溶强化作用很小。同时 Cr 和 Ni 元素含量一般均小于 1.5%，因此对桥梁缆索用盘条和钢丝固溶强化作用非常小。Mn 元素和 Si 元素可以在高碳钢的珠光体钢中置换铁元素，形成固溶体，合金元素引发的晶格畸变会附带大量的位错，在塑性变形时能阻碍位错的移动，从而提高强度[11-12]。然而，对于冷拔大变形量钢丝，渗碳体片层会破碎溶解，C 原子重新固溶进铁素体内，使得铁素体晶格发生畸变，甚至导致基体从 BCC（体心立方）结构转变到 BCT（体心四方）结构[13]，此时固溶强化作用较为显著。研究表明，冷拔应变量达到 3.67 左右时，由于渗碳体溶解使 C 原子重新进入铁素体内带来的固溶强化约为 400MPa[14]。

3.1.2 组织强化

桥梁缆索用钢的组织决定了其最终使用性能，其强化机制是期望获得具有极细片层结构的全珠光体组织，这是因为珠光体片层间距越小，铁素体 α-Fe 片层和渗碳体 Fe_3C 片层之间的界面越多。塑性变形的移动先在铁素体 α-Fe 片层内部向前传递，在遇到渗碳体 Fe_3C 片层后，塑性变形将在铁素体 α-Fe 片层与 Fe_3C 片层的界面处停止，晶界强化提高桥索钢强度的目的非常明显[15]。

高碳钢珠光体中渗碳体两片的层间距一般用 Zener 公式来计算[16]：

$$S = \frac{4\sigma V_m T_c}{\Delta H \Delta T} \tag{3-4}$$

式中，S 为渗碳体两片之间的层间距；σ 为比界面能；V_m 为物质的摩尔体积；T_c 为理论的共析温度；ΔH 为结晶潜热；ΔT 为理论共析温度与实际温度的差值。

假设式（3-4）中的 σ、V_m、T_c 和 ΔH 为常量，则式（3-4）可转变为：

$$S = \frac{K}{\Delta T} \tag{3-5}$$

式中，K 是常量。

层间距 S 越小，力学性能越优异。冷拉拔会使渗碳体片层间距减小，而且渗碳体片层的厚度越薄，在塑性变形过程中抵抗位错移动的能力就越强。因此，细小的片层间距可以使高碳珠光体钢的抗拉强度和扭转塑性同时提升[17-19]。冷拉拔后的微观形貌如图 3-3（a）所示，从图中可以看出，渗碳体片层已经发生了碎断、变形和扭曲，由此可见冷拉拔加工使桥索钢的强度得到了明显的提升[20]，但是桥索钢在随后的热镀锌生产过程中会发生微观组织的改变，从而使其抗拉强度降低，这是因为热镀锌温度在 460～475℃，此温度下，桥索钢碎断的渗碳体将发生从片层状渗碳体向颗粒状渗碳体的转变[21]，如图 3-3（b）所示。碎断的渗碳体在热镀锌温度下由非晶状态的 Fe_3C 片层转变为纳米状态的渗碳体片层。在随后的扭转力学性能检测中，转变为与变形方向不再平行的 α-Fe 片层，无法继续阻碍塑性变形中位错的运动，进而导致其强度降低[22]。

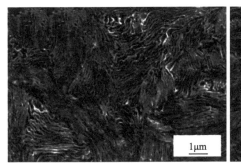

(a) 冷拉拔后[20]   (b) 热镀锌后[21]

图 3-3　钢丝微观组织的 SEM 照片

　　另外，细晶强化是一种通过改变材料的晶粒尺寸来强化的方法。晶粒细化提高强度的同时也提升了材料的延展性和韧性，是一种应用广泛的组织强化方式。其原理是钢中未溶的碳氮化物在高温析出和轧制过程中，再析出的碳氮化物钉扎晶界，抑制奥氏体形变再结晶及再结晶奥氏体晶粒的长大，提高了奥氏体的再结晶温度，在轧制过程中获得的大量亚结构提升了形核点数量，促进了晶粒的细化[23]。

　　晶粒细化的主要原因是界面可以阻碍位错运动从而产生强化作用，最为著名的 Hall-Petch 公式直接体现了晶界强化作用[24-25]：

$$\sigma_{ys} = \sigma_0 + \frac{k}{\sqrt{d}} \tag{3-6}$$

　　式中，σ_{ys} 为屈服强度；d 为晶粒尺寸；σ_0 为晶格摩擦力/晶格阻力/Peierls-Nabarro 力；k 为 Hall-Petch 系数。屈服强度和晶粒尺寸之间的 Hall-Petch 关系可以用位错塞积模型、加工硬化模型或者晶界位错模型等理论推导得出[26]。

$$\sigma_{ys} = \sigma_0 + \frac{k}{\sqrt{2r_0}} \frac{1}{\sqrt{r}} \tag{3-7}$$

　　式中，r_0 为初始盘条内位错胞的宽度，大小取决于初始珠光体片层间距 ILS_0。位错胞的宽度 r_0 是铁素体片层厚度的两倍[27-28]。珠光体片层间距越小，钢丝的屈服强度越高。

　　珠光体的形态可以通过珠光体簇大小、珠光体团大小、片层间距和渗碳体层厚度来定量描述。对于特定化学成分的材料，片层间距只取决于转化温度，并与低于共晶温度的过冷度成反比。改变珠光体团/簇大小等同于改变珠光体钢晶粒大小，而团/簇大小受转化温度和原始奥氏体晶粒大小控制。较小的奥氏体晶粒尺寸有利于珠光体的生长，珠光体团/簇的平均尺寸会随奥氏体晶粒尺寸的增加而增大，而珠光体的片层间距不受奥氏体晶粒尺寸影响，是由奥氏体晶粒等温分解温度控制的。所以，要调控桥索钢珠光体晶粒尺寸首先要严格调控原始奥氏体晶粒的尺寸。

故桥索钢的组织强化机理可以总结为铁素体 α-Fe 片层和渗碳体 Fe₃C 片层双相复合的界面强化和细晶强化。

3.1.3 位错强化

金属在塑性变形过程中，位错不断增值，位错密度不断提高，导致位错间的交互作用加强；随着应变量增高，强化作用增强，使得金属流变应力提高，宏观表现为加工硬化，这就是位错强化的本质原因。铁素体内的位错增值遵循林位错理论，即流变应力和位错密度的平方根呈线性关系，这种关系的数学表达式为[29-30]：

$$\sigma_{af} = \sigma_0 + M\alpha Gb\sqrt{\rho} \tag{3-8}$$

式中，σ_{af} 为铁素体流变应力；σ_0 为铁素体的初始屈服应力；ρ 为位错密度；M 为取向因子（Taylor 因子，在此取 1.84）；α 为与材料性质有关的常数，一般为 0.2～0.5（在高碳珠光体中取 0.24[31]）。将位错密度代入公式即可计算出位错强化值。

此处的位错强化作用仅考虑了铁素体内的位错密度增值，其计算结果主要是位错对铁素体片层的强化作用 σ_{af}，而非对珠光体钢丝的强化作用 σ_{ys}，考虑拉拔变形后铁素体内位错运动导致加工硬化，则复合相强化模型可表示为[26]：

$$\sigma_{ys} = (\sigma_{af} + M\alpha Gb\sqrt{\rho})V_\alpha + \sigma_\theta(1 - V_\alpha) \tag{3-9}$$

式中，V_α 为铁素体体积含量；σ_θ 为渗碳体流变应力（取渗碳体理论断裂强度 6900MPa 为流变应力）；σ_{af} 为铁素体流变应力（取 170MPa）。

即使考虑铁素体内位错运动导致加工硬化，也会发现计算值与实测值不匹配，其主要原因有两点：

（1）渗碳体片层在拉拔过程中也发生滑移变形，应当考虑渗碳体的加工硬化；

（2）铁素体和渗碳体存在晶体学关系，如惯习面等（至少在未拉拔状态下），位错可以通过惯习面和惯习方向由铁素体片层内滑移到渗碳体片层内，因此不能视为简单的两相复合材料。

综上，珠光体内部位错强化作用由于其复杂的显微组织，机理较为复杂，更为准确的珠光体内部位错强化机理还待深入研究。

3.1.4 析出强化

析出相对钢的强度的提升与塑韧性的改善具有显著的作用，通过控制热轧工艺各阶段粒子析出行为生产的高性能钢铁材料也得到了广泛的应用，对微合金碳氮化物的析出理论与析出相体积分数、尺寸、形态等方面的研究已取得了一定的成果。析出相优先在基体的晶界、相界上形成，链状、网状碳化物的析出对钢材性能有危害，需要通过适当降低析出相的体积分数，增加晶内析出形核点来减少链状和网状，促进球形粒子的析出[32]。析出相与基体之间会保持一定的晶体学位向关系，包括共格、半共格以及非共格三种。间隙相粒子多与基体保持共格关系，形态多为片状；间隙化合物粒子多与基体保持非共格关系，形态多为球状或棒状[33]。

相间析出发生铁素体相变时，微合金元素在 α/γ 相界面聚集，随着 α/γ 相界面的移动，其浓度增加，最后以碳氮化物形式在界面析出，弥散分布于铁素体基体中[34]。铁素体由奥氏体直接转变而成，碳化物更加细小，为纳米级。连续冷却过程中在铁素体中沉淀析出的微合金碳氮化物产生强烈的沉淀强化效果，图 3-4 为析出强化强度增量与第二相体积分数和尺寸的关系图。析出物体积分数一定时，随着第二相析出尺寸的减小，析出强化强度提升；析出物尺寸一定时，析出物体积分数的增加也会导致析出强化强度提升。

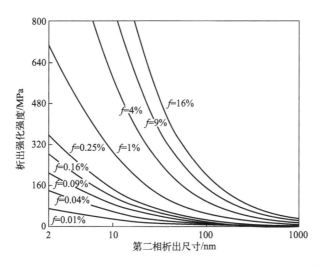

图 3-4　析出强化强度增量与第二相体积分数和尺寸的关系[35]

对析出强化机制的分析，主要涉及对析出粒子与位错的相互作用力以及粒子空间分布的函数的研究[36]。当位错向析出粒子移动时，存在阻碍位错移动的阻力 F 和位错线被拉扯的线张力 T，如果阻力 $F > 2T$，即析出物粒子为硬质颗粒，位错将通过 Orowan 机制环绕过颗粒。此时只有当基体发生塑性变形时，硬质颗粒才会发生变形。如果在 $\sin\theta=1$ 之前，$2T\sin\theta$ 大于 F（θ 为位错线与析出物粒子相互作用时，位错线弯曲的角度），位错将切割析出物[37]。位错运动为切过机制还是 Orowan 环绕机制由析出物颗粒强度决定。它通常与其尺寸有关，因为对于相同类型的析出粒子，较大的尺寸对应于位错与析出粒子之间较大的相互作用力。当达到足够的相互作用力时，位错就会围绕析出粒子形成位错环。因此，位错与粒子之间相互作用机制的变化存在一个临界粒径[38]。对于钢中的合金碳化物，位错与粒子之间相互作用机制的变化发生在非常小的粒径（例如，合金碳氮化物为 5nm[37]）；在铝合金析出强化中，位错与粒子之间相互作用机制的变化发生在更大的临界颗粒尺寸（例如，对于 Al_3Li 颗粒，粒径大于 50nm）。

珠光体钢中的微合金元素铌、钒、钛与碳、氮等元素反应形成的第二相粒子会在铁素体基体中沉淀析出，并以细小、弥散且均匀的状态分布于基体中，从而产生显著的强化作用。在微合金钢中，析出相粒子硬度和弹性模量远高于基体弹性模量，属于典型的不可变形颗粒，因此主要以 Orowan 机制进行强化[39]。在 Orowan 强化机制下，运动的位错遇到析出相粒子时，会绕过粒子并留下位错环。析出相粒子对钢材产生的强度增量可表示为[40]：

$$\Delta\sigma_P = 8.9952 \times \frac{10^3 \times f^{1/2}}{d} \tag{3-10}$$

析出强化强度增量 $\Delta\sigma_P$ 与析出相体积分数 f 的二分之一次方成正比，与析出相粒子的平均直径 d 成反比。

3.2
韧化技术

高碳钢的组织为全珠光体片层组织或颗粒状的粒状珠光体组织，通过细化珠光体片层间距能够提高韧性和强度。珠光体片层间距越小，单位体积内的珠光体团/簇越细小，强度越高。在承受冲击载荷时，外力沿团/簇界面运动的距离增加，应力集中趋势减小，从而提高韧性。高碳钢中碳元素的固溶强化作用显著，但过高的碳含量可能导致脆性增加。因此，通过优化合金元素的添加量，可以在提高强度的同时改善韧性。

桥梁缆索钢多采用高碳设计，大方坯连铸，因碳的扩散速率低，中心偏析倾向显著，形成局部脆性相（粗大珠光体、渗碳体网状结构或脆性碳化物），成分不均导致微观应力集中，易成为裂纹源；偏析区与非偏析区的界面结合力弱，促进裂纹扩展。

高碳钢冶炼过程中，夹杂物的生成不可避免，长条状夹杂物作为裂纹优先萌生点，沿轧制方向延伸，导致各向异性断裂；球状夹杂物的应力集中系数低，裂纹扩展阻力较大，对韧性损害较小；细小弥散分布的夹杂物危害较小，而大尺寸或簇状聚集的夹杂物可显著降低韧性。中心偏析区域若存在高密度或有害形态的夹杂物，会加剧局部脆性，形成"弱化通道"，显著降低断裂韧性。

因此，为提高高碳钢韧性，重点从中心偏析、夹杂物、微观组织等方面进行分析，以提高韧化效果。

3.2.1 中心偏析控制

钢液在凝固过程中，由于溶质元素在固液相中的再分配形成了铸坯化学成分的不均匀性，中心部位 C、P、S 含量明显高于其他部位，这就是中心偏析。中心偏析往往与中心疏松和缩孔相伴存在的，从而降低了钢的力学性能，也降低了钢的耐蚀性性能，严重影响产品质量。

中心偏析是由于铸坯凝固末期，尚未凝固富集偏析元素的钢液流动造成的。铸坯的柱状晶比较发达，凝固过程常有"搭桥"发生。方坯的凝固末端液相穴窄尖，"搭桥"后钢液补缩受阻，形成"小钢锭"结构。因而周期性、间断地出现了缩孔与偏析。为减小铸坯的中心偏析，可采取以下措施：

① 降低钢中易偏析元素 P、S 的含量。应采用铁水预处理工艺，或钢包脱硫，将 S 含量降到 0.01% 以下。

② 控制低过热度的浇注，减小柱状晶带的宽度，从而控制铸坯的凝固结构。

③ 采用电磁搅拌技术，消除柱状晶"搭桥"，增大中心等轴晶区宽度，减轻或消除中心偏析，改善铸坯质量。

④ 防止铸坯发生鼓肚变形，二冷区夹辊要严格对弧。

⑤ 在铸坯的凝固末端采用轻压下技术，来补偿铸坯最后凝固的收缩，从而抑制残余钢水的流动，减轻或消除中心偏析。

⑥ 在铸坯的凝固末端设置强制冷却区。可以防止鼓肚，增加中心等轴晶区，中心偏析大为减轻，效果不亚于轻压下技术。强制冷却区长度与供水量可根据浇注需要进行调节。

3.2.1.1 浇注速度对碳偏析含量的影响

当过热度为 25℃，中间包浇注速度分别为 1.0m/min、2.0m/min 和 2.5m/min 时，对中间包温度场、夹杂物体积分数和流速的影响见图 3-5（横坐标表示距中间包底部垂直距离）。从图 3-5（a）和图 3-5（b）可知，不同浇注速度的中间包温度场和钢液中夹杂物含量基本不变，中间包入口位置温度最低且夹杂物含量最高；但是在 2.0m/min 时，距离中间包底部 0.85m 处夹杂物含量低于 1.0m/min 和 2.5m/min 时的夹杂物含量。由图 3-5（c）可知，以

2.0m/min 经过一段时间的浇注后，中间包内钢液流速变化量最大，中间包注入速度的大小直接影响液面上升的快慢，注入速度越大钢液中夹杂物的去除率越高。

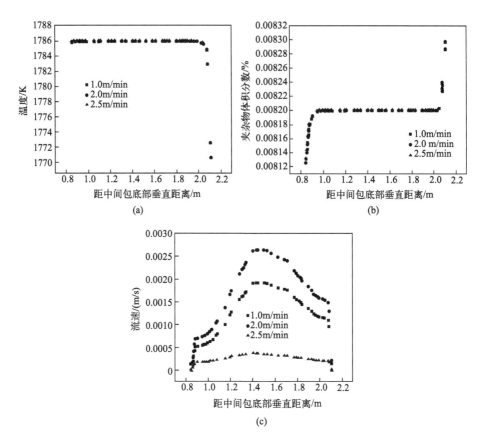

图 3-5　不同浇注速度对中间包温度场（a）、夹杂物体积分数（b）和流速（c）的影响[41]

3.2.1.2　过热度对碳偏析含量的影响

基于高碳钢凝固传热特征，控制中间包钢水浇注速度与过热度变得尤为重要[42]，在高碳钢生产实践中，采用相对低的过热度与高浇注速度，可促进钢液内夹杂物上浮排除，钢液组分更均匀化，成分更纯净化，更有利于铸坯连铸凝固。过热度、浇注速度和钢水在结晶器内停留时间的综合作用，对坯壳厚度影响极大，中间包钢水过热度越低，铸坯断面上产生的细等轴晶区越大，偏析所占面积越小，偏析区间较小[43]；但当过热度低于5℃时，容易发生水口结瘤等生产事故，影响钢水顺利浇注；当过热度在30～40℃时两相区温度梯度较大，柱状晶发达且生长过程中枝干较纯，枝晶偏析较严重，在热应力作用下偏析区域延伸，加大了偏析区间宽度[44]。不同过热度对中间包流场和夹杂物体积分数的影响见图 3-6。

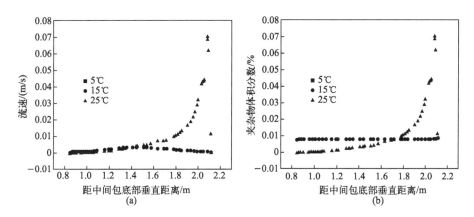

图 3-6 不同过热度对中间包流场 (a) 和夹杂物体积分数 (b) 的影响[41]

3.2.1.3 末端电磁搅拌对碳偏析的影响

凝固末端电磁搅拌技术 (F-EMS) 主要作用在凝固末端的糊状区，在感应电磁力的作用下，带动糊状区钢液流动，有效消除晶界搭桥和选分结晶造成的钢液各元素含量不均现象，从而减轻铸坯中心偏析[45]。考虑到三机三流中间包的对称性，选取 1～2 流作为研究对象。图 3-7 为末端电磁搅拌电流 370A、频率 7Hz 与末端电磁搅拌电流 400A、频率 18Hz 以及电流 500A、频率 15Hz 下碳偏析指数的实验对比[46-47]。末端电磁搅拌电流降低到 370A、频率调整到 7Hz，碳偏析指数整体降低，最低值降至 1.04，但平均碳偏析指数仍高达 1.1，调整末端电磁搅拌参数对铸坯碳偏析指数作用不明显，仍需要进一步探索与验证。

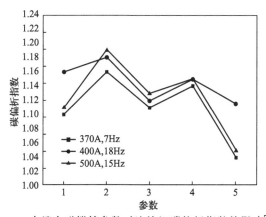

图 3-7 末端电磁搅拌参数对连铸坯碳偏析指数的影响[41]

3.2.2 非金属夹杂物

按照夹杂物的形态和分布，GB/T10561—2023标准图谱将钢中非金属夹杂物分为A、B、C、D和DS五大类[48]。

A类夹杂物（硫化物类）：此类夹杂物是延展性较高，且有较宽形态比（长度/宽度）的单个灰色夹杂物，夹杂物端部呈圆角，能沿变形方向发生形变，属于塑性夹杂物。

B类夹杂物（氧化铝类）：大多数夹杂物在加工过程中不发生形变，属于脆性夹杂物，带角且形态比小（一般小于3），轧制后沿轧制方向排成一行。

C类夹杂物（硅酸盐类）：具有较高延展性的单个黑色或深灰色夹杂物，较宽范围形态比（一般不小于3），夹杂物端部呈锐角。

D类夹杂物（球状氧化物类）：轧制过程中不发生形变，夹杂物形貌为带角或呈圆形，形态比小（一般小于3），在钢中呈分布不规则的颗粒。

DS类（单颗粒球状类）：夹杂物为圆球形或近似圆球形，是直径不小于$13\mu m$的单个颗粒的夹杂物。

3.2.2.1 夹杂物相图计算

钢液中存在不同种类的多元复合夹杂物体系，其中包括铝锰合金脱氧产生的$MnO-SiO_2-Al_2O_3$三元系夹杂物以及精炼渣与钢液相互作用而产生的$CaO-SiO_2-Al_2O_3$三元系夹杂物、$CaO-Al_2O_3-CaS$三元系夹杂物等。

图3-8（a）展示了采用FactSage软件计算的$MnO-SiO_2-Al_2O_3$三元系夹杂物相图。从夹杂物成分调控的角度分析，该相图中以锰铝榴石（$3MnO \cdot Al_2O_3 \cdot 3SiO_2$）相为核心，$Al_2O_3$质量分数为15%～25%的区域及其周边低熔点区被确定为理想的目标控制范围。通过系统研究该三元系夹杂物相图，可准确识别低熔点区域[49-51]，进而为钢中夹杂物的成分设计提供理论依据，最终实现使夹杂物稳定存在于低熔点状态的控制目标。

研究表明，单一氧化物夹杂的熔点均较高，其中MnO为1842℃，SiO_2为1723℃，Al_2O_3更是高达2054℃。然而，如图3-8所示，当采用铝硅锰合金脱氧时，钢中会形成多种复合夹杂物，包括$MnO-SiO_2-Al_2O_3$三元系夹杂物、$MnO-SiO_2$二元系夹杂物、$SiO_2-Al_2O_3$二元系夹杂物以及$MnO-Al_2O_3$二元系夹杂物。这些复合夹杂物往往具有比单一氧化物更低的熔点特性。

这些二元系夹杂物的液相线温度范围为1200～1700℃，固相线温度则集中在940～960℃。当轧制温度处于夹杂物的软化区间（即高于固相线但低于液相线温度）时，低熔点夹杂物表现出良好的变形能力。然而，一旦温度降至固相线以下，夹杂物的变形能力将不再受其熔点影响，此时其力学行为主要取决于本身的固有特性。这一温度-变形特性的转变对轧制工艺中夹杂物的形态

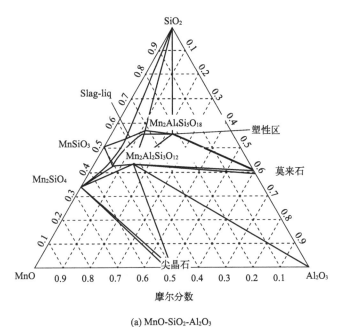

(a) MnO-SiO₂-Al₂O₃

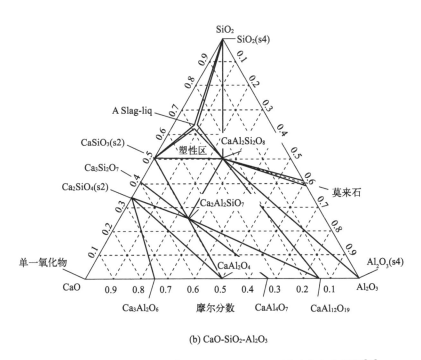

(b) CaO-SiO₂-Al₂O₃

图 3-8   MnO-SiO₂-Al₂O₃ 和 CaO-SiO₂-Al₂O₃ 三元系夹杂物相图[52]

控制具有重要指导意义。

图 3-8（b）展示了通过 FactSage 软件计算的 $CaO-SiO_2-Al_2O_3$ 三元系夹杂物相图。该体系主要包含两种典型夹杂物：钙铝黄长石（$CaO \cdot Al_2O_3 \cdot 2SiO_2$）和钙铝方柱石（$2CaO \cdot Al_2O_3 \cdot SiO_2$）。相图分析表明，低熔点区域主要分布在钙斜长石（$CaO-SiO_2-Al_2O_3$）与假硅灰石（$CaO-SiO_2$）的相区界处[53]。从夹杂物调控的角度来看，处于低熔点区域的 $CaO-SiO_2-Al_2O_3$ 系夹杂物在热加工过程中表现出优异的塑性变形能力，能够与钢基体保持良好的协调变形。然而，这类夹杂物的冶金行为存在一个显著矛盾：虽然其高温塑性有利于加工性能，但却不利于精炼去除。夹杂物的去除效率主要取决于其与钢液的界面润湿特性。研究显示，固态夹杂物与钢液的接触角较大（$84° \sim 135°$），表现出较差的润湿性，这使得它们在到达钢-渣界面时容易从钢液中分离[54]；而液态夹杂物由于接触角显著减小（$13° \sim 65°$），润湿性增强，导致其在界面处的分离效率降低，需要更长精炼时间，从而增加了生产成本。这一特性对炼钢工艺中夹杂物控制的平衡优化提出了重要挑战。

如图 3-9（a）所示为 FactSage 热力学软件计算的 $CaO-MgO-Al_2O_3$ 三元系夹杂物相图。图中主要的初晶相有位于三元图三个角处的 CaO、Al_2O_3、MgO 单夹杂物；$CaO \cdot Al_2O_3$、$3CaO \cdot Al_2O_3$、镁铝尖晶石等二元夹杂物；三元系夹杂物主要是 $3CaO \cdot MgO \cdot 2Al_2O_3$ 相；低熔点区域主要是 $3CaO \cdot MgO \cdot 2Al_2O_3$ 及其周边区域，此区域内的低熔点夹杂物包括 $12CaO \cdot 7Al_2O_3$ 和 $3CaO \cdot Al_2O_3$[55]。

如图 3-9（b）所示为 FactSage 软件计算的 $CaO-Al_2O_3-CaS$ 三元系夹杂物相图。图中主要的初晶相有位于三元图三个角处的 CaO、Al_2O_3、CaS 单相夹杂物，以及 $CaO \cdot Al_2O_3$、$3CaO \cdot Al_2O_3$、$CaO \cdot 6Al_2O_3$ 等二元夹杂物，低熔点区域主要是 $CaO \cdot Al_2O_3$ 及其周边区域[56]。

3.2.2.2　夹杂物活度图计算

精炼渣对钢中非金属夹杂物的数量和成分等都有很大的影响。除了精炼渣的物理性能（黏度、表明张力等）的影响外，精炼渣的成分对钢中夹杂物的调控能力更为明显[57]。

采用 FactSage 热力学软件对 $1550°C$ 下 $CaO-SiO_2-Al_2O_3-5\%MgO$ 四元精炼渣体系中各组分活度进行了计算分析。图 3-10（a）展示了等 Al_2O_3 活度图中碱度与 Al_2O_3 活度的关系，图 3-10（b）和（c）分别呈现了等 CaO 活度和等 SiO_2 活度图中碱度对相应组分活度的影响规律。研究表明，在液相区内，精炼渣碱度的提升会显著改变各组元的活度分布：CaO 活度随碱度升高而增大，而 Al_2O_3 和 SiO_2 活度则呈现降低趋势。这种热力学行为促进了精炼过程对 Al_2O_3 和 SiO_2 夹杂物的吸附去除，同时导致复合夹杂物中 Al_2O_3 和 SiO_2 含量降低而 CaO 含量升高。基于此规律，采用高碱度精炼渣实施二次精炼可有效降低钢液全氧含量

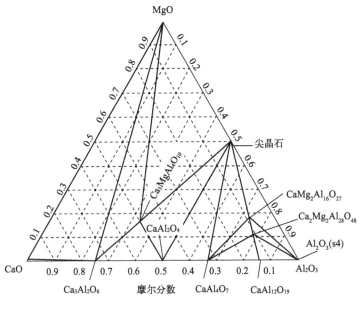

(a) CaO-MgO-Al$_2$O$_3$

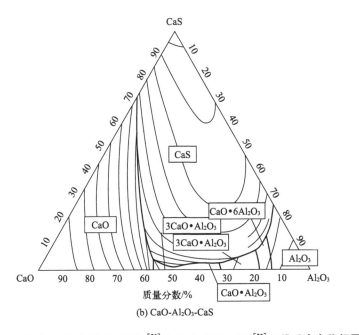

(b) CaO-Al$_2$O$_3$-CaS

图 3-9   CaO-MgO-Al$_2$O$_3$[52]和 CaO-Al$_2$O$_3$-CaS[53]三元系夹杂物相图

并减少 Al_2O_3 类夹杂，这对提升钢质洁净度具有重要实践意义。

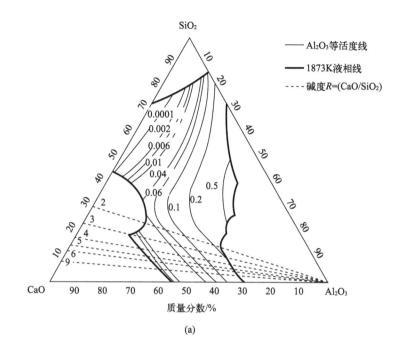

(a)

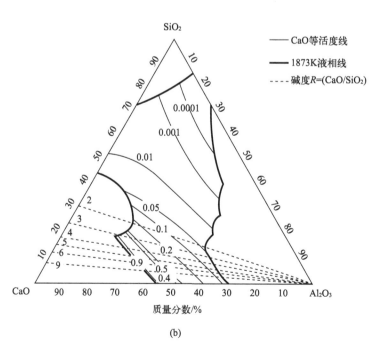

(b)

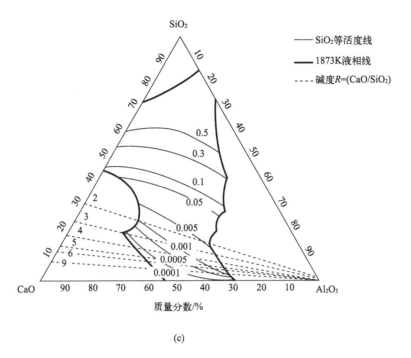

(c)

图3-10 （a）碱度对精炼渣中 Al_2O_3 活度的影响；（b）碱度对精炼渣中 CaO 活度的影响；（c）碱度对精炼渣中 SiO_2 活度的影响[53]

在优化精炼渣系时，需重点考虑两个关键因素：首先是碱度控制，低碱度渣系会导致钢中夹杂物数量增加，但 Al_2O_3 含量相对降低；而高碱度渣系虽能显著提升夹杂物去除效率，但需精确控制碱度以避免工艺波动。其次应基于夹杂物体系相图的低熔点区域设计渣系成分，图3-11所示的转炉（BOF）、LF炉和VD炉渣成分分布显示，当前工艺渣系成分点虽接近低熔点区，但仍需进一步优化调整以提升精炼效果。

3.2.2.3 典型夹杂物的形貌和成分

对转炉出钢脱氧合金化后 LF 进站试样（编号B1）的夹杂物分析表明（图3-12），其主要成分为 MnO-SiO_2-Al_2O_3 三元系夹杂物。能谱分析显示，该类夹杂物中 SiO_2 和 MnO 为主要组分（合计占比>80%），而 Al_2O_3 含量低于20%（质量分数），表明 LF 精炼前脱氧铝的加入量相对不足。夹杂物尺寸主要集中在 10μm 左右，形貌呈现两种典型特征：规则球形和不规则形态。这种形貌差异与其熔点特性相关——液态夹杂物因钢液界面张力作用倾向于形成球形，而固态夹杂物则保持不规则形状。图3-12中各图右上角给出了典型夹杂物的能谱点扫描原子百分比结果。

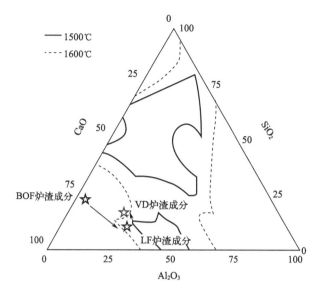

图 3-11　各工序炉渣成分变化[53]

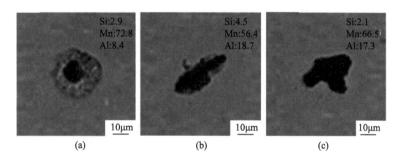

图 3-12　B1 样品中典型夹杂物形貌及成分（MnO-SiO$_2$-Al$_2$O$_3$ 系夹杂物）（单位:%）

随着 LF 精炼过程的进行，通过合金元素的持续加入和中期成分调整，钢液中 Al 含量显著提升。对精炼中期调整后试样（B2）的分析表明（图 3-13），夹杂物仍以 MnO-SiO$_2$-Al$_2$O$_3$ 系为主，但其组分构成发生明显变化：Al$_2$O$_3$ 含量显著增加，而 SiO$_2$ 和 MnO 的相对占比相应降低。这一变化直接反映了钢液铝含量的增加对夹杂物成分的调控作用。

通过对试样的系统分析发现，除 MnO-SiO$_2$-Al$_2$O$_3$ 系夹杂物外，还存在相当比例的 Al$_2$O$_3$-SiO$_2$ 系夹杂物。图 3-14 展示了该类夹杂物的典型形貌及成分特征：随着 Al$_2$O$_3$ 含量增加，夹杂物形貌呈现由球形向长条形的显著转变。这一现象可通过 Al$_2$O$_3$-SiO$_2$ 二元相图（图 3-15）得到合理解释：当夹杂物成

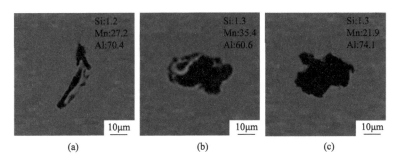

图 3-13　B2 样品中典型夹杂物形貌及成分（MnO-SiO$_2$-Al$_2$O$_3$ 系夹杂物）（单位：%）

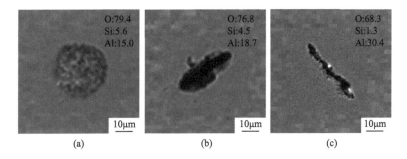

图 3-14　B2 样品中典型夹杂物形貌及成分（Al$_2$O$_3$-SiO$_2$ 系夹杂物）（单位：%）

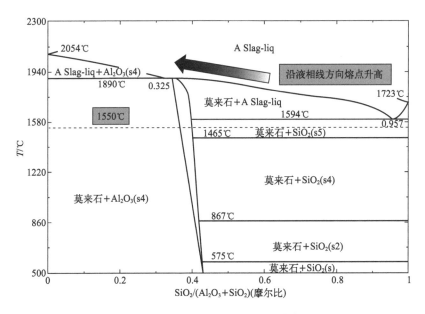

图 3-15　Al$_2$O$_3$-SiO$_2$ 二元相图[53]

分沿液相线方向变化（即 Al_2O_3 含量持续升高）时，其熔点随之上升，导致固态夹杂物比例增加，从而表现出从不规则形状到长条形的形貌演变。这种形貌-成分-熔点的对应关系，为理解夹杂物形成机制提供了重要依据。

通过对脱氧产物的系统表征与分析，有必要对现行脱氧工艺进行深入探讨。目前普遍采用的同步脱氧合金化工艺存在明显的局限性：当多种脱氧合金同时加入钢液时，会在合金元素局部富集区优先形成单一元素的脱氧产物（如 Al_2O_3 或 SiO_2 等），随后通过扩散作用逐渐形成复合夹杂物。然而，这种工艺存在一个关键缺陷——在高硅浓度区域容易形成固态单相 SiO_2 夹杂，这类夹杂物不仅难以通过后续精炼去除，还会对钢材性能产生不利影响。

LF 精炼后钢样（B3）中的夹杂物特征分析表明，其主要为 CaO-SiO_2-Al_2O_3-MgO 系复合夹杂物，其形成机理源于钢液-精炼渣系的界面反应。图 3-16（a）、（b）显示，当夹杂物中 CaO 和 Al_2O_3 占主导时（含量＞50%），其形貌呈现规则的球形特征；而图 3-16（c）则展示了另一种典型情况——SiO_2 含量显著高于 CaO 和 Al_2O_3 的夹杂物，其形貌呈现明显的不规则状态。这种形貌差异揭示了重要的热力学规律：随着 SiO_2 含量的增加，CaO-SiO_2-Al_2O_3-MgO 系夹杂物的熔点显著升高，形成固态难熔夹杂物。值得注意的是，这类高 SiO_2 含量的固态夹杂物不仅难以通过精炼去除，还会恶化钢材性能，因此在工艺控制中应重点避免其生成[57]。

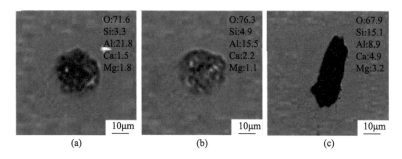

图 3-16　B3 样品中典型夹杂物形貌及成分（CaO-SiO_2-Al_2O_3-MgO 系夹杂物）（单位：%）

3.2.2.4　夹杂物的变形能力

超高强度桥梁缆索钢的生产对夹杂物控制提出了极高要求，这促使研究者必须探索新的夹杂物调控策略。图 3-17 展示了不同类型非金属夹杂物的变形特征。研究结果表明：硬质夹杂物在轧制过程中变形能力有限，往往会在其周围形成应力集中的锥形微孔；脆性复合夹杂物在热轧时易发生破碎，而塑性较好的单相或复合夹杂物则能沿加工方向延伸形成条带状结构。这些差异化的变形行为直接影响钢材的断裂性能，因此深入研究加工过程中夹杂物的演变规律，对优化钢材性能具有重要的理论指导意义。

图 3-17　不同类型非金属夹杂物的变形示意图[57]

　　图 3-18 展示了盘条中不同类型夹杂物在轧制过程中的变形行为特征。图 3-18（a）所示为 Al_2O_3-MnS 复合夹杂物，其结构为 MnS 相包裹 Al_2O_3 核心形成的双相复合体，轧制后该夹杂物与基体界面处出现开裂现象。图 3-18（b）中的 CaO-SiO_2-Al_2O_3-MgO 系复合夹杂物在轧制变形过程中发生破碎，形成串列状分布。相比之下，图 3-18（c）中的 MnS 夹杂物表现出良好的塑性变形能力，能够与基体保持协调变形，仅在与基体界面处产生微小裂隙。值得注意的是，图 3-18（d）中的 TiN 夹杂物在加工过程中几乎不发生塑性变形，其尖锐的棱角形态容易引起应力集中。研究表明，相同尺寸条件下，TiN 夹杂物对钢材性能的损害程度显著高于氧化物夹杂[57]。因此，在实际生产中应当严格控制 TiN 夹杂物的形成，通过调控使其在凝固温度以下以弥散态析出，这将有效改善并提升钢材的组织性能。

　　图 3-19 显示了盘条中不同位置 TiN 夹杂物的尺寸分布情况。统计结果表明，TiN 夹杂物的尺寸主要集中在 $3\sim5\mu m$ 范围内。这类夹杂物的存在会显著降低桥梁缆索在服役状态下的疲劳性能，从而影响结构安全性和使用寿命。因此，如何通过工艺优化将有害的 TiN 夹杂物转化为有益形态，将成为后续

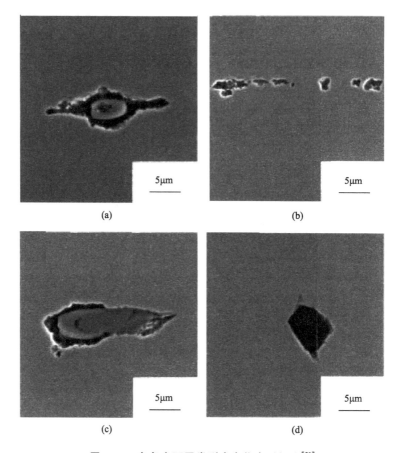

图 3-18　盘条中不同类型夹杂物变形行为[53]

（a）Al_2O_3-MnS 夹杂；（b）CaO-SiO_2-Al_2O_3-MgO 系复合夹杂物；（c）MnS 夹杂物；（d）TiN 夹杂物

该钢种研究中夹杂物特性与钢材性能关联分析的重点方向。

　　为了深入研究 Al_2O_3-MnS 复合夹杂物的形成机制及演变行为，实验系统考察了铸坯中单相 Al_2O_3 夹杂物在热处理过程中的相变过程。研究结果表明，在热处理条件下，Al_2O_3 夹杂物表面会逐渐形成 MnS 包裹层，最终形成 Al_2O_3-MnS 复合夹杂物。图 3-20 展示了该复合夹杂物在轧制变形过程中的形貌演变特征。对比分析发现，与单一 MnS 夹杂物相比，含有硬质 Al_2O_3 核心的 Al_2O_3-MnS 复合夹杂物与钢基体的协调变形能力明显降低，这主要体现在轧制后复合夹杂物与基体界面处产生更明显的间隙。这一现象证实了硬质 Al_2O_3 核心的存在会显著影响夹杂物整体的塑性变形能力。

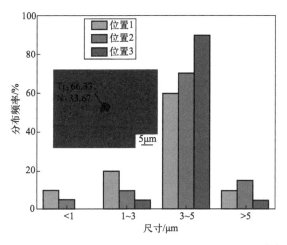

图 3-19　盘条中不同位置处的 TiN 夹杂的分布频率[53]

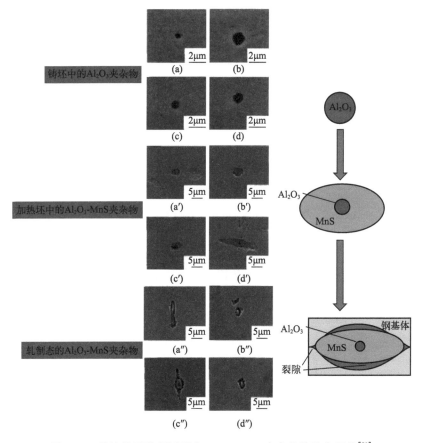

图 3-20　从连铸到轧制过程中 Al₂O₃-MnS 夹杂物的演变规律[53]

（a）～（d）铸态样品；（a′）～（d′）热处理态样品；（a″）～（d″）轧制态样品

3.2.3 微观结构调控

3.2.3.1 不同热处理工艺下珠光体钢的裂纹拓展机理

微观亚结构组织对裂纹扩展有显著影响，尤其是在裂纹扩展的门阈值附近，裂纹尖端对显微组织结构比较敏感[58]。若钢材中存在软质相的先共析铁素体，先共析铁素体能增加材料的协调变形能力，导致裂纹扩展路径发生一定的曲折以及分叉，这将导致微裂纹尖端应力下降，在某种程度上有利于提高裂纹扩展所需要的能量，提高了材料的裂纹扩展阻力[59-61]。

对于珠光体钢，珠光体片层与拉伸力方向决定了裂纹在珠光体中萌生以及扩展的方式。铁素体在珠光体片层结构中最软，裂纹优先在其内部扩展，渗碳体片为硬质片，会阻碍裂纹扩展。采用原位拉伸测试方法观察珠光体钢中裂纹扩展路径[62]，通过裂纹扩展路径与实时裂纹扩展速率对照，发现裂纹在铁素体中扩展速率明显比在珠光体中快，横向对比也能看出，当铁素体含量较多时，裂纹扩展阻力随着铁素体增加而减少。另外，随着珠光体片层间距的增加，其对裂纹扩展的综合阻力逐渐降低，裂纹扩展速率（da/dN）逐渐增加[63]。在其他一些具有片层微观结构特征的合金中也有随着片层结构厚度的增加裂纹扩展速率逐渐增加的报道[64]，还有相关研究指出在铁素体/珠光体组织中，裂纹优先沿着铁素体/珠光体边界扩展，珠光体组织对钢材裂纹扩展总阻力的影响明显降低[65-66]。近期研究也指出，当铁素体含量增加时，裂纹扩展路径倾向于绕过硬质相（珠光体团）在铁素体组织中行进[67-68]。

图 3-21 为 1000℃奥氏体化温度，不同盐浴温度下试样裂纹扩展路径 SEM 图。图 3-21（a）为 450℃盐浴试样，由图可以看出，该试样片层间距最小，裂纹扩展倾向于沿一定方向直接穿过片层进行扩展，当裂纹方向与珠光体片层方向夹角较小时，裂纹也未完全沿扩展阻力较小的铁素体片层方向进行扩展[62]，因此其路径相对平直，裂纹进入不同取向的珠光体团也未见明显偏转。在 500℃盐浴温度下，裂纹在珠光体内部扩展时，由于珠光体片间距增加，破坏单层片结构所需的应力增加，裂纹扩展路径出现了沿铁素体/渗碳体边界，随铁素体片层弯曲而弯曲扩展的情况［图 3-21（b）］，即该条件下裂纹不再完全是直穿片层，因路径有所选择而发生弯折。550℃温度下，由于先共析铁素体增加，裂纹穿过铁素体的概率增加，当裂纹进入铁素体后开始倾向于持续在铁素体内扩展，如图 3-21（c）所示。600℃温度下先共析铁素体量增加，尺寸变大，裂纹在铁素体内部扩展的现象更加频繁，裂纹扩展在粗片状珠光体和铁素体两相中交替进行［图 3-21（d）］。

图 3-22 是 860℃奥氏体化温度、不同盐浴温度下试样裂纹扩展路径 SEM 图，与 1000℃奥氏体化温度变化情况基本相同。

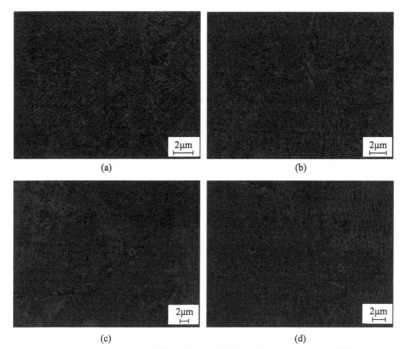

图 3-21　1000℃奥氏体温度下试样裂纹扩展路径 SEM 图[69]

（a）450℃盐浴；（b）500℃盐浴；（c）550℃盐浴；（d）600℃盐浴

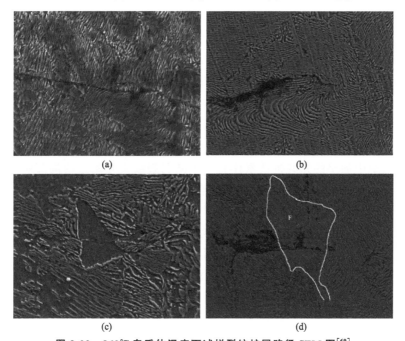

图 3-22　860℃奥氏体温度下试样裂纹扩展路径 SEM 图[69]

（a）450℃盐浴；（b）500℃盐浴；（c）550℃盐浴；（d）600℃盐浴

片层间距最细小的450℃盐浴试样中，裂纹扩展路径均较平直，当盐浴温度升高到500℃后，裂纹扩展路径发生一定偏转，倾向于沿着片层方向扩展，当盐浴温度继续上升，铁素体含量明显增加，裂纹穿先共析铁素体相扩展现象明显增加，当盐浴温度达到600℃后，金相组织中出现大量先共析铁素体，裂纹在软质相（先共析铁素体）中扩展现象更加频繁。

3.2.3.2　珠光体组织与断裂韧性的关系

渗碳体片层较铁素体片层硬脆，根据余氏理论的平均晶胞模型以及键距差法[70-71]，α-Fe 与 Fe-C 的 n_A（原子间共价电子对的数量）分别为 0.38236 与 0.91676。说明 Fe-C 的结合力比 Fe-Fe 结合力要大得多，即裂纹穿过铁素体相对容易，渗碳体作为硬质相将阻碍裂纹的扩展。在条件允许情况下裂纹在珠光体组织内扩展倾向于在铁素体片层中萌生并平行于片层扩展。随着片层间距的增加，渗碳体厚度也相应增加，破坏单片层结构所需要的应力将明显增加。循环塑性区域 r_c 的大小估算为[72]：

$$r_c = \frac{1}{2\pi}(\frac{\Delta k}{2\sigma_{cys}})^2 \qquad (3-11)$$

由公式可知，r_c 大小与应力强度因子 Δk 的平方成正比，与循环屈服强度（σ_{cys}）平方成反比。即随着盐浴温度的升高，微观塑性区增加，裂纹绕过硬质区的能力将增强。如图 3-21（a）以及图 3-22（a）所示，450℃盐浴试样的片层最薄，渗碳体片层的阻碍作用较弱，又由于塑性区小，绕过阻碍的能力最弱，裂纹扩展更倾向于沿应力方向直接破坏片层结构扩展。虽然单个片层渗碳体对裂纹阻碍作用较弱，但单位长度路径上片层数量较多，裂纹扩展综合阻力反而较高，因此这与随片层间距减小裂纹扩展阻力增加的研究结果[64-65]并不矛盾。在500℃盐浴试样中，由于渗碳体片层与铁素体片层厚度增加，裂纹尖端塑性变形区增大，裂纹较难直接破坏渗碳体片层，但绕过渗碳体的能力增强，当遇到小角度的偏转时，裂纹自我调节转向薄弱处，裂纹扩展路径由此发生曲折，而组织中细小的先共析铁素体有助于减弱裂纹尖端附近的局部应力集中，改善材料的抗裂纹扩展性能，提高综合裂纹扩展阻力[61]。当盐浴温度达到550℃后，铁素体量增加，裂纹路径倾向于绕过硬质相（珠光体团/渗碳体）扩展[63,68]，当珠光体团尺寸较大时，裂纹较难为了绕过珠光体团而发生大角度的偏转，因此此时裂纹主要在珠光体团与先共析铁素体两种组织中交替行进。当裂纹进入较大尺寸铁素体团时，其松弛裂纹尖端应力集中的作用变得不明显，而裂纹在低强度的铁素体组织中扩展阻力显著下降[64]。600℃盐浴温度时，沿晶界析出大量先共析铁素体，裂纹扩展阻力在珠光体组织中与在铁素体中的差异更加明显。

图 3-23 为随盐浴温度变化，铁素体/珠光体含量变化对裂纹扩展阻力的影

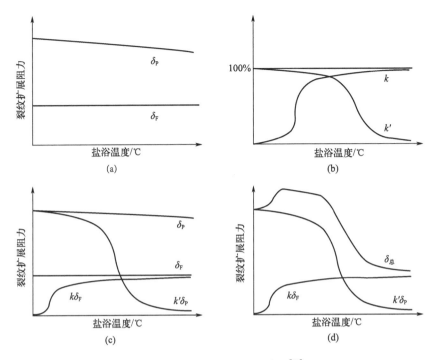

图 3-23　裂纹扩展阻力示意图[64]

响。不同盐浴温度下，平衡组织中先共析铁素体成分差异不大。裂纹在铁素体组织中扩展的阻力 δ_F 不随盐浴温度变化而变化，且裂纹扩展阻力较珠光体小[63]；随着珠光体组织片层间距的增加，裂纹扩展阻力 δ_P 逐渐减小[64-65]；铁素体组织和珠光体组织对裂纹扩展阻力随盐浴温度变化曲线如图 3-23（a）所示。假设材料中没有铁素体组织，铁素体对裂纹扩展阻力的影响值 k（铁素体加权系数）为 0，珠光体对裂纹扩展阻力的影响值 k'（珠光体加权系数）为 100％，见图 3-23（b）。

当铁素体开始出现后，少量铁素体松弛裂纹尖端应力场的作用提高了裂纹的扩展阻力[73-75]，此时铁素体组织对裂纹扩展阻力的影响开始显著增加，即铁素体对裂纹扩展的加权系数 k 明显上升，与此同时，裂纹扩展路径依然要经过珠光体组织，珠光体组织对裂纹扩展阻力的加权系数 k' 仅随组织占比降低略有下降，因此在图 3-23（b）中并非铁素体影响值 k 显著上升就对应珠光体对裂纹扩展阻力影响值 k' 的明显下降。随着盐浴温度上升到先共析铁素体量明显增加后，由于裂纹倾向于绕开珠光体团在铁素体组织中扩展[68]，此时的裂纹主要在铁素体组织中行进，铁素体对裂纹扩展的影响值开始接近最高值，而此时裂纹较少穿过珠光体组织，因此珠光体组织对裂纹扩展的影响值开始快速下降，其加权系数 k 与 k' 变化趋势如图 3-23（b）所示。随加权系数变化，珠光体与铁素体对裂纹扩展阻力影响的变化趋势可由图 3-23（c）所示。随着盐浴温度的继续增加，裂纹大部分会绕开珠光体在铁素体中扩展，珠光体组织对裂纹扩展阻力的影响将持续下降，最后主要由铁素体组织所决定。在不同盐浴温度下裂纹扩展总阻力由铁素体和珠光体共同决定：

$$\delta_{总} = k'\delta_P + k\delta_F \tag{3-12}$$

式中，$\delta_{总}$ 为裂纹扩展总阻力；δ_P 为珠光体裂纹扩展阻力；δ_F 为先共析铁素体裂纹扩展阻力；k、k' 分别为铁素体、珠光体对裂纹扩展影响的加权系数。各组织中裂纹扩展阻力加权上相关加权系数后所得到的总裂纹扩展阻力如图 3-23（d）所示。

综上可知，珠光体钢断裂韧性并非单调随片层间距细化而上升，先共析铁素体含量对裂纹扩展过程具有重要影响，因此对一些需要重新索氏体化的冷变形线材，合理的索氏体片层间距与索氏体化率是保证制造高质量冷拔钢丝的重要条件。而在合适的片层间距与先共析铁素体含量下，实现细化的珠光体团尺寸，丰富珠光体团取向，也能促进裂纹扩展路径的偏转，有利于裂纹扩展阻力的提高。

3.3
合金成分设计

合金的强韧化是材料科学的核心问题，旨在通过优化成分和微观结构，使材料同时具备高强度与良好的韧性。成分设计作为合金开发的起点，直接影响材料的相组成、晶界特性、缺陷行为以及变形机制，从而决定其强韧性匹配。

首先，固溶强化是成分设计中最基础的强韧化手段。通过添加与基体原子尺寸或模量差异较大的溶质元素（如钢中的 Mn、Si），引起晶格畸变，阻碍位错运动，从而提高强度。然而，过量固溶可能降低韧性，因此需平衡溶质浓度。例如，在铝合金中，适量 Mg、Zn 的加入可显著提升强度，但过量会导致脆性相析出，需通过时效处理调控。

其次，第二相强化是强韧化的重要途径。成分设计需精确控制析出相的类型、尺寸和分布。纳米级析出相（如镍基合金中的 γ' 相）能有效阻碍位错，同时避免对韧性的过度损害。而在高强钢中，通过添加微合金元素（如 Nb、V、Ti）形成碳氮化物，可细化晶粒并诱导位错钉扎，实现"细晶强化"与"析出强化"的协同。此外，韧性相（如奥氏体钢中的残余奥氏体）可通过相变诱导塑性（TRIP 效应）提升韧性。

最后，成分设计需避免有害相的生成。例如，钢中 P、S 的偏聚会引发晶界脆化，而铝合金中 Fe、Si 杂质会形成粗大脆性相。通过高纯冶炼或添加中和元素（如稀土）可优化强韧性。

综上，合金成分设计需兼顾强化与增韧的平衡，通过多尺度调控（原子固溶、纳米析出、微观组织）实现性能优化。未来，基于机器学习的高通量计算与实验结合，将进一步提升成分设计的精准性，推动新型强韧合金的开发。

如前所述，桥梁缆索钢多采用固溶强化、析出强化、界面强化、位错强化实现材料的强化，通过对夹杂物、偏析、组织的控制实现材料的韧化。为实现桥梁缆索钢的强韧性协同提升，有必要对其合金成分设计进行详细说明。

3.3.1 V的微合金化

3.3.1.1 V微合金化对相变的影响

Gavriljuk[76]发现V微合金具有抑制静态再结晶和延缓动态再结晶的作用。而Nematollahi等[77]发现奥氏体晶粒尺寸的细化归因于V对晶界的钉扎，以抑制晶界迁移。V微合金化对钢丝不仅显示出强大的细化晶粒作用，而且还具有析出强化作用。

由膨胀曲线获得相变点，结合金相显微组织和硬度值，确定对应相变点的组织转变类型，用光滑的曲线将同一转变的开始点和终止点分别连接起来，并在图中标明奥氏体化的 A_{c1} 和 A_{ccm} 温度以及硬度值，得到原始盘条和含微量V的盘条的CCT曲线，如图3-24所示。通过对比表明，V的加入能够降低珠光体转变温度，合理调控生产工艺有利于细化珠光体片层间距。具体原因

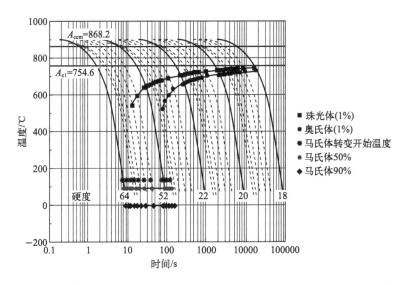

图3-24　V微合金化盘条的CCT（连续冷却转变）曲线（V含量为0.07%）

如下：

　　珠光体包括渗碳体和铁素体两相，两相中的 Fe 原子和 C 原子含量不同，相变发生过程中 Fe 原子和 C 原子都会发生迁移。C 原子的运动形成了高碳的渗碳体和低碳的铁素体，由奥氏体转变为珠光体的相变属于扩散型转变，所以 C 原子的迁移运动对片层间距起决定性作用，而对 C 原子运动影响最大的因素是温度，如果相变是在相对较低的温度下发生的，C 原子的扩散能力受到限制，运动速度必然会减慢，C 原子难以在较大空间内迁移，在较小范围内的原子迁移必然会导致片层间距较小。当 V 含量增加到一定程度时，索氏体片层间距得到细化，这主要跟析出物在晶界上的析出有关，由于 V 与 C 的结合能力比较强，在相变过程中，VC 的生长与渗碳体的生长都消耗 C 原子，所以它们之间相互竞争，这样就造成珠光体相变过程中获得 C 原子的速度减慢。由于相变是在连续冷却条件下进行的，导致珠光体开始转变温度降低，相变温度的降低会使 C 原子运动能力进一步减弱，所以索氏体片层间距在一定程度上会减小[27,78]。

　　在 Gleeble1500 热模拟试验机上对材料进行热循环实验，工艺曲线如图 3-25 所示，将试样以 10℃/s 加热到 1000℃，保温 10min，再分别以 1℃/s、0.5℃/s、0.25℃/s、0.1℃/s 的速率冷却至室温，记录下膨胀曲线以测量相变温度。热膨胀曲线如图 3-26 所示，在不同冷却速度下统计出珠光体转变开始和结束温度，依此画出钢的连续冷却转变（CCT）曲线，见图 3-27。

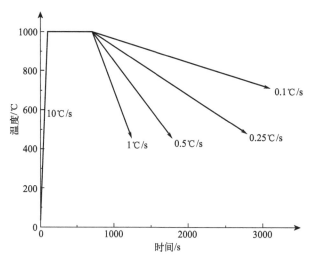

图 3-25　热模拟实验流程图

试验钢虽有不同的冷却速度，但升温过程完全一致，因此所测得的珠光体

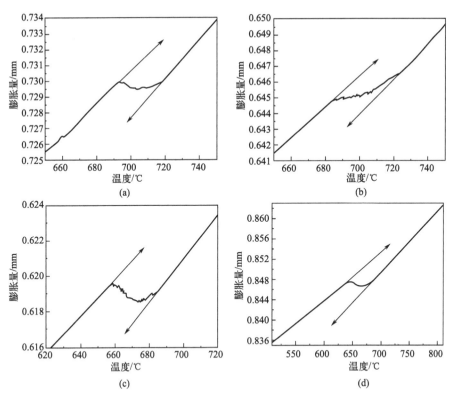

图 3-26　V 微合金盘条不同冷却速率下的热膨胀曲线

（a）0.1℃/s；（b）0.25℃/s；（c）0.5℃/s；（d）1℃/s

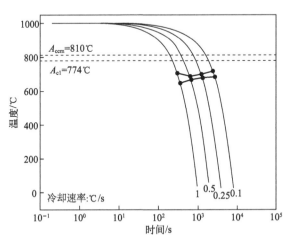

图 3-27　V 微合金盘条在不同冷却速率下 CCT 曲线

转变为奥氏体的开始温度和结束温度应该是一样的，由于环境和仪器的误差导致测得的值不完全相同，故用平均值代替，可以求得试验钢的 $A_{ccm} = 810℃$，

$A_{c1}=774℃$。与不含 V 的试验钢相比，加入微量 V 能够一定程度上推迟珠光体转变。

3.3.1.2 V 对析出的影响

V 同样为强碳化物元素。V 能够与高碳钢中的 C 和 N 等形成化合物，这些化合物在高温状态下会溶解于钢中，而当温度降低时，它们又重新析出。其形成的碳化物，例如碳化钒（VC）的尺寸非常细小，可以在渗碳体片层 Fe_3C 中析出，强化了 Fe_3C 片层[79]。同时，V 在高碳钢加热时使奥氏体晶粒的长大过程受到抑制，从而使奥氏体晶粒变小；而且 V 的加入使珠光体转变鼻尖温度上升，转变孕育期变长，珠光体片层间距细化，从而提高了钢材的抗拉强度；在过冷奥氏体冷却时 V 还会使析出相呈现细小弥散的形式，提高了高碳钢珠光体的强度；V 还抑制了高碳钢盘条在冷拉拔加工为钢丝时 Fe_3C 片层的碎断现象，减少热镀锌过程中 Fe_3C 片层向颗粒状转变的球化倾向，可以提高其扭转性能；此外，V 还可以减小钢丝的加工硬化率，且不会降低钢材冷拉拔过程中的减面率。

V 的添加在抑制高碳钢的先共析渗碳体的析出上具有明显的作用，V 与 C 形成高熔点的碳化物，阻止了 C 的远距离扩散，因此，其形成的渗碳体不连续，出现了断裂的现象[80]。同时，V 对高温阶段奥氏体晶粒的长大具有抑制作用，在铁素体 α-Fe 相析出粒径约为 4nm 的 VC 颗粒，弥散分布在 α-Fe 相中，对位错的运动有很强的限制作用，从而提高了高碳钢强度。添加 V 有利于高碳钢中渗碳体 Fe_3C 的稳定性，但高碳钢盘条冷拉拔加工时应变量过大情况下渗碳体 Fe_3C 片层会出现碎断的问题；由于渗碳体 Fe_3C 片层碎断，其表面能增加，反而促使渗碳体 Fe_3C 片层向颗粒状片层转变。经冷加工变形过程中的大变形后，扭转性能会有明显的降低，冷变形使渗碳体 Fe_3C 片层发生断裂，热镀过程中碎断的渗碳体 Fe_3C 片层的碎化程度会变高，降低钢材的塑性。因此，V 的含量要控制在合理的范围。

通过实验结果的分析发现，将 V 的含量控制在质量分数低于 0.06％时，钒对桥索钢盘条强度的影响呈以下规律：钒含量在 0～0.02％范围内，每增加 0.01％的钒，使盘条平均抗拉强度增加 16MPa；而在 0.02％～0.03％范围内，钒含量增加对盘条抗拉强度影响效果不明显；在 0.03％～0.05％范围内，每增加 0.01％的钒使盘条平均抗拉强度增加 13MPa。整体分析来看，随着钒含量的不断增加，抗拉强度也不断地增强。从不同钒含量 ϕ10mm 82B 钢的面缩率变化情况看（见图 3-28），钒含量在 0～0.02％范围内，随着钒含量增加盘条断面收缩率呈增加的趋势；而钒含量大于 0.02％时，随着钒含量增加盘条面缩率持续下降，这也说明钒含量在一定范围内可以提高盘条的塑性，但是超过此临界值塑性急剧下降。产生这些现象的原因可以从以下几方面分析：合金元素钒很容易与碳氮元素结合形成化合物，这种化合物在低温下析出产生析出强化作用，随着钒含量的不断增加，会有更多的钒原子与碳氮原子结合，形成的析出物也会相应的增加，必然会导致材料强度的不断增加，这就解释了抗拉强度不断增加的原因。断面收缩率先增加后减小，说明在一定范围内钒元素的加入改善了材料的塑性，塑性的改善可能有很多原因，如片层间距得到细化，晶粒细化等，这也从侧面证明了钒元素可能有细化晶粒或片层间距的能力，但是随着钒含量的继续增加，断面收缩率会减小，结果表明这种改善塑性的作用不会一直存在，在超过某一临界值后，随钒含量的增加断面收缩率会减小，所以钒含量必须控制在合理的范围内，以获得力学性能最优异的盘条。

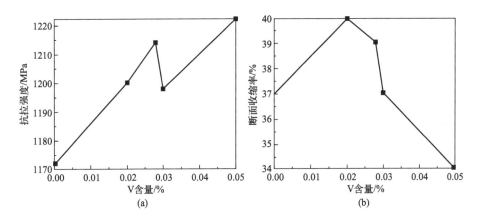

图 3-28　(a) 钒含量与抗拉强度的关系；(b) 钒含量与断面收缩率的关系[81]

为了分析超高强度盘条中钒的存在形式，由 JmatPro 软件模拟的钒析出曲线如图 3-29 所示。

析出相主要是钒的析出物碳化钒，主要分布在索氏体内铁素体基体上，并且分布具有随机性，对于析出相的分布位置以及索氏体片层间距先减小后增大，从以下几个方面解释：

① 钒与碳的结合力极强，与碳元素结合可形成高硬度、高熔点、高弥散度的碳化物，碳化钒非常稳定，具有高温溶解低温析出的特点，在相变过程中，无论在某个温度区间下析出，析出物都非常的细小，具有极佳的析出强化作用。由于晶界上的能量起伏现象的存在，碳化钒会优先在晶界上析出[47]。随着钒元素含量的增加，析出相在晶界上形核的概率逐渐增加，碳化物的形核与长大在晶界上不断进行，由于消耗了大量的碳原子，在晶界周围必然会形成贫碳区，而贫碳区的出现有利于铁素体相变过程的进行，使得铁素体在晶界处形核率增加，铁素体优先在晶界附近生长，铁素体的长大逐渐把析出相包围在

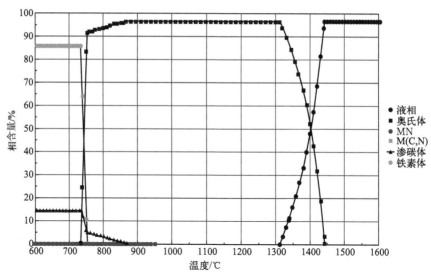

图 3-29　钒的析出曲线

内部，这就是析出相主要分布在铁素体片层中心部位的原因。

② 随着高碳钢中加入的钒持续增加，会使晶界碳偏析程度加大，析出物在晶界析出倾向增加，而析出相的析出又会使其周围区域变成贫碳区，最终导致铁素体析出倾向增大，如果析出物在有些晶界上析出量很大，必然会造成此区域铁素体片层的厚度增加，这样就会使索氏体片层间距增加，这也就解释了钒含量不断地增加会导致索氏体片层间距的增加。

③ 当奥氏体晶界上呈现析出物选择性生长的状态时，碳化物析出粒子周围形成贫碳区，促进铁素体的生长，这就出现了析出物聚集的区域索氏体片层较厚，导致索氏体片层间距的厚度不均匀现象的出现。珠光体相变过程中，渗碳体片层和铁素体片层之间相互配合生长，碳原子在两者之间不停地进行迁移运动，珠光体片层生长比较规整，由于析出物在晶界的析出消耗大量碳原子，当珠光体相变发生在此晶界处时，这种配合生长模式被打破，渗碳体在生长时得不到有效的碳原子补充，这就导致同一渗碳体片层在不同的位置出现厚薄不均现象。这样就解释了渗碳体片层出现不规则生长现象的原因。

④ 对于片层间距的细化可从珠光体生长机制方面来解释，珠光体包括渗碳体和铁素体两相，两相中的铁原子和碳原子含量不同，相变发生过程中铁原子和碳原子都会迁移运动，碳原子的运动形成了高碳的渗碳体和低碳的铁素体。由于奥氏体转变为珠光体的相变属于扩散型转变，所以碳原子的迁移运动行为对片层间距起决定性作用，而对碳原子运动影响最大的因素是温度。如果相变是在相对较低的温度下发生的，碳原子的扩散能力受到限制，运动速度必

然会减慢，碳原子难以在较大空间范围内做迁移运动，在较小范围内的原子迁移必然会导致片层间距较小。当钒含量增加到一定程度时，索氏体片层间距显著细化，这主要跟析出物在晶界上的析出有关。由于钒与碳的结合能力比较强，在相变过程中，碳化钒的生长与渗碳体的生长都消耗碳原子，所以它们之间相互竞争，这样就造成珠光体相变过程中碳原子的迁移速度减慢。由于相变是在连续冷却条件下进行的，导致珠光体开始转变温度降低，相变温度的降低会使碳原子运动能力进一步减弱，所以索氏体片层间距在一定程度上会减小。

不同钒含量下析出相的微观组织见图 3-30～图 3-32；析出特点见表 3-1。

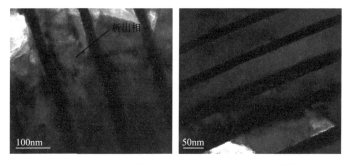

图 3-30　透射电镜下含钒 0.02％时微观组织[75]

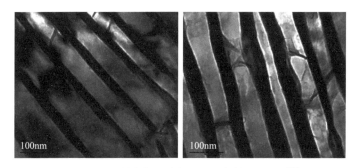

图 3-31　透射电镜下含钒 0.03％时微观组织[75]

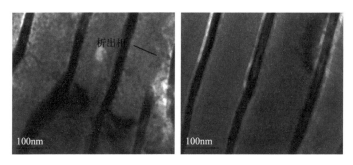

图 3-32　透射电镜下含钒 0.05％时微观组织[81]

表 3-1 钒在不同成分下的析出特点[81]

钒/%	析出相尺寸/nm	析出相分布	珠光体片层间距平均值/nm	析出相
0.02	10～40	铁素体中心、位错附近、相界	116	碳化钒
0.03	10 左右	铁素体中心，位错附近	95	碳化钒
0.05	30 左右	铁素体中心，位错附近	130	碳化钒

由热力学原理可知，在钢液降温过程中，碳化物的溶解度不断降低，碳化物的形成是当析出物生成元素的实际溶度积大于平衡溶度积时发生的。

钢液中金属元素 M 与非金属元素 N 反应生成 M_xN_y 的析出反应式为[76]：

$$x[M] + y[N] = M_xN_y \tag{3-13}$$

反应平衡常数 K 可表示为：

$$K = \frac{a_{M_xN_y}}{a_M^x a_N^y} = \frac{1}{f_M^x w[M]_\%^x f_N^y w[N]_\%^y} \tag{3-14}$$

式中，$a_{M_xN_y}$、a_M、a_N 分别为析出物 M_xN_y、M、N 的活度；$w[M]$、$w[N]$ 分别为钢液中 M、N 的质量分数，%；f_M，f_N 分别为元素 M、N 的活度系数。当反应式（3-13）达到平衡时，M，N 的反应吉布斯自由能 ΔG^ϕ 与反应平衡常数 K 的关系为：

$$\ln K = -\frac{\Delta G^\phi}{RT} = -B - \frac{A}{T} \tag{3-15}$$

由式（3-14）和式（3-15）得到：

$$x\ln f_M + y\ln f_N + \ln(w[M]_\%^x w[N]_\%^y) = B + \frac{A}{T} \tag{3-16}$$

最终 M_xN_y 在钢液中的溶度积可以表示为：

$$\ln(w[M]_\%^x w[N]_\%^y) = B + \frac{A}{T} - x\ln f_M - y\ln f_N \tag{3-17}$$

式中，R 为气体常数；T 为反应温度，K；A、B 为常数；元素的活度系数 f_M、f_N 与温度及钢液中各元素的相互作用系数有关。元素的活度系数可表示为：

$$\ln f_i = 2.303 \sum_{j=2}^{n} e_i^j(w_j) \tag{3-18}$$

式中，i 为多元相中任一组元；j 为 2，3，n 组元。

纯铁熔点为 1809K，液相线温度 T_i 及固相线温度 T_s 分别为 1755.7K，1685.7K。

$$T_{\mathrm{i}} = 1536 - (65\,[\%C] + 8\,[\%Si] + 5\,[\%Mn] + 30\,[\%P] + 25\,[\%S] +$$
$$1.5\,[\%Cr] + 5.1\,[\%Ni] + 4.6\,[\%Cu] + 2\,[\%Mo] + 2\,[\%V] + 3\,[\%Al]\,) - 6 \tag{3-19}$$

$$T_{\mathrm{s}} = 1536 - (267.76\,[\%C] + 14.929\,[\%Si] + 9.048\,[\%Mn] +$$
$$581.437\,[\%P] + 1014.005\,[\%S]\,) \tag{3-20}$$

V、C 相关化学反应及标准吉布斯自由能数据如下所示。

$$C\,(s) = [C] \quad \Delta G^{\Phi} = 22590 - 42.26T \tag{3-21}$$
$$V\,(s) = [V] \quad \Delta G^{\Phi} = -20700 - 45.6T \tag{3-22}$$
$$V\,(s) + C\,(s) = VC\,(s) \quad \Delta G^{\Phi} = -181897.85 + 128.67T \quad (298 \sim 1973K) \tag{3-23}$$

3.3.1.3　V 微合金化对奥氏体再结晶、晶粒长大的影响

V 的微合金化作用主要体现在析出强化和晶粒细化效应。V 在奥氏体相变过程中几乎完全固溶在奥氏体中，抑制奥氏体再结晶的作用较弱。但通过控制 V 的析出，可以让 VC 在相变过程中于奥氏体或铁素体内弥散析出。钢中 N 含量的增加可以促进奥氏体-铁素体界面处 VN 的析出，有效地防止铁素体晶粒生长，并对铁素体晶粒尺寸的细化起到一定的作用。V 微合金化技术已应用于高强度硬线钢的生产[82]。

V 在奥氏体中有较大的溶解度，当钢中 N 含量低（$w_N < 0.007\%$）时，V（C，N）在 900℃以上就可以完全溶解在奥氏体中，导致 V 细化奥氏体晶粒的能力较弱。奥氏体向铁素体转变过程中 V 的主要作用是驱动相间析出和铁素体强化。因此，在含有微量的 V 的钢中加入其他微合金元素如 Ti、Nb 等，对控制高温下晶粒的长大有影响。在含 N 及 V 的钢中，析出 V（C，N）可以钉扎晶界，防止铁素体晶粒生长，在一定程度上，能够细化铁素体晶粒。在冷却过程中会有 V（C，N）的弥散析出，由于位错绕过机制，析出强化效果非常明显。V 的析出有两种形式：在高温（800℃）下，V 于奥氏体-铁素体相界处析出，并保持一定的间隔，形成相间析出；在低温度（700℃）下，V 于铁素体中随机析出。

采用氧化法对 V 微合金化盘条的原始奥氏体晶粒尺寸进行了测量。在 950℃和 1000℃时，盘条的奥氏体晶粒变化如图 3-33 和图 3-34 所示。随着奥氏体化时间的延长，奥氏体晶粒尺寸逐渐长大，且 1000℃时长大更为明显。两种温度下不同保温时间的奥氏体晶粒尺寸统计结果见表 3-2 和图 3-35。由 V 在奥氏体中的溶度积关系式可求出 V 完全固溶对应的奥氏体化温度为 930℃，因此在超过 930℃时 V（C，N）完全溶解在奥氏体中，V 对原始奥氏体晶粒长大的抑制作用不明显。随着奥氏体化温度的升高，奥氏体晶粒长大得越来越明显。

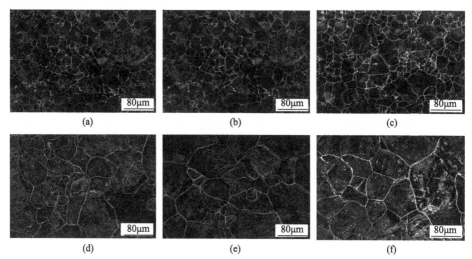

图 3-33　含 V 试验钢在 950℃ 下不同保温时间的奥氏体的光学显微组织照片

（a）30min；（b）60min；（c）90min；（d）120min；（e）150min；（f）180min

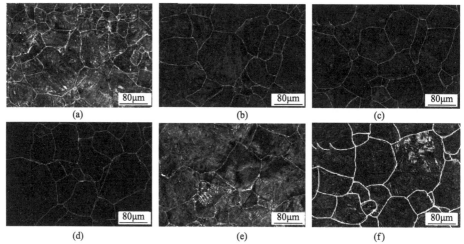

图 3-34　含 V 试验钢在 1000℃ 下不同保温时间的奥氏体的光学显微组织照片

（a）30min；（b）60min；（c）90min；（d）120min；（e）150min；（f）180min

表 3-2　950℃ 和 1000℃ 下不同保温时间的奥氏体晶粒尺寸统计　单位：μm

时间/min	950℃	1000℃
30	43.0±9.1	91±19.7
60	50.2±4.1	113.0±9.8
90	53.1±12.0	136.0±34.0
120	86.8±36.2	136.25±38.2
150	100.1±16.4	146.1±9.9
180	115.6±35.2	144.4±25.2

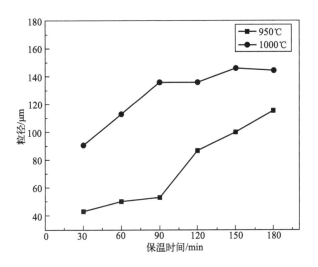

图 3-35　V 微合金化盘条在不同保温时间和温度下的奥氏体晶粒尺寸统计

3.3.2　Nb 的微合金化

Nb 微合金化能显著提高钢丝的抗拉强度和断面收缩率。Nb 元素的加入，不仅提升材料的整体硬度，还可减小不同横截面硬度的离散程度。这是因为Nb 是一种微合金元素，可以在钢中形成碳化物或氮化物，这些碳化物或氮化物可以阻碍位错移动，从而使硬度增加。此外，Nb 也会影响晶粒的生长，导致晶粒细化，这也会使硬度增加。

3.3.2.1　Nb（0.025%）微合金化对珠光体相变过程的影响

Nb 元素作为广泛采用的细化晶粒元素在钢铁材料中得到了广泛的应用，其不仅具有细化加热过程中奥氏体晶粒的优点，而且可以细化奥氏体冷却过程中的转变产物（如铁素体、珠光体、贝氏体和马氏体），同时 Nb 元素与 C 元素可以形成高熔点的 Nb（C，N），在冷却转变过程中析出大量弥散的碳化物，起到析出强化的作用。Nb 元素能在 1150℃时显著阻碍奥氏体晶粒的粗化，与不含 Nb 钢相比含 Nb 钢的连续冷却转变曲线向右下方移动[83]。抑制奥氏体晶粒长大，增加晶界面积，进而增加珠光体的形核位置，提高形核率。同时，抑制碳的扩散速率，降低珠光体长大速度，增加了珠光体相变的过冷度，有利于细化珠光体组织。Nb 的加入使得共析碳含量明显升高，使珠光体相变产物的形貌发生明显的变化，渗碳体的展弦比显著降低[84]。研究还发现 Nb 元素能以未溶碳化物的形式细化奥氏体晶粒，降低碳的扩散速度，珠光体相变后片层间距减小了 35%[85]。

珠光体转化是一种典型的扩散相变，经历了孕育期和成核长大的过程。利用 JMatPro 软件模拟的珠光体转化过程，如图 3-36（a）所示。研究发现，随着冷却速度的减慢，Nb 使得珠光体的转化过程从被阻碍变成了促进。

珠光体的转变温度会因 Nb 微合金在不同冷却速率下的变化而改变，这一现象本质上源于 Nb 在不同冷却速率下固溶和析出的综合作用。Nb 固溶的主要作用是降低珠光体的转变温度，这在很多文章中都有报道。然而，析出 Nb 碳化物的形态和大小可能是导致珠光体转变温度在缓慢冷却速率下升高的原因。为了分析超细珠光体钢中 Nb 的存在形式，采用电子密度泛函法计算 NbC 在合金钢中的溶度积[86]。根据式（3-12），以质量百分比（$\hat{K}$）对溶解产物进行了明确定义。

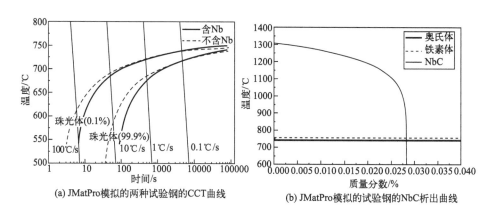

(a) JMatPro 模拟的两种试验钢的 CCT 曲线　　(b) JMatPro 模拟的试验钢的 NbC 析出曲线

图 3-36　JMatPro 模拟曲线

$$w_Q = \frac{100 x_Q m_Q}{x_C m_C + x_{Fe} m_{Fe} + x_{Nb} m_{Nb}} \tag{3-24}$$

其中 Q 可以表示 C、Fe 或 Nb，m_Q 是原子物种 Q 的原子质量，因此

$$\hat{K}[NbC] = (w_{Nb} w_C)_{lmt} \approx 10^4 m_{Nb} m_C m_{Fe}^{-2} K [NbC] \tag{3-25}$$

在超细珠光体钢中，x_{Nb}，$x_C \ll 1$。通过实验，在一定温度范围内引入了参数 A 和参数 B。

$$\lg \hat{K} = -\frac{A}{T} + B \tag{3-26}$$

通过计算，在奥氏体中参数 A 为 670，B 为 3.56。珠光体完全转化温度 T 为 910K 时，固溶的 Nb 的质量分数为 1.349×10^{-5}。该值小于 Nb 的添加量（2.5×10^{-4}）。由 JMatPro 软件模拟的 NbC 析出曲线如图 3-36（b）所示。含 NbC 碳化物的析出是一个从 1000℃ 开始到珠光体转化结束的连续过程。固溶的 Nb 在理论和实验方面都有许多文献进行了表征。研究证明渗碳体和铁素体之间固溶性 Nb 原子的非平衡分布细化了珠光体片层间距[87]。

含 Nb 的碳化物在 SEM 和 TEM 下的形貌如图 3-37 所示。为探究两种钢在不同冷却速率下的相变规律，研究人员利用 SEM 和 TEM 测试，揭示了 Nb 对珠光体相转变过程的影响。如图 3-37（a）和图 3-37（b）所示，在缓慢冷却速率下，含 Nb 析出物最大粒径分别接近 $2\mu m$（在 0.05℃/s 时）和 $1\mu m$（在 0.1℃/s 下）。该尺寸几乎接近夹杂物的尺寸级别，但此类析出物在样品中并非广泛存在。然而，在快速冷却速度下，含 Nb 析出物颗粒的尺寸主要在 100nm 左右，如图 3-37（c）和图 3-37（d）所示。此时，碳元素的能谱分析显示仅有微量或不存在 Nb 元素，这使得含 Nb 沉淀物分布的统计变得困难，但仍在表 3-3 中记录了相关结果。含 Nb 析出物的电子衍射图如图 3-38 所示。析出物的电子衍射图谱表明，含 Nb 的沉淀物结构为 Nb_2C，并且还存在 α 铁素体和 Fe_3C。

固溶的 Nb 原子对间隙碳原子有很强的拖曳作用，可抑制碳原子的扩散，从而提升碳原子在过冷奥氏体中的扩散活化能[88]。扩散活化能的增加延长了珠光体的孕育期，降低了珠光体相变的温度。如图 3-37（c）和图 3-37（d）所示，盘条在所有冷却速率下都具有可见的小尺寸含 Nb 析出物。这是由于高温

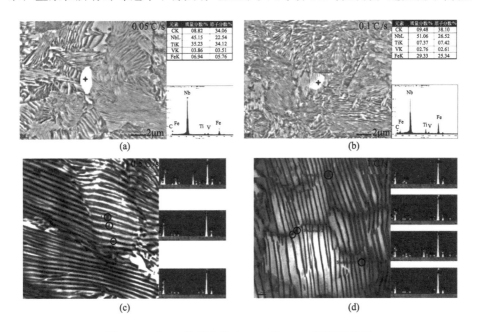

图 3-37　含 Nb 的碳化物在 SEM 和 TEM 下的形貌图

（a）0.05℃/s 和（b）0.1℃/s，扫描电子显微镜下夹杂物和 EDS 的表征；
（c）0.5℃/s 和（d）1℃/s 的透射电子显微镜表征和 EDS

固溶状态下的部分 Nb 在珠光体转化过程中析出，形成 Nb₂C。然而，从图
3-37（a）和图 3-37（b）中可以看出，在 0.05℃/s 和 0.1℃/s 的冷却速率下
发现了大的含 Nb 夹杂物。由此可见，Nb 对珠光体相变的影响为：缓慢的冷
却速率使得部分含 Nb 析出物在珠光体转变前聚集并生长，形成不溶于奥氏体
的合金碳化物。在晶界难以捕获的含 Nb 析出物和含 Nb 的夹杂物加速了珠光
体的形核和生长，缩短了孕育期，提高了转变速率。

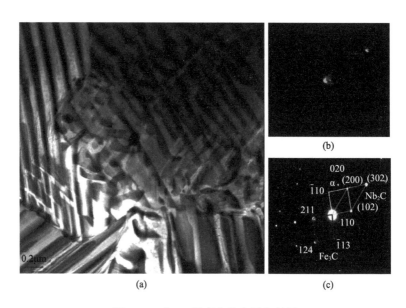

图 3-38　含 Nb 析出物的电子衍射图

（a）晶界附近含 Nb 的沉淀物；（b）选定区域的暗场；（c）析出物的电子衍射图

表 3-3　不同冷却速率下盘条含 Nb 析出物的粒径及分布

	0.05℃/s	0.1℃/s	0.5℃/s	1℃/s
沉淀物（TEM）	可见 <100nm	可见 <100nm	可见 <100nm	可见 <100nm
夹杂物（SEM）	可见 <2μm	可见 <1μm	不可见	不可见

3.3.2.2　Nb 微合金化对珠光体片层间距的影响

珠光体片层间距不仅受到 C 原子和合金颗粒扩散引起的软冲击的影响[89]，
也会受到热涨落/再辉效应的影响[90]。但过冷度不足的影响尤为明显，过冷度
是传统经验公式中的关键变量。其半经验公式为：

$$\lambda = \frac{\alpha \sigma T_E}{\Delta H_V (T_E - T)} \tag{3-27}$$

式中，λ 为珠光体的片层间距；α 为常数，通常为 4；σ（约 $0.40 \sim 0.70\mathrm{J/m^2}$）[91]为铁素体/渗碳体界面能量值；$\Delta H_V$（约 $607\mathrm{MJ/m^3}$）[92]为参加珠光体转变的每单位体积熵的变化；T_E 为珠光体的平衡转变温度，$T_E\text{-}T$ 用过冷度 ΔT 表示。假设试验钢的比界面能、摩尔体积在加入 Nb 后变化不大，式（3-27）可以简化为：

$$\lambda = \frac{K T_E}{\Delta T} \tag{3-28}$$

式中，K 是一个常量。通过纳入两种试验钢的转变点的过冷度范围，实现了真实片层间距向表观片层间距的转换。其范围是不含合金元素 Nb 的试验钢为 $71.0 \sim 255.0\mathrm{nm}$，含有 0.025% Nb 的试验钢则为 $66.4 \sim 237.5\mathrm{nm}$。通过过冷系数的实验和计算数据论证可知，Nb 微合金化可以细化珠光体片层间距。然而，在快速冷却速度下，公式的计算值很小。这是因为实际的转化不是等温过程，快速冷却速度下的过冷并不总是等同于珠光体转化结束时的最大过冷状态。此外，渗碳体和铁素体之间 Nb 微合金的非平衡分布也在一定程度上细化了珠光体片层间距[93]。虽然 Nb 微合金在珠光体片层生长过程中会阻碍碳扩散，但平衡转变温度的变化会更大程度地提高过冷程度，从而加速珠光体转变，最终达到细化珠光体片层的效果。

3.3.2.3　Nb 微合金化对几何必要位错和残余应力的影响

几何必要位错（GND）对于维持 $2° \sim 5°$ 晶界附近的晶格连续性至关重要[86-87]。遵循 Kubin-Mortensen 应变梯度模型[94]，以下公式中根据 GND 密度定义了取向角 θ[95]：

$$\rho_{\mathrm{GND}} = \frac{2\theta}{\mu \boldsymbol{b}} \tag{3-29}$$

式中，μ 为 100nm 的步长；$\boldsymbol{b}$ 为 Burgers 向量，设置为 2.482Å；θ 为选定区域中局部取向误差的平均值。

GND 密度统计数据如表 3-4 所示。其中，TS 为横向截面，LS 为纵向截面。Nb 微合金在相同的轧制工艺下显著提高了热轧线材的 GND 密度，从而增强了拉伸性能。

表 3-4　试验桥索钢的 GND 密度和残余应力

	TS, 不含 Nb	LS, 不含 Nb	TS, 含 Nb	LS, 含 Nb
$\rho_{\mathrm{GND}}/\mathrm{m^{-2}}$	2.68×10^{16}	3.28×10^{16}	3.40×10^{16}	3.69×10^{16}
σ_Φ/MPa	-131.56	-89.22	-89.19	-65.75

钢中的残余应变和残余应力构成钢的最终力学状态。在研究中，将表 3-4 中的 GND 密度视为残余应变[96-97]。负的残余应力表示存在压应力。在冷变形过程中，残余应力与残余应变成正比。然而，由于热轧后的相变，只一部分形变储能保留在钢中。因此，与 TS 相比，LS 具有更大的变形量，更大的位错密度和更小的残余应力。由表 3-4 可知，与不含 Nb 线材相比，含 Nb 的线材展现出更高的位错密度和更小的残余应变。这种现象主要归因于 Nb 对再结晶过程的影响。再结晶温度由金属在大冷塑性变形（变形大于 70%）后，于一定时间内完成再结晶所需的最低温度决定的。钢材生产温度高于奥氏体化温度，轧制过程受到再结晶控制。其中，初始奥氏体晶粒尺寸、固溶体中微合金元素含量以及变形环境（温度和应变速率）均对动态再结晶动力学有影响[98]。以溶质原子和析出物形式存在的 Nb，对微合金钢的热变形过程中微观结构演变至关重要。热变形过程中，Nb 可以延缓动态再结晶的发生[99]。因此，在热变形期间，应变可能会积累到更高的水平，从而在相变过程中显著细化晶粒[100-101]。同时，热变形过程中 Nb 会析出，致使变形后固溶状态的 Nb 含量减少。钢变形过程中沉淀的碳化铌会阻碍位错运动，并保留了更多的残余应变[102]。因此，含 Nb 线材的拉伸性能优于不含 Nb 线材。在固定轧制工艺条件下，钢材残余的形变储能的临界值是恒定的。较大的残余应力易导致应力集中，成为裂纹萌发的诱因[103]。线材不同截面之间残余应力和 GND 密度的差异也是其沿轴向具有更好的拉伸性能的重要原因。

3.3.2.4　Nb 微合金化对微观组织结构均匀性的影响

热轧线材的微观组织均匀性对钢丝的质量有至关重要的影响。目前，细小均匀的晶粒和随机分布的织构被认为是材料具备良好的微观组织均匀性的特征[14]。统计结果显示 Nb 微合金化后线材的有效晶粒尺寸从 TS 面上的（3.64 ± 3.98）μm 降至（3.51 ± 3.75）μm，从 LS 面上的（3.46 ± 3.55）μm 降至（2.51 ± 2.22）μm。平均晶粒尺寸的减小证明 Nb 可以细化晶粒，而标准差的下降表明晶粒尺寸的均匀性得到改善。为了表征织构分布情况，可采用铁素体的晶体取向来反映珠光体织构，如图 3-39 所示。

在图 3-40 中，较大的斜率代表了晶体取向更趋向于朝向该择优方向。不含 Nb 的线材沿轧制方向〈328〉//［001］和〈838〉//［100］显示出更强的织构特征［图 3-40（a）和图 3-40（b）］。然而，含 Nb 的线材并不以轧制方向的织构〈101〉//［001］和〈323〉//［100］为主［图 3-40（c）和图 3-40（d）］。Nb 微合金化后，主导织构发生了变化，两个截面的织构分布更加随机。Nb_2C 的析出延缓了奥氏体的回复和再结晶过程，从而保证了连续变形之间应变的积累（即变形微观结构的保留）[104-105]。这种保留的变形微观结构被认为是更细的晶粒和更多样化的织构取向。

图 3-39　沿着三个坐标轴方向的择优取向织构分布图（10°以内取向角为界限）

（a）不含 Nb 的 TS 截面；（b）不含 Nb 的 LS 截面；（c）含 Nb 的 TS 截面；（d）含 Nb 的 LS 截面

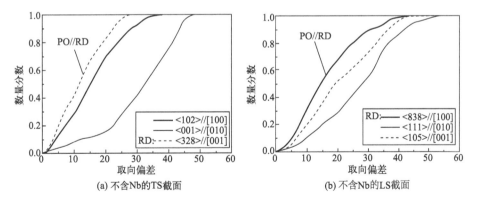

(a) 不含Nb的TS截面　　　　　　　　　(b) 不含Nb的LS截面

图 3-40

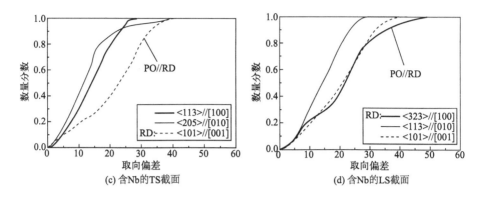

图 3-40 样品在 [100]、[010]、[001]、[001] 方向上的择优取向分布

PO—择优取向；RD—轧制方向

3.3.3 Ti 的微合金化

3.3.3.1 0.01%Ti 微合金化对相变的影响

如图 3-41 所示，含微量 Ti 盘条的 CCT 曲线表明，Ti 的加入对珠光体转变温度影响不大。可通过调控 Ti 的析出，限制原奥氏体晶粒尺寸的大小，进而控制珠光体团/簇的有效晶粒尺寸，合理调控生产工艺，利于细化珠光体片层间距。

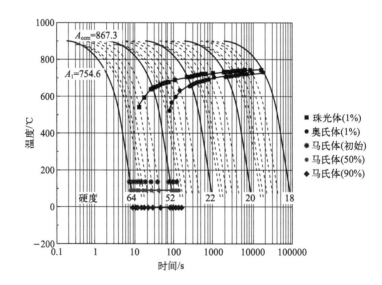

图 3-41 Ti 微合金桥索钢的 CCT 曲线

微合金钢连续冷却处理后,冷却速率对相变过程影响显著。当冷却速率较小时,将会发生奥氏体到铁素体的转变,相变后影响铁素体晶粒尺寸的主要参数为奥氏体的有效晶界面积(S_v)和连续冷却时的冷却速率,其中有效晶界面积为晶界面积/单位体积。以 Ti 钢为例,无论是再结晶还是未再结晶,奥氏体相变后的铁素体晶粒基本相同,说明含 Ti 的微合金钢中,铁素体的晶粒与奥氏体的生产工艺关系不大,但只要奥氏体有效面积足够大,铁素体晶粒就可以进一步细化。在 Ti-V 钢中通过加 N 可以使奥氏体相变后的铁素体晶粒进一步细化。

在 Gleeble1500 热模拟试验机上对材料进行热循环实验,以 10℃/s 加热到 1000℃,保温 10min,再分别以 1℃/s、0.5℃/s、0.25℃/s、0.1℃/s 的速率冷却至室温,记录下膨胀曲线以测量相变温度。热膨胀曲线见图 3-42,在不同冷却速率下统计出珠光体转变开始和结束温度,依此画出的钢连续冷却转变(CCT)曲线见图 3-43。试验钢的 $A_{ccm}=812℃$,$A_{c1}=780℃$。与不含 Ti 的试验钢相比,Ti 元素的加入会推迟珠光体的转变。

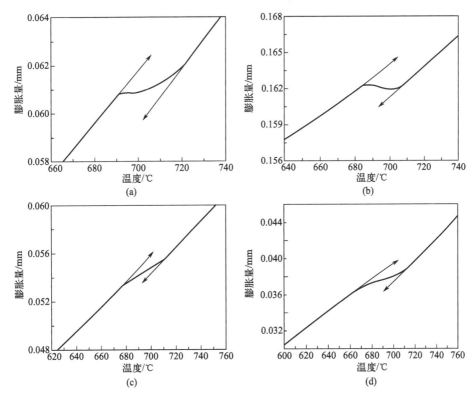

图 3-42　Ti 微合金盘条不同冷速下的热膨胀曲线

(a) 0.1℃/s;(b) 0.25℃/s;(c) 0.5℃/s;(d) 1℃/s

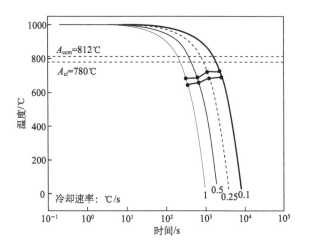

图 3-43　Ti 微合金盘条不同冷速下 CCT 曲线

3.3.3.2　Ti 微合金化对奥氏体再结晶、晶粒长大的影响

Ti 微合金钢中，当在 1000℃ 以下进行大变形时会形变诱导析出大量 TiC 粒子，这些形变诱导析出的 TiC 粒子尺寸细小，多为 10nm 到几十纳米不等，可有效钉扎奥氏体晶界，抑制再结晶的进行并细化晶粒。

采用氧化法测量了 Ti 微合金化盘条的原始奥氏体晶粒大小。温度分别为 950℃ 和 1000℃ 时，盘条的原始奥氏体晶粒变化如图 3-44 和图 3-45 所示。统

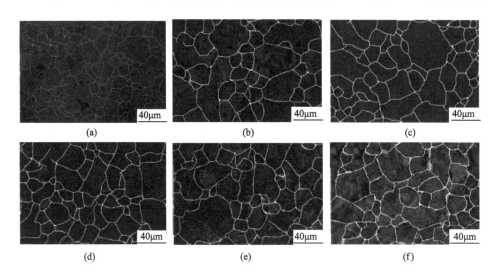

图 3-44　含 Ti 试验钢在 950℃ 下于不同保温时间的奥氏体光学显微组织照片

（a）30min；（b）60min；（c）90min；（d）120min；（e）150min；（f）180min

计结果显示在表 3-5 和图 3-46 中。950℃时晶粒生长缓慢，保温 180min 时的晶粒尺寸仅有 37μm，与保温 30min 相比只提升了 16μm。这是因为 TiC 完全固溶对应的奥氏体化温度为 1188℃，因此一些 TiC 颗粒会在晶界处钉扎，从而阻碍了原始奥氏体的生长。温度升高到 1000℃时，晶粒生长速度也没有显著提升，由此可见，Ti 微合金化在 1000℃时能够有效抑制奥氏体晶粒长大。

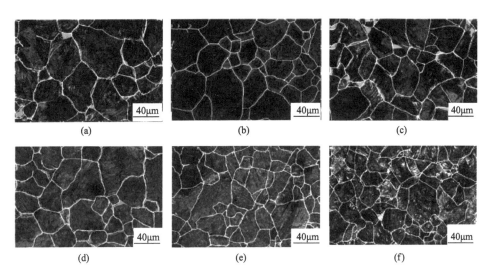

图 3-45　含 Ti 试验钢在 1000℃下于不同保温时间的奥氏体光学显微组织照片

（a）30min；（b）60min；（c）90min；（d）120min；（e）150min；（f）180min

表 3-5　950℃和 1000℃下不同保温时间的奥氏体晶粒尺寸统计

单位：μm

时间/min	950℃	1000℃
30	21.3±2.0	24.6±5.6
60	34.4±5.7	30.4±5.1
90	37.2±7.4	37.6±5.3
120	28.8±6.0	41.4±6.2
150	30.6±6.2	46.3±16.6
180	37.0±9.6	53.3±16.7

3.3.3.3　Ti 对析出的影响

　　Ti 和 N 有很强的亲和力，非常容易结合成 TiN 粒子并析出。在钢液中其溶度积公式为：

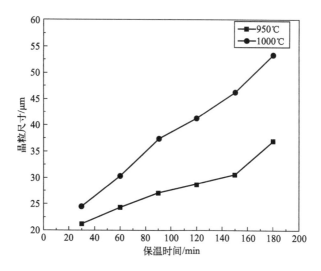

图 3-46　Ti 微合金化盘条在不同保温时间和温度下奥氏体晶粒尺寸统计

$$\lg [\text{Ti}][\text{N}] = 6.40 - 17040/T \tag{3-30}$$

其中，[Ti]、[N] 分别表示钢液中 Ti、N 质量分数（%）。钢液中析出的 TiN 粒子一般较粗大，尺寸多为微米级，形状多为方形或者不规则多边形，为面心立方结构。这些液析粒子因尺寸比较粗大，既不能钉扎晶界，阻止高温奥氏体长大，也无析出强化效果，而且会消耗钢中的有效 Ti，成为裂纹扩展源。通过控制钢液的浇铸温度，降低钢液的过热度，控制 Ti、N 的浓度积高于该温度下的平衡浓度积，同时加快钢液的冷却速度，可得到细小的等轴晶铸态组织，钢液中能弥散析出 TiN 粒子[58]。

钢液凝固后，TiN 粒子将在固相中析出。其在奥氏体中的溶度积公式可表示为[58]：

$$\lg [\text{Ti}][\text{N}] = 5.19 - 15490/T \tag{3-31}$$

根据公式绘制出 TiN 在奥氏体中的固溶度曲线图，如图 3-47 所示。随着温度的下降，TiN 的浓度积不断下降，当温度为 1100℃时，TiN 的溶度积仅为 8.1×10^{-7}，可见在奥氏体区 TiN 已经全部析出。固态奥氏体析出 TiN 粒子尺寸大幅度减小，平均晶粒尺寸从 100nm 到数百纳米不等，这些粒子具有较高的稳定性，能对奥氏体晶界产生钉扎力，阻止奥氏体长大，细化晶粒。高温奥氏体容易长大发生粗化，通过阻止晶界的迁移可有效抑制晶粒的粗化，当第二相粒子出现在晶界上时，会减小晶界的有效面积，降低局部能量；当晶界离开第二相粒子迁移时，会使局部能量升高，由此产生钉扎效应。

Ti 微合金钢高温析出 TiN 粒子，在随后的轧制和冷却过程中，若 Ti 元素

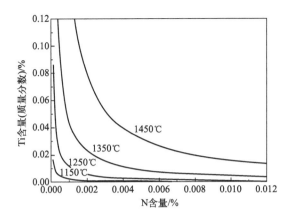

图 3-47　TiN 在高温奥氏体中的固溶度曲线

的含量足够，将以 TiC 的形式析出。TiC 在奥氏体和铁素体中的溶度积公式如下所示[106]：

$$\lg[\text{Ti}][\text{C}] = 2.75 - 7000/T \tag{3-32}$$

$$\lg[\text{Ti}][\text{C}] = 4.40 - 9575/T \tag{3-33}$$

从公式中可以看出 TiC 在奥氏体中的溶解度远大于在铁素体中的溶解度，随着冷却和相变的进行，TiC 会逐步析出。通常情况下，高碳钢盘条中 TiC 的析出主要有两种形式：在未再结晶区轧制产生形变诱导析出以及在铁素体中的过饱和析出。

（1）形变诱导析出

Ti 微合金钢在轧制变形过程中会产生形变储存能，使基体自由能升高，同时变形会产生大量的变形带、位错、晶界和亚晶界，这些缺陷会成为 TiC 的形核点增加形核密度。通常情况下，变形奥氏体中 TiC 的析出速度比未变形奥氏体大一个数量级，且变形量越大，TiC 越容易析出，析出尺寸越细小。形变诱导析出的 TiC 颗粒尺寸为 10～20nm，形状多为球形。形变诱导析出的 TiC 粒子对奥氏体晶界具有钉扎作用，阻碍晶界的迁移，从而抑制奥氏体再结晶的发生，轧制温度越低，TiC 析出粒子尺寸越小，钉扎效果越明显。

（2）铁素体中过饱和析出

在铁素体片层中弥散析出的 TiC 粒子尺寸更加细小，平均在 10nm 以内，多在位错处形核并析出，形状多为球形，而且具有较高的稳定性，不易粗化，因而可以显著钉扎位错，阻碍位错运动，提供可观的析出强化效果。在铁素体片层中弥散析出的 TiC 粒子主要受轧后冷却速率和温度的影响。随着轧后冷却速率的提高，会抑制 TiC 粒子的析出，提高基体中 Ti 元素的固溶度；随着温度的降低，析出的 TiC 粒子尺寸更加细小，但是 TiC 粒子的析出是 Ti 原子长程扩散的结果，温度降低会抑制 TiC 的析出。

应当指出的是，TiN 和 TiC 都为面心立方结构，而且点阵常数十分接近，因此可以完全互溶，C 原子和 N 原子之间可以互换，单纯的 TiC 和 TiN 其实并不存在，其形式为 Ti（$C_x N_{1-x}$），x 取值在 0～1 之间。高温下析出的 TiN 粒子其 x 值趋近于零，为富 N 的 Ti（CN）粒子，低温下析出的 TiC 粒子其 x 值趋近于 1，为富碳的 Ti（CN）粒子[107]。

为了分析超高强度盘条中 Ti 的存在形式，利用 JMatPro 软件模拟的 Ti 析出曲线如图 3-48 所示。TiN 的析出是一个从 1340℃ 开始到珠光体转化结束的连续过程。同时我们对实际的样品进行了观察，得到的含 Ti 析出物形貌如图 3-49 所示。结果表明，析出物主要为 V-Ti 复合物，且尺寸达到 $1\mu m$，但该析出物应为液相直接析出的，对晶界的钉扎作用较弱。

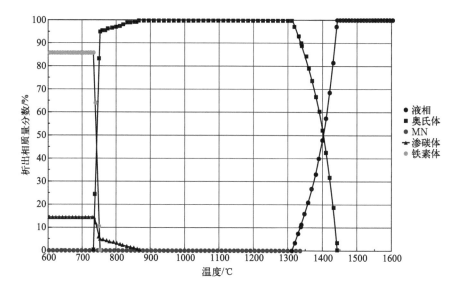

图 3-48　Ti 的析出相图

假设第二相粒子为均匀分布的球形粒子，晶界解钉时的能量变化计算公式为[108]：

$$D_0 = \frac{\pi d}{6f}\left(\frac{3}{2} - \frac{2}{Z}\right) \tag{3-34}$$

式中，D_0 为能够有效钉扎晶界的平均等效晶粒直径；d 和 f 分别为第二相粒子的平均直径和体积分数；Z 表示晶粒尺寸不均匀性，其值为最大晶粒尺寸与 D_0 的比值。当第二相粒子体积分数越大，晶粒尺寸越细小时，其钉扎效果越好。对于微 Ti 处理钢，化学成分中 Ti/N 的理想化学配比接近于 2，此时

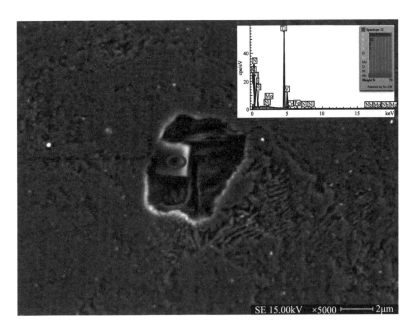

图 3-49　Ti-V 复合析出

TiN 粒子尺寸最为细小，性能最为稳定，细化奥氏体晶粒的效果最好。微 Ti 处理钢中的 Ti 含量一般为 0.01%～0.03% 时，即可获得足够体积分数的 TiN 粒子，同时又可避免液析 TiN 的产生。

高温奥氏体中不仅产生 TiN 粒子，同时会析出一些 TiS、TiC_2S_2、Ti(CN) 粒子。对于 TiS、TiC_2S_2 粒子，析出量与温度及钢中 Ti、硫的含量有关。Yang 等的研究表明[109]：TiS、TiC_2S_2 的析出受温度的影响，温度较高时，并没有出现 TiS、TiC_2S_2 粒子，当温度降低时，可观察到 TiS 粒子，温度继续降低时，析出 TiC_2S_2 粒子。Naoki Yoshinaga 等研究表明[110]：Ti 含量和硫含量对 TiS、TiC_2S_2 的析出量有影响，当 Ti 含量一定时，随着硫含量的增加，TiS 趋于增多，而 TiC_2S_2 趋于减少；当 S 含量一定时，随着 Ti 含量的增加，TiC_2S_2 逐渐增加，而 TiS 逐渐减少。钢中 S 和 Mn 结合可生成 MnS，MnS 在轧制过程中被拉长，导致钢材的横向韧性最低，随着 Ti 含量的增多，钢中 TiC_2S_2 逐渐增多，逐步取代 MnS，当 Ti 含量超过 0.11% 时将全部取代。TiC_2S_2 质地较硬，多为球状，可有效改善钢材的韧性和成型性[111]。Ti(CN) 属于过渡性析出物，介于 TiN 和形变诱导析出的 TiC 之间[112]。

3.3.4 Mn/Si 的协同作用

3.3.4.1 Si 对高碳钢珠光体相变的影响

Si 是炼钢中的脱氧剂，为非碳化物形成元素，主要富集在铁素体相中，基本不溶于渗碳体相。在钢材中主要是以固溶形式存在于 α-Fe 中，起固溶强化的作用，进而提高高碳钢的淬透性和强度[113]。Si 可以明显提高珠光体的相变温度，在共析转变过程中增大高碳钢奥氏体的过冷度，细化桥索钢中珠光体的层间距。另外，Si 可使高碳钢的放热峰延迟到更高温度出现，从而提高高碳钢的热稳定性。通常 Si 在 Fe_3C 内部的含量很低，主要分布在铁素体中。研究[114]表明 Si 会在渗碳体/铁素体两相界面上产生偏聚，并且其扩散需要借助 Fe_3C 的球化来进行。由于渗碳体/铁素体两相界面上 Si 的扩散控制着渗碳体发生断裂和转变为球形的速度，所以 Si 在渗碳体/铁素体两相的界面偏聚对珠光体中渗碳体的断裂、碎化以及向颗粒状转变起到了抑制作用。Si 不仅会降低珠光体中渗碳体 Fe_3C 呈现颗粒状形貌的可能性，还会加剧回火过程中硬度下降的趋势，对强度性能的提升产生明显的抑制作用。不过，在试验钢中添加少量的 Si 将减小铁素体 α-Fe 片层中 C 原子的聚集，这将有利于提高 C 原子在铁素体相中的分布均匀性[115-116]。此外，加入 Si 会抑制渗碳体相的形成，同时 Si 倾向于固溶在铁素体中。桥梁缆索用热镀锌钢丝在镀锌生产过程中的强度损失主要与渗碳体的球化和碎化有关，提高高碳钢盘条中的 Si 含量能够降低铁素体片层中 C 原子的偏聚程度，提高铁素体片层中碳的均匀性。因此少量的 Si 将有利于降低高碳钢在镀锌回火中的强度损失，但是 Si 含量过高会对高碳钢丝的扭转性能不利，降低其冷加工成型过程中的成型率。而且，Si 含量较高还会导致桥索钢钢坯的氧化铁皮增多。综合考虑，Si 的添加量一般控制在 0.15%～1.50%（质量分数）。

3.3.4.2 Mn 对高碳钢珠光体相变的影响

Mn 同样为炼钢时添加的脱氧剂，可以和 S 一起形成夹杂物 MnS，防止高碳钢在较高温度下出现脆性问题。Mn 元素在铁素体 α-Fe 片层和渗碳体 Fe_3C 片层中均有分布，且在渗碳体 Fe_3C 片层中的含量要高于铁素体 α-Fe 片层。Mn 在高碳钢中的分布及分配主要受高碳钢中 Si 元素和发生相变时温度的影响。当相变温度较低时，Si 能促进 Mn 向 Fe_3C 相偏聚。随着相变温度的提高，Si 的促进作用逐渐减弱，当相变温度达到 590～600℃以后，Si 影响几乎可以忽略，此时 Mn 的分配主要由珠光体相变温度及其在铁素体中的固溶度决定[117]。

Si 和 Mn 存在着交互作用，当 Si 和 Mn 的原子间距缩小时，Si 和 Mn 原子之间存在强烈的斥力，由于 Si 强烈倾向于固溶在铁素体中，会使铁素体中的 Mn 被排斥到 Fe_3C 中。Mn 在 Fe_3C 相的偏聚及富集对高碳钢丝的失效断裂有明显的影响。Mn 在 Fe_3C 相中能形成 $MnFe_2C$ 合金碳化物，其稳定性高于 Fe_3C，延缓了渗碳体的球化速率，减少了高碳钢丝在后续热镀锌中的强度下降和损失[118]。

采用第一性原理对 Mn 和 Si 在铁素体和 Fe_3C 中的分配进行计算[119]，结果表明，Mn 更倾向于固溶在 Fe_3C 中，而 Si 则更倾向存于铁素体片层中。由于 Si 强烈地倾向于固溶在铁素体中，导致 Mn 在 Fe_3C 相和 α-Fe 相中的分配出现差异。在高碳钢丝的热镀锌中由于 Si 强烈地倾向于固溶在铁素体 α-Fe 中，会使 α-Fe 中的 Mn 向渗碳体 Fe_3C 迁移，从而在 Fe_3C 相中积累大量的 Mn，降低了高碳钢丝在热镀锌中的强度损失。此外，Mn 的加入还可以提高高碳钢在冷拉拔成型过程中的硬化率。但是，Mn 存在一定的缺陷，富集的 Mn 容易在钢材内部产生偏析。因此，Mn 的添加量需要控制在 1% 以下。

3.3.4.3　Si/Mn 对微观组织结构的影响

试验钢是直径为 14mm 的线材。WR1 和 WR2 的冷却工艺是 Stelmor 冷却工艺；WR3 采用 600℃ 恒温水浴 50～60s。将试验钢根据成分和工艺进行编号，如表 3-6 所示。线材冷却过程中的相变点 A_{r1} 由 Gleeble3500 热模拟机测量。

表 3-6　试验钢的化学成分　　　　单位：%（质量分数）

	C	Si	Mn	Cr	P	S	Fe	A_{r1}
WR1	0.97	0.99	0.47	0.35	0.008	0.0012	Bal.	746℃
WR2	0.97	0.39	0.80	0.35	0.006	0.0008	Bal.	726℃
WR3	0.97	0.39	0.80	0.35	0.006	0.0008	Bal.	726℃

注：A_{r1} 指冷却时奥氏体向珠光体转变的开始温度。

图 3-50 显示了两个线材的热力学模拟平衡相图。模拟得到的奥氏体分解温度分别为 746℃ 和 726℃，这与实验测得的珠光体转变点 A_{r1} 吻合良好。大量研究表明，Mn 含量的增加会阻碍动态重结晶过程[120]，不利于轧制过程中奥氏体晶粒的细化。然而，在冷却过程中，Mn 通过改变相变温度，使奥氏体获得了更高的过冷度，从而使相变后微观结构晶粒得以细化。因此，通过 EBSD 统计的珠光体晶粒尺寸仅略有细化，这一现象在图 3-50（a）中 WR1（合金 1）和 WR2（合金 2）上有所体现。此外，渗碳体在平衡状态下的析出曲线也大不相同。对于 WR1，渗碳体在奥氏体分解和铁素体形成的曲线之间发生析出，证明其化学成分与共析体钢的化学成分相似。对于 WR2 和 WR3，

在奥氏体分解之前存在先共析渗碳体，如图 3-50（b）所示。因此，Si 和 Mn 成分的变化主要影响先共析渗碳体的析出。

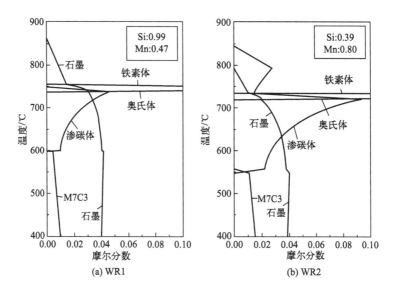

图 3-50　通过热力学计算模拟获得的试验钢化学成分的平衡相图

3.3.4.4　Si/Mn 对渗碳体稳定性的影响

珠光体作为过冷奥氏体分解所形成的两相混合体系，其铁素体与渗碳体实现有机结合与有序配合[121]。但是，不稳定渗碳体的过早溶解将使钢丝的性能恶化。下面着重探究了 Si 和 Mn 的微合金化对渗碳体稳定性的影响。在配分平衡（PLE）条件下，渗碳体中的 Mn 和铁素体中的 Si 通过溶质原子扩散实现元素分配。珠光体相变可近似看作是一种不配分平衡（NPLE）条件，此过程由 Si 和 Mn 配分后碳原子的扩散控制。由于 Mn 和 C 的结合能力比 Fe 更强，因此 Mn 能够取代渗碳体中的 Fe 形成更稳定的合金碳化物[122]。Si 通常会抑制渗碳体的析出，有效避免二次渗碳体的形成[123]。由于渗碳体中排斥 Si，因此其对渗碳体稳定性的影响往往是间接的。铁素体和渗碳体中碳原子的化学势可以用式（3-35）和式（3-36）表示[124]。随着 Si 含量的变化，由界面控制的平衡状态下的渗碳体/铁素体界面示意图如图 3-51 所示。

$$\mu_c^{\alpha} = G_c^{0\alpha} + RT(\ln \chi_c^{\alpha} + \ln \gamma_c^{\alpha}) \qquad (3-35)$$

$$\mu_c^{\theta} = G_c^{0\theta} + RT(\ln \chi_c^{\theta} + \ln \gamma_c^{\theta}) \qquad (3-36)$$

式中，μ_c^{α} 和 μ_c^{θ} 是化学势；$G_c^{0\alpha}$ 和 $G_c^{0\theta}$ 是铁素体和渗碳体中碳的标准吉布斯自由能；χ_c^{α} 和 χ_c^{θ} 是摩尔浓度；γ_c^{α} 和 γ_c^{θ} 是活度系数。在平衡状态下，碳在两相中的化学势相等，如图 3-51（a）所示。当 Si 含量增加时，会出现如图 3-51

（b）所示的中间状态。此时，铁素体中固溶的 Si 增多，这可提高铁素体中 C 的浓度和活性[125]。为了维持两相之间 C 的化学势平衡，渗碳体/铁素体界面会发生变化，最终导致体系中的渗碳体含量变化。

此外，化学势 $\overline{\mu}_c^\alpha$ 和 $\overline{\mu}_c^\theta$ 大于 μ_c^α 和 μ_c^θ，导致了渗碳体中 C 含量的增加，如图 3-51（c）所示。基于质量守恒定律，在高 Si 含量下，渗碳体和铁素体中 C 的摩尔浓度相差较大，不利于渗碳体的稳定存在。

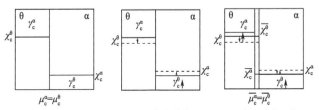

(a) 低Si含量的平衡界面　(b) Si含量增加的影响　(c) 高Si含量下的平衡界面

图 3-51　Si 含量对珠光体界面化学势的影响

在图 3-52 中，随着 Si 含量的增加，渗碳体析出量减少，石墨析出量增加。从平衡态渗碳体的析出曲线中，可得出结论，在 WR2 中形成的渗碳体越来越稳定，游离碳原子含量则逐渐降低。WR1 显示出相反的趋势，其渗碳体结构稳定性较差。因此，WR1 的渗碳体在多次拉拔过程中提前溶解，不利于加工硬化，最终导致拉拔生产成功率较低。另外，平衡相中石墨的析出也值得探讨。在平衡状态下，渗碳体和石墨可以在钢中共存。然而，在实际的冷却过程中，溶解在铁素体中的是游离碳原子而不是石墨。因为碳原子的热力学不稳定

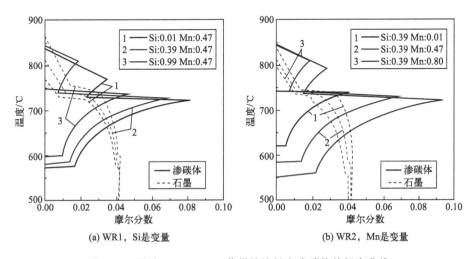

(a) WR1，Si是变量　　　　　　　　　　(b) WR2，Mn是变量

图 3-52　通过 Thermo-Calc 获得的线材中渗碳体的析出曲线

性使得游离的碳原子倾向于从无序的结构转变为有序的石墨晶体结构，所以高碳钢的保温时间过长会导致石墨化[125]。如图 3-52 所示，在平衡状态下，高碳钢中的石墨与渗碳体是一种互相制约的关系。因此，Si/Mn 元素对渗碳体稳定性的影响是线材质量不容忽视的因素。

3.3.5 Nb/V/Ti 复合微合金化

为了分析超高强度盘条中 Nb-V-Ti 复合析出物的存在形式，利用 JmatPro软件模拟得到的复合析出曲线如图 3-53 所示。M（C，N）的析出是一个从约1340℃开始，直至珠光体转变结束的连续过程，而 MC 的析出是从约 1310℃开始直至珠光体转变结束。

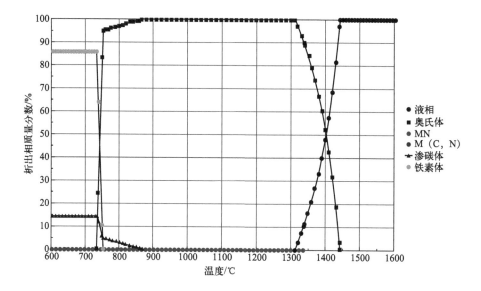

图 3-53　Nb-V-Ti 复合析出相图

为了分析超高强度盘条中 Nb-V-Ti 复合析出的存在形式，对实际的样品进行观察，通过 TEM 及 EPMA 得到的析出物形貌如图 3-54 和图 3-55 所示。能谱点扫结果表明（图 3-54），铁素体片层中存在尺寸较小的纳米级 Nb-V-Ti复合析出物，该析出为固相析出对盘条的强韧化可起到关键性作用。能谱面扫结果表明（图 3-55），主要为 Nb-V-Ti 复合析出，且尺寸达到 $5\mu m$，该析出为液相直接析出或者在凝固过程中较早阶段析出的大型产物，对晶界的钉扎作用弱。

如前面所述，析出过程存在两种情况：一种是在液相直接析出，形成较大尺寸的析出物；另一种是在固相中析出，形成较小尺寸的析出物。

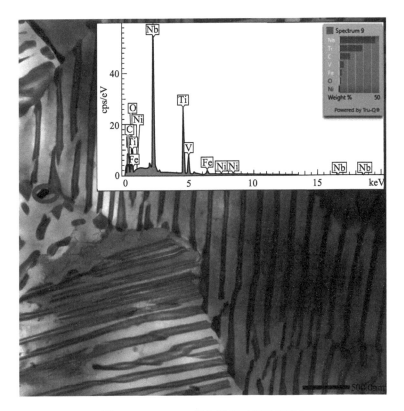

图 3-54 Nb-V-Ti 复合析出（固相析出）

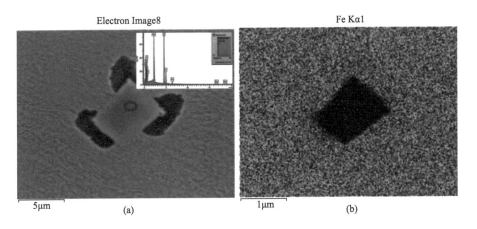

图 3-55

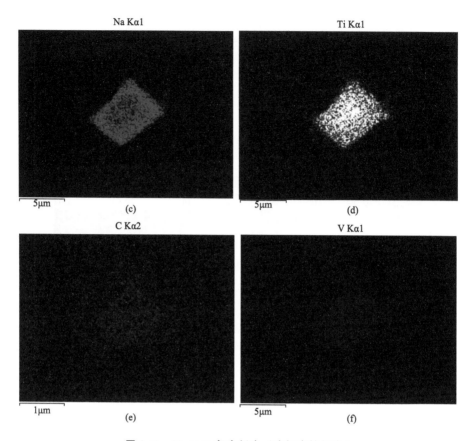

图 3-55　Nb-V-Ti 复合析出（液相直接析出）

深入了解基体与析出物之间的平衡关系是建立析出物析出动力学计算模型的前提和基础。为此，我们采用热力学模型对 Nb-V-Ti 钢中复合析出相的形核、生长和粗化行为展开了研究。

以表 3-7 中试验钢成分为例，假设在高温条件下所有 N 原子都被 Ti（0.0123%）消耗，那么铁素体区域的析出物主要由 Ti、Nb、V 和 C 组成。Ti、Nb、V 复合碳化物的化学计量式为 $(Ti_x、Nb_y、V_{1-x-y})C$，其中包含 TiC、NbC 和 VC，形成过程如下[126]：

$$x[Ti] + y[Nb] + (1-x-y)[V] + C = (Ti_x、Nb_y、V_{1-x-y})C \quad (3\text{-}37)$$

表 3-7　试验用钢的化学成分　　　单位：%（质量分数）

样品	C	Si	Mn	Cr	V	Nb	Al	Ti	Fe
低 Mn 高 Si 含 Ti	0.97	1.00	0.80	0.35	—	—	—	0.010	Bal

其中，x 和 y 分别表示碳化物中 Ti 和 Nb 的浓度，碳化物的形成过程如下：

$$[Ti] + [C] = (TiC)；K_{TiC} = [Ti][C]/a_{TiC}；\lg[Ti][C] = 4.40 - 9575/T$$
$$(3-38)$$

$$[Nb] + [C] = (NbC)；K_{NbC} = [Nb][C]/a_{NbC}；\lg[Nb][C] = 3.9 - 9930/T$$
$$(3-39)$$

$$[V] + [C] = (VC)；K_{VC} = [V][C]/a_{VC}；\lg[V][C] = 6.72 - 9500/T$$
$$(3-40)$$

式中，$[Ti]$、$[Nb]$、$[V]$、$[C]$ 分别为各元素的溶解浓度；(TiC)、(NbC)、(VC) 为组分；K_{TiC}、K_{NbC}、K_{VC} 为各碳化物的溶度积；a_{TiC}、a_{NbC}、a_{VC} 为活度。一般来说，如果固溶体是理想的，那么碳化物活度可以用它们在碳化物中的分数来表示。根据质量平衡方程和化学计量比，存在如下关系式：

$$C_0 = [C] + C_{TiNbVC} \tag{3-41}$$
$$Ti_0 = [Ti] + Ti_{TiNbVC} \tag{3-42}$$
$$Nb_0 = [Nb] + Nb_{TiNbVC} \tag{3-43}$$
$$V_0 = [V] + V_{TiNbVC} \tag{3-44}$$
$$C_{TiC} = x C_{TiNbVC} \tag{3-45}$$
$$C_{NbC} = y C_{TiNbVC} \tag{3-46}$$
$$C_{VC} = (1-x-y) CTT_{iNbVC} \tag{3-47}$$
$$Ti_{TiC} = 47.87 C_{TiC}/12.01 \tag{3-48}$$
$$Nb_{NbC} = 92.91 C_{NbC}/12.01 \tag{3-49}$$
$$V_{VC} = 50.94 C_{VC}/12.01 \tag{3-50}$$

式中，C_0、Ti_0、Nb_0、V_0 分别为钢中 C、Ti、Nb、V 的化学成分；C_{TiNbVC}、Ti_{TiNbVC}、Nb_{TiNbVC}、V_{TiNbVC} 表示碳化物中各元素被消耗的质量百分比，将上述公式代入溶度积公式中得：

$$x K_{TiC} = [C]\left(Ti_0 - \frac{47.87}{12.01}x(C_0 - [C])\right) \tag{3-51}$$

$$y K_{NbC} = [C]\left(Nb_0 - \frac{92.91}{12.01}y(C_0 - [C])\right) \tag{3-52}$$

$$(1-x-y) K_{VC} = [C]\left(V_0 - \frac{50.94}{12.01}x(C_0 - [C])\right) \tag{3-53}$$

三个未知数 x、y、$[C]$，可用迭代法求解。

在 Deshamps 和 Brechet 提出的模型中，整个析出过程被认为是一个两阶段的过程，第一阶段涉及成核和生长，第二阶段包括生长和粗化，两阶段的过渡是通过粗化因子连接起来的。他们的模型在平均半径和单位体积析出物数量密度预测方面与实验结果吻合较好，因此对他们的模型进行修正，可以计算复杂第二相的析出动力学。

位错部分的成分变化和能量变化均大于基体，故位错是第二相成核的首选位置，假设析出相为球形，位错处成核的总能量变化 ΔG 可以表示为[127]：

$$\Delta G = \Delta G_{chem} + \Delta G_{int} + \Delta G_{dis} \tag{3-54}$$

式中，ΔG_{chem}、ΔG_{int}、ΔG_{dis} 分别为化学自由能、析出相与基体的界面能和位错形核能，方程式如下所示：

$$\Delta G_{chem} = -\frac{4}{3}\pi R^3 \Delta G_V \tag{3-55}$$

$$\Delta G_{int} = 4\pi R^2 \gamma \tag{3-56}$$

$$\Delta G_{dis} = -0.4\mu \boldsymbol{b}^2 R \tag{3-57}$$

式中，R 为析出相平均半径；ΔG_V 为单位体积析出的驱动力；γ 为析出相的表面能；μ 为基体剪切模量；$\boldsymbol{b}$ 为 Burgers 矢量。ΔG_V 可表示为：

$$\Delta G_V = -\frac{R_g T}{V_m}\left[\frac{x}{2}\ln\frac{X_{Ti}}{X_{Ti}^{eq}} + \frac{y}{2}\ln\frac{X_{Nb}}{X_{Nb}^{eq}} + \frac{1-x-y}{2}\ln\frac{X_V}{X_V^{eq}} + \frac{1}{2}\ln\frac{X_C}{X_C^{eq}}\right] \tag{3-58}$$

式中，X_i 为相应元素在固溶体中的瞬时浓度（原子浓度）；X_i^{eq} 为相应元素在固溶体中的平衡浓度（原子浓度）；V_m 为碳化物中的摩尔体积。

临界形核能 ΔG_C 通过解 ΔG 对 R 的一阶导数为零的方程得到。将 R_C 代入方程，得到 ΔG_C：

$$\Delta G_C = \frac{16}{3}\pi\frac{\gamma^3}{\Delta G_V^2} + 0.8\mu \boldsymbol{b}^2\frac{\gamma}{\Delta G_V} \tag{3-59}$$

第二相通常在位错上成核，基于经典成核理论，成核速率可表示为：

$$\frac{dN}{dt}\Big|_{nucl} = N_p Z\beta\exp\left(-\frac{\Delta G_C}{kT}\right)\exp\left(-\frac{\tau}{t}\right) \tag{3-60}$$

式中，Z（0.05）为 Zeldovich 非平衡因子；β 为原子在临界形核处被吸收的速率；N_p 为单位体积内可用于成核的位点数；τ 为孕育时间；k 为玻尔兹曼常数。以上参数由下式给出：

$$N_p = 0.5\rho^{1.5} \tag{3-61}$$

$$\beta = \frac{4\pi R_C^2 D_{av}^{bulk} X}{\alpha^4} \tag{3-62}$$

$$\tau = \frac{1}{2\pi\beta} \tag{2-63}$$

式中，ρ 为位错密度；X 为析出元素的瞬时平均浓度；D_{av}^{bulk} 为基体中元素平衡扩散系数；a 为基体晶格常数。对于复杂析出相，D_{av}^{bulk} 和 X 可由下式得出：

$$D_{\mathrm{av}}^{\mathrm{bulk}} = x D_{\mathrm{Ti}}^{\mathrm{bulk}} + y D_{\mathrm{Nb}}^{\mathrm{bulk}} + (1 - x - y) D_{\mathrm{V}}^{\mathrm{bulk}} \tag{3-64}$$

$$X = x X_{\mathrm{Ti}} + y X_{\mathrm{Nb}} + (1 - x - y) X_{\mathrm{V}} \tag{3-65}$$

假设析出相的形成元素在析出相与基体界面的扩散是稳态过程,根据 Zener 生长方程和 Gibbs-Thomsoneffect 可表示析出相半径的增加速率:

$$\frac{\mathrm{d}R}{\mathrm{d}t}\Big|_{\mathrm{growth}} = \frac{D_{\mathrm{av}}^{\mathrm{bulk}}}{R} \frac{X - X_{\mathrm{eq}}(R_0/(X_{\mathrm{p}}R))}{X_{\mathrm{p}} - X_{\mathrm{eq}}(R_0/(X_{\mathrm{p}}R))} + \frac{1}{N} \frac{\mathrm{d}N}{\mathrm{d}t}(\alpha R_{\mathrm{C}} - R) \tag{3-66}$$

式中,X_{p} 为析出相中形成析出相元素的平均浓度;X_{eq} 为温度 T 下基体中元素的平均平衡浓度;$\alpha = 1.05$,说明新形成的析出相只有当尺寸略高于形核尺寸时才能生长;R_0 为热力学参数。

$$X_{\mathrm{eq}} = x X_{\mathrm{Ti}}^{\mathrm{eq}} + y X_{\mathrm{Nb}}^{\mathrm{eq}} + (1 - x - y) X_{\mathrm{V}}^{\mathrm{eq}} \tag{3-67}$$

$$R_0 = \frac{2\gamma V_{\mathrm{m}}}{R_{\mathrm{g}} T} \tag{3-68}$$

析出过程中,随溶质浓度降低,析出驱动力会明显下降,临界半径则会显著增大。一旦平均半径近似等于临界半径,就会开始粗化过程,导致析出物数量密度显著降低。这一阶段的数量密度演化和粗化速率可表示为:

$$\frac{\mathrm{d}N}{\mathrm{d}t}\Big|_{\mathrm{coars}} = \frac{4}{27} \frac{D_{\mathrm{eff}} R_0}{R^3} \frac{X_{\mathrm{eq}}(R_0/(X_{\mathrm{p}}R))}{X_{\mathrm{p}} - X_{\mathrm{eq}}(R_0/(X_{\mathrm{p}}R))}$$

$$\left[\frac{R_0 X_{\mathrm{eq}}\left(\dfrac{R_0}{X_{\mathrm{p}}R}\right)}{R\left[X_{\mathrm{p}} - X_{\mathrm{eq}}\left(\dfrac{R_0}{X_{\mathrm{p}}R}\right)\right]} \left(\frac{3}{4\pi R^3} - N\right) - 3N \right] \tag{3-69}$$

$$\frac{\mathrm{d}R}{\mathrm{d}t}\Big|_{\mathrm{coars}} = \frac{4}{27} \frac{D_{\mathrm{eff}} R_0}{R^2} \frac{X_{\mathrm{eq}}(R_0/(X_{\mathrm{p}}R))}{X_{\mathrm{p}} - X_{\mathrm{eq}}(R_0/(X_{\mathrm{p}}R))} \tag{3-70}$$

其中 D_{eff} 为形成元素的有效扩散率,考虑原子沿位错扩散,可用下式表示:

$$D_{\mathrm{eff}} = \pi R_{\mathrm{core}}^2 D_{\mathrm{av}}^{\mathrm{dis}} + (1 - \pi R_{\mathrm{core}}^2 \rho) D_{\mathrm{av}}^{\mathrm{bulk}} \tag{3-71}$$

式中,R_{core} 为位错核半径;$D_{\mathrm{av}}^{\mathrm{dis}}$ 为形成元素沿位错的平均扩散系数。

$$D_{\mathrm{av}}^{\mathrm{dis}} = x D_{\mathrm{Ti}}^{\mathrm{dis}} + y D_{\mathrm{Nb}}^{\mathrm{dis}} + (1 - x - y) D_{\mathrm{V}}^{\mathrm{dis}} \tag{3-72}$$

$$D_{\mathrm{av}}^{\mathrm{bulk}} = x D_{\mathrm{Ti}}^{\mathrm{bulk}} + y D_{\mathrm{Nb}}^{\mathrm{bulk}} + (1 - x - y) D_{\mathrm{V}}^{\mathrm{bulk}} \tag{3-73}$$

式中,$D_{\mathrm{Ti}}^{\mathrm{dis}}$、$D_{\mathrm{Nb}}^{\mathrm{dis}}$、$D_{\mathrm{V}}^{\mathrm{dis}}$ 分别为 Ti、Nb、V 沿位错线的扩散系数;$D_{\mathrm{Ti}}^{\mathrm{bulk}}$、$D_{\mathrm{Nb}}^{\mathrm{bulk}}$、$D_{\mathrm{V}}^{\mathrm{bulk}}$ 为 Ti、Nb、V 的体积扩散系数。

Deschamps 等人在研究从成核阶段到粗化阶段的过程时,采用的粗化分数如下:

$$\frac{\mathrm{d}R}{\mathrm{d}t} = f_{\mathrm{coars}} \frac{\mathrm{d}R}{\mathrm{d}t}\Big|_{\mathrm{coars}} + (1 - f_{\mathrm{coars}}) \frac{\mathrm{d}R}{\mathrm{d}t}\Big|_{\mathrm{growth}} \tag{3-74}$$

$$f_{coars} = 1 - 1000(\frac{R}{R_c} - 1)^2 0.99R_c < R < 1.01R_c \qquad (3-75)$$

按以下条件对单位体积内析出相的数量密度进行计数：

$$if - \frac{dN}{dt}|_{coars} < \frac{dN}{dt}|_{nucl} \quad \frac{dN}{dt} = \frac{dN}{dt}|_{nucl} \qquad (3-76)$$

$$if - \frac{dN}{dt}|_{coars} > \frac{dN}{dt}|_{nucl} \quad \frac{dN}{dt} = \frac{dN}{dt}|_{coars} \cdot f_{coars} \qquad (3-77)$$

3.3.6 其他合金元素的作用

3.3.6.1 Cr 对高碳钢珠光体相变的影响

Cr 是一种强碳化物形成元素，可以和碳元素形成熔点非常高的合金碳化物。Cr 元素能够置换高碳钢中的 Fe，使渗碳体转变为铁铬复合渗碳体（Fe，Cr)$_3$C，大大地提高了高碳钢的强度。研究发现，随着 Cr 含量的增加，珠光体相变的孕育时间会延长，同时 Cr 在 α-Fe 相和 Fe$_3$C 相中的分配也发生改变[128-129]。在 1.0C-1.5Cr 钢中[130]，高碳钢在 690℃ 以下发生珠光体相变时，Cr 在渗碳体相中的分配系数基本不变，随着珠光体转变温度升高到 705℃，Cr 在渗碳体 Fe$_3$C 中的数量有所增加。这表明在较高珠光体相变温度下，Cr 会在 α-Fe 相和 Fe$_3$C 相中进行分配，且主要偏聚在渗碳体 Fe$_3$C 中。Cr 和 Mn 具有类似的分配机理，随着温度的升高和保温时间的增加，它们在渗碳体相 Fe$_3$C 中的数量都会增加[131]。多位研究学者指出，在奥氏体于珠光体相区分解一定时间后（20~30s），Cr 元素和 Mn 会在渗碳体 Fe$_3$C 相中产生大量的偏聚。高碳钢经轧制过程中的大压下变形后，Cr 和 Mn 是否遵循原本的分配规律，相关的学者也进行了研究，并发现了轧制后 Cr 和 Mn 在 α-Fe 相和 Fe$_3$C 相中的扩散行为[132]。研究表明，轧制大形变后，α-Fe 相中 Mn 含量增加幅度比 Cr 的更大[133]。在高碳钢中 Cr 元素的添加可以抑制渗碳体相 Fe$_3$C 发生断裂后的球化现象。但是，Cr 含量过高，会使高碳钢在后续的力学性能检验过程中出现分层断裂[134]。因此，Cr 的添加量应控制在 0.5％ 以下。

3.3.6.2 Al 对高碳钢珠光体相变的影响

Al 的密度为 $2.7×10^{-3}$kg/m^3，相较于铁元素来说属于低密度元素。因此钢材中添加 Al 可以降低其密度，这一特性引起了科研人员的广泛关注。Al 是一种铁素体稳定性元素，能够降低奥氏体的稳定性，使 γ 相区缩小，提高奥氏体分解为铁素体时的相变驱动力，提升奥氏体向铁素体分解转变时的温度，进而加速珠光体的相变。Al 可以加速珠光体的相变，在缓慢冷却条件下得到极细的珠光体组织，其渗碳体的片层间距在 100nm 左右，大大地细化了珠光体组织，有助于得到纳米级尺寸的高碳钢[135]。研究发现，在添加磁场条件下含铝高碳钢进行连续缓慢随炉冷却转变时，马氏体相变被抑制，马氏体相变的临界冷却速度提高，这使得在较快的冷却速度下也能发生珠光体相变，而不是马氏体相变。并且，在随炉冷却转变条件的冷却速度下，珠光体相变的转变速度增加，珠光体相的体积分数增加[136]。Al 也可以预防超高碳钢在正火时产生先共析的二次网状渗碳体，同时降低高碳钢的石墨化倾向。采用离异共析的方法能够获得由超细铁素体和细小球状渗碳体组成的组织，这种组织具有良好的综合力学性能[137]。在中碳钢中加入 Al 可以细化铁素体晶粒尺寸，提高等轴状铁素体晶粒中大角度晶界的比例。在一定的温度下进行变形时，Al 会降低 Fe 原子和 C 原子在高温下的扩散速度，减少片层渗碳体 Fe_3C 的熔断现象及防止颗粒状渗碳体粒子发生粗化，从而获得超细晶组合的（$\alpha+\theta$）复相组织，细化渗碳体的片层间距，提高钢材的综合力学性能。

参考文献

[1] Hodgson P D，Gibbs R K. A mathematical model to predict the mechanical properties of hot rolled C-Mn and microalloyed steels [J]. ISIJ International，1992，32（12）：1329-133.

[2] Fleisgher R L. Solution hardening [J]. Acta Metallurgica，1961，9（11）：996-1000.

[3] Labusch R. A statistical theory of solid solution hardening [J]. Physica Status Solidi (b)，1970，41（2）：659-669.

[4] Gutiérrez I，Altuna M A. Work-hardening of ferrite and microstructure-based modelling of its mechanical behaviour under tension [J]. Acta Materialia，2008，56（17）：4682-4690.

[5] Shanmugam S，Ramisetti N K，Misra R D K，et al. Effect of cooling rate on the microstructure and mechanical properties of Nb-microalloyed steels [J]. Materials Science and Engineering A，2007，460-473.

[6] 雍歧龙，吴宝榕，孙珍宝，等. 二元微合金碳氮化物化学组成与固溶度的热力学计算以及钢材化学成分的影响规律 [J]. 金属科学与工艺，1992（01）：6-13.

[7] 李振，冯超凡，陈瑾，等. Nb-Ti 微合金化 800MPa 级复相钢性能均匀性研究 [J]. 金属世界，2022（05）：95-98.

[8] Fan Y Q，Ma C W，Li S P，et al. A review on the effect of microstructure on hydrogen induced cracking behaviour in pipeline and pressure vessel steels [J]. Journal of Physics：Conference Series，2020，1635（1）：012-055.

[9] Musab. Rabi，K. A. Cashell，R. Shamass，et al. Bond behaviour of austenitic stainless steel reinforced concrete [J]. Engineering Structures，2020，

58（3）：211-221.

［10］ T. Gladman，I. D. Mcivor，F. B. Pickering. Some aspects of the structure-property relationships in high-carbon ferrite-pearlite steels ［J］. J. Iron Steel Inst.，1972，210，318-424.

［11］ 王晓慧. 合金元素分配对珠光体转变组织及性能的影响 ［D］. 南京：东南大学，2017.

［12］ 周学源. 合金元素对渗碳体长大动力学及热稳定性影响 ［D］. 南京：东南大学，2014.

［13］ 张晓丹. 钢帘线钢丝冷拔过程中组织演变的定量研究与力学性能 ［D］. 北京：清华大学，2009.

［14］ Y. J. Li，P. Choi，C. Borchers，et al. Atomic-scale mechanisms of deformation-induced cementite decomposition in pearlite ［J］. Acta Materialia，2011，59，3965-3977.

［15］ Czarski A，Skowronek T，Matusiewicz P. Stability of a lamellar structure-effect of the true interlamellar spacing on the durability of a pearlite colony ［J］. Archives of Metallurgy and Materials，2015，60（4A）：2499-2508.

［16］ Buono V T L，Gonzalez B M，Lima T M，et al. Measurement of fine pearlite interlamellar spacing by atomic force microscopy ［J］. Journal of Materials Science，1997，32：1005-1008.

［17］ Embury J D，Fisher R M. The structure and properties of drawn pearlite ［J］. Acta Metallurgica，1966，14：147-159.

［18］ Langford G. A study of the deformation of patented steel wire ［J］. Metallurgical and Materials Transactions B，1970：465-477.

［19］ Zelin M. Microstructure evolution in pearlitic steels during wire drawing ［J］. Acta Materialia，2002，50：4431-4447.

［20］ Zhou L C，Fang F，Wang L F，et al. Torsion delamination and recrystallized cementite of heavy drawing pearlitic wires after low temperature annealing ［J］. Materials Science and Engineering A，2018，713：52-60.

［21］ Lu X Y. Correlation between microstructural evolution and mechanical properties of 2000 MPa cold-drawn pearlitic steel wires during galvanizing simulated annealing ［J］. Metals，2019，9（3）：326-335.

［22］ Zhou L C，Fang F，Wang L F，et al. Torsion performance of pearlitic steel wires：Effects of morphology and crystallinity of cementite ［J］. Materials Science and Engineering A，2019，743：425-435.

［23］ Pham T T，Hawbolt E B，Brimacombe J K. Predicting the onset of transformation under noncontinuous cooling conditions：Part I. Theory ［J］. Metallurgical and Materials Transactions A，1995，26（8）：1993-2000.

［24］ Cottrell A H，Bilby B A. Dislocation theory of yielding and strain ageing of iron ［J］. Proceedings of the Physical Society Section A，1949，62（1）：49.

［25］ Tapasa K，Osetsky Y N，Bacon D. Computer simulation of interaction of an edge dislocation with a carbon interstitial in α-iron and effects on glide ［J］. Acta Materialia，2007，

55（1）：93-104.

[26] 郭宁. 桥梁缆索用冷拔珠光体钢丝微观组织表征及力学性能研究［D］. 重庆：重庆大学，2012.

[27] Zhou L，Fang F，Kumagai M，et al. A modified pearlitic microstructure to overcome the strength-plasticity trade-off of heavily drawn pearlitic wire［J］. Scripta Materialia，2022，206：114236.

[28] M. Gensamer，E. B. Pearsall，W. S. Pellini，et al. The tensile properties of pearlite，bainite and spheroidite［J］. Trans. ASM，1942，30，983.

[29] R. Armstrong，I. Codd，R. M. Douthwaite，et al. The plastic deformation of polycrystalline aggregates［J］. Philosophical Magazine A，1962，7，45.

[30] N. Hansen. Boundary strengthening in undeformed and deformed polycrystals［J］. Materials Science and Engineering A，2005，409（1-2），39-45.

[31] N. Hansen. Hall-Petch relation and boundary strengthening［J］. Scripta Materialia，2004，51，801-806.

[32] 王坤，张莉芹，刘中柱，等. N 对高强度压力容器钢组织转变的影响［J］. 材料热处理学报，2021，42（11）：60-66.

[33] Liu Y，Zhang L X，Ye H Q，et al. The action mechanism and application of alloying elements in the pressure vessel steel［J］. Materials Science and Engineering，2018，382：022-046.

[34] 周乐育，刘雅政，方圆，等. Nb 对 C-Si-Mn-Cr 双相钢相变规律、组织和性能的影响［J］. 钢铁，2008，43（7）：76-81.

[35] 雍岐龙. 钢铁材料中的第二相［M］. 北京：冶金工业出版社，2006.

[36] Kelly A，Nicholson R S. Strengthening methods in crystals［J］. International Materials Reviews，1971，17（1）：147-147.

[37] Gladman T. Precipitation hardening in metals［J］. Materials Science and Technology，1999，15（1）：30-36.

[38] Guo Z，Sha W. Quantification of precipitation hardening and evolution of precipitates［J］. Materials Transactions，2002，43（6）：1273-1282.

[39] Zhang C X，Hui W J，Zhao X L，et al. The potential significance of microalloying with Nb in enhancing the resistance to hydrogen-induced delayed fracture of 1300-MPa-grade high-strength bolt steel［J］. Engineering Failure Analysis，2022，135：106-144.

[40] Guan Ming-fei，Yu Hao. In-situ investigation on the fatigue crack propagation behavior in ferrite-pearlite and dual-phase ferrite-bainite low carbon steels［J］. Science China Technological Sciences，2013，56（1）：71-79.

[41] 吕明，米小雨，张朝晖，等. 连铸工艺参数对 SWRH82B 高碳钢碳偏析的影响［J］. 工程科学学报，2020，42（S1）：102-108.

[42] 张德俊，江学德，陈永金，等. 柳钢 3 号方坯连铸机生产 SWRH82B 实践［J］. 柳钢科技，2018（4）：10.

[43] 刘凤云，张一夫．连铸高碳钢坯凝固基础理论浅探［J］．炼钢，1993（2）：56.

[44] 陈志平．非稳态浇铸条件下连铸板坯质量控制研究［D］．沈阳：东北大学，2008.

[45] 胡亮，郭红民，段少平．凝固末端电磁搅拌对82B碳偏析的影响［J］．中国冶金，2018，28（9）：63.

[46] Brownian G K，Prior. Harden ability reduction in VN Micro alloyed eutectic steels［J］. Scripta Material，2002，46：357-361.

[47] 李阳，姜周华，李花兵，等．炼钢过程中的夹杂物［M］．北京：科学出版社，2017，4-7.

[48] Maeda S，Soejima T. Shape control of inclusions in wire rod for high tensile tire cord by refining with synthetic slag A［C］//Steelmaking Conference Proceedings. USA：ISS1989379-385.

[49] Oeters F. The metallurgy of steelmaking［M］. Duisseldorf：Verlag Stahl eissen GmbH 1994，101-102.

[50] 凌海涛．中间包内夹杂物碰撞长大和去除的研究［D］．北京：北京科技大学，2016.

[51] Eisenhuttenleute V D. Slag Atlas（2nd edition）［M］. Verlag Stahleisen GmbH，1995.

[52] 陈家祥．炼钢常用图表数据手册［M］．北京：冶金工业出版社，19812，146.

[53] 罗锋．92Si桥梁缆索用钢中非金属夹杂物全流程演变研究［D］．沈阳：东北大学，2020.

[54] Verma N，Pistorius P C，Fruehan R J，et al. Calcium modification of spinel inclusions in aluminum-killed steel：reaction steps［J］. Metallurgical and Materials Transactions，2012，43（4）：830-840.

[55] Ren Y，Zhang LF，Li S. S. Transient evolution of inclusions during calcium modification in linepipe steels［J］. ISIJ International，2014，52（12）：2772-2779.

[56] Sutio H，Inoue R. Thermodynamics on control of inclusions composition in ultra clean steels［J］. ISIJ International，1996，36（5）：528-536.

[57] Jiang M，Wang X H，Chen B，et al. Laboratory study on evolution mechanisms of non-metallic inclusions in high strength alloyed steel refined by high basicity slag［J］. ISIJ International，2010，50（1）：95-104.

[58] Mutoh Y，Korda Akhmad A，Miyashita Y，et al. Stress shielding and fatigue crack growth resistance in ferritic-pearlitic steel［J］. Materials Science and Engineering A，2007，467-470：114-119.

[59] 徐平光，方鸿生，白秉哲，等．仿晶界型铁素体/粒状贝氏体复相组织的韧性［J］．金属学报，2002，38（3）：255-260.

[60] 蔡明晖，丁桦，张建苏，等．铁素体/贝氏体双相钢的变形和断裂特性［J］．材料研究学报，2009，23（1）：83-88.

[61] 李龙，丁桦，杜林秀，等．仿晶界型铁素体/贝氏体低碳锰钢的组织和力学性能［J］．金属学报，2006，42（11）：1227-1232.

[62] 戴品强，何则荣，毛志远．珠光体裂纹萌生与扩展的TEM原位观察［J］．材料热处理

学报，2003，24（2）：41-45.

[63] Mustapa M S, Mutoh Y. Effects of size and spacing of uniformly distributed pearlite particles on fatigue crack growth behavior of ferrite-pearlite steels [J]. Materials Science and Engineering A，2010，527：2592-2597.

[64] 孙淑华. 显微组织对珠光体钢疲劳裂纹扩展速率的影响 [J]. 物理测试，2004，2：7-10.

[65] 马英杰，李晋炜，雷家峰，等. 显微组织对 TC4ELI 合金疲劳裂纹扩展路径及扩展速率的影响 [J]. 金属学报，2010，46（9）：1086-1092.

[66] 查小琴，惠卫军，雍岐龙. 铁素体—珠光体型非调质钢的高周疲劳破坏行为 [J]. 材料研究学报，2008，22（6）：634-638.

[67] 段桂花，张平，李金许，等. 铁素体和珠光体含量影响变形过程的原位研究 [J]. 北京科技大学学报，2014，36（8）：1032-1038.

[68] Guan M F, Yu H. Fatigue crack growth behaviors in hot-rolled low carbon steels：A comparison between ferrite-pearlite and ferrite-bainite microstructures [J]. Materials Science and Engineering A，2013，559：875-881.

[69] 魏泽民. 钢丝索氏体微观组织尺寸控制及相变条件研究 [D]. 贵阳：贵州大学，2015.

[70] 师瑞霞，杨瑞成，尹衍升，等. 合金元素对 12Cr1MoV 钢中 Fe 的自扩散和 C 的扩散能力的影响 [J]. 钢铁研究，2004，2（4）：34-37.

[71] 余瑞璜. 固体与分子经验电子理论 [J]. 研究简报，1978，23：217-224.

[72] Korda Akhmad A, Mutoh Y, Miyashita Y. Effects of pearlite morphology and specimen thickness on fatigue crack growth resistance in ferritic-pearlitic steels [J]. Materials Science and Engineering A，2006，428：262-269.

[73] Aranda M. M, Kim B, Rementeria R, et al. Effect of Prior Austenite Grain Size on Pearlite Transformation in a Hypoeuctectoid Fe-C-Mn Steel [J]. Metallurgical and Materials Transactions A，2014，45A：1778-1786.

[74] 张桂林，魏福旗. 钢丝中铁素体对整绳破断拉力影响的研究 [J]. 金属制品，2001，27（4）：1-4.

[75] Zhang X, Godfrey A, Huang X, et al. Microstructure and strengthening mechanisms in cold-drawn pearlitic steel wire [J]. Acta Materialia，2011，59（9）：3422-3430.

[76] Gavriljuk V. Comment on "Cementite decomposition in heavily drawn pearlite steel wire" [J]. Scripta materialia，2002，46（2）：175-177.

[77] Nematollahi G A, Vonpezold J, Neugebauer J, Raabe D. Thermodynamic sofcarbon solubility inferrite and vacancy formation incementite in strained pearlite [J]. Acta Materialia，2013，61（5）：1773-1784.

[78] Languillaume J, Kapelski G, Baudelet B. Cementite dissolution in heavily cold drawn pearlitic steel wires [J]. Acta Materialia，1997，45（3）：1201-1212.

[79] Khalid F A, Edmonds D V. Effect of vanadium on the grain boundary carbide nucleation of pearlitr in high-carbon steel [J]. Scdpta Metallurgica et Matedalia，1994，30

(10)：1251-1255.

[80] Khalid F A, Edmonds D V. On the properties and structure of micro-alloyed and copper-beafing hot-miled steels [J]. Journal of Materials Processing Technology, 1997, 72：434-436.

[81] 顾自有. 微钒合金化对 82B 钢组织与性能的影响 [D]. 兰州：兰州理工大学，2016.

[82] 米永峰，曹建春，张正延，等. 碳含量对钢中碳化铌在奥氏体中固溶度积的影响 [J]. 钢铁，2012，47（03）：84-88.

[83] 杨超飞. Nb 及热形变对高碳钢连续冷却时组织转变的影响 [D]. 北京：钢铁研究总院，2009.

[84] 张正延. 铌在中高碳钢中的物理冶金学原理研究 [D]. 昆明：昆明理工大学，2011.

[85] Deya I, Chandraa S, Sahab R, et al. Effect of Nb micro-alloying on microstructure and properties of thermo mechanically processed high carbon pearlitic steel [J]. Materials Characterization，2018，140：45-53.

[86] Klymko T, Sluiter M H F. Computing solubility products using ab initio methods [J]. Journal of Materials Science，2012，47（21）：7601-7614.

[87] Liu P C, Wang Z X, Cong J H, et al. The significance of Nb interface segregation in governing pearlitic refinement in high carbon steels [J]. Materials Letters，2020，279.

[88] Kantor M M, Vorkachev K G. Microstructure and Substructure of Pearlite in Hypoeutectoid Ferritic-Pearlitic Steels [J]. Metal Science and Heat Treatment，2017，59（5-6）：265-271.

[89] Cahn J W, Hagel W G. Divergent pearlite in a manganese eutectoid steel [J]. Acta Metallurgica et Materialia，1963，11（6）：561-574.

[90] Zhang G, Enomoto M. Interlamellar Spacing of Pearlite in a Near-eutectoid Fe–C Alloy Measured by Serial Sectioning [J]. ISIJ International，2009，49（6）：921-927.

[91] Kramer J, Pound G, Mehl R. The free energy of formation and the interfacial enthalpy in pearlite [J]. Acta Metallurgica，1958，6（12）：763-771.

[92] Kirchner H, Mellor B, Chadwick G. A calorimetric determination of the interfacial enthalpy of Cu-In and Cu-Al lamellar eutectoids [J]. Acta Metallurgica，1978，26（6）：1023-1031.

[93] Zhu J, Liu S, Long D, et al. The evolution of texture and microstructure uniformity in tantalum sheets during asymmetric cross rolling [J]. Materials Characterization，2020，168.

[94] Kubin LP, Mortensen A. Geometrically necessary dislocations and strain-gradient plasticity: a few critical issues [J]. Scripta Materialia，2003，48（2）：119-125.

[95] Gao H, Huang Y, Nix W D, et al. Mechanism-based strain gradient plasticity— I. Theory [J]. Journal of the Mechanics and Physics of Solids，1999，47（6）：1239-1263.

[96] Dye D, Stone H J, Reed R C. Intergranular and interphase microstresses [J]. Current Opinion in Solid State and Materials Science，2001，5（1）：31-37.

[97] Appel F, Paul J D H, Staron P, et al. The effect of residual stresses and strain reversal on the fracture toughness of TiAl alloys [J]. Materials Science and Engineering A, 2018, 709: 17-29.

[98] Fernández A I, Uranga P, López B, et al. Dynamic recrystallization behavior covering a wide austenite grain size range in Nb and Nb-Ti microalloyed steels [J]. Materials Science and Engineering A, 2003, 361 (1): 367-376.

[99] Mohebbi M S, Rezayat M, Parsa M H, et al. The impact of Nb on dynamic microstructure evolution of an Nb-Ti microalloyed steel [J]. Materials Science and Engineering A, 2018, 723: 194-203.

[100] Shaban M, Eghbali B. Determination of critical conditions for dynamic recrystallization of a microalloyed steel [J]. Materials Science and Engineering A, 2010, 527 (16-17): 4320-4325.

[101] Cho S H, Kang K B, Jonas J J. The Dynamic, Static and Metadynamic Recrystallization of a Nb-microalloyed Steel [J]. ISIJ International, 2001, 41 (1): 63-69.

[102] Wu G H, Hou T P, Wu K M, et al. Influence of high magnetic field on carbides and the dislocation density during tempering of high Chromium-containing steel [J]. Journal of Magnetism and Magnetic Materials, 2019, 479: 43-49.

[103] Li Y, Chen J, Wang J, et al. Study on the effect of residual stresses on fatigue crack initiation in rails [J]. International Journal of Fatigue, 2020, 139.

[104] Tamura I, Sekine H, Tanaka T. Thermomechanical processing of high-strength low-alloy steels [M]. Butterworth-Heinemann, 2013.

[105] Pandit A, Murugaiyan A, Podder A S, et al. Strain induced precipitation of complex carbonitrides in Nb-V and Ti-V microalloyed steels [J]. Scripta Materialia, 2005, 53 (11): 1309-1314.

[106] 孙新军, 刘罗锦, 梁小凯, 等. 高钛耐磨钢中 TiC 析出行为及其对耐磨粒磨损性能的影响 [J]. 金属学报, 2020, 56 (4): 661-672.

[107] 朱正海, 肖丽俊, 彭世恒, 等. 连铸过程铌钛微合金钢中第二相复合析出模型 [J]. 钢铁研究学报, 2014, 26 (07): 18-22＋27. 2014.07.008.

[108] 杨建伟, 杨钦, 吴静, 等. Nb-Ti 高强钢中第二相粒子固溶行为及奥氏体晶粒长大规律研究 [J]. 钢铁钒钛, 2023, 44 (05): 139-145.

[109] Yang X, Vanderschueren D, Dilewijns J, et al. Solubility products of titanium sulphide and carbosulphide in ultra-low carbon steels [J]. ISIJ international, 1996, 36 (10): 1286-1294.

[110] Yoshinaga N, Ushioda K, Akamatsu S, et al. Precipitation behavior of sulfides in Ti-added ultra low-carbon steels in austenite [J]. ISIJ international, 1994, 34 (1): 24-32.

[111] 阎凤义, 张晓光. 钛在汽车轮钢中的作用及合金化工艺探讨 [J]. 钢铁, 2001, 36 (5): 47-50.

[112] 侯亮. 钛微合金钢的组织演变规律和控轧控冷工艺研究 [D]. 镇江：江苏大学，2017.

[113] Dae B P, Won J N. Effects of annealing temperature and Si content on mechanical properties of cold drawn pearlitic steel wires [J]. Key Engineering Materials, 2007, 345: 65-68.

[114] Tu Y Y, Wang X H, Huang H L, et al. Effect of Si on the aging behavior of cold-drawn pearlitic steel wires [J]. Metallurgical and Materials Transactions A, 2017, 48A (2): 659-665.

[115] Huang L H, Zhang R, Zhou X F, et al. Atomic interactions between Si and Mn during eutectoid transformation in high-carbon pearlitic steel [J]. Journal of Applied Physics, 2019, 126 (24): 1-9.

[116] Tu Y Y, Huang H L, Wang X H. Effect of Si and Mn on the spheroidization and coarsening behavior of cementite during annealing in pearlitic steel [J]. Metallurgical and Materials Transactions A, 2016, 47A (1): 254-259.

[117] Fu W T, Furuhara T, Maki T, et al. Effect of Mn and Si addition on microstructure and tensile properties of cold-rolled and annealed pearlite in eutectoid Fe-C alloys [J]. ISIJ International, 2004, 44 (1): 171-178.

[118] Zhang G H, Chae J Y, Kim K H, et al. Effects of Mn, Si and Cr on the dissolution and coarsening of cementite during intercritical austenitization in Fe-1mass%C alloy [J]. Materials Characterization, 2013, 81: 56-67.

[119] 李昭东，宫本吾郎，杨志刚，等. Mn 和 Si 对 Fe-0.6C 钢中珠光体-奥氏体相变的影响 [J]. 金属学报，2010，46 (9): 1066-1074.

[120] Nam A, Turdimatov M, Kawalla R, et al. The Kinetics of Dynamic Recrystallization of Fe-16Cr-xMn-4Ni-0.05C-0.17N Steel [J]. Steel Research International, 2018, 90 (6).

[121] Mangan M, Shiflet G. The Pitsch-Petch orientation relationship in ferrous pearlite at small undercooling [J]. Metallurgical and Materials Transactions A, 1999, 30 (11): 2767-2781.

[122] Miyamoto G, Oh J, Hono K, et al. Effect of partitioning of Mn and Si on the growth kinetics of cementite in tempered Fe-0.6 mass% C martensite [J]. Acta Materialia, 2007, 55 (15): 5027-5038.

[123] Owen W. The effect of silicon on the kinetics of tempering [J]. Transactions of the American Society for Metals, 1954, 46: 812-829.

[124] Sawada H, Kawakami K, Körmann F, et al. Partitioning of Cr and Si between cementite and ferrite derived from first-principles thermodynamics [J]. Acta Materialia, 2016, 102: 241-250.

[125] Kim Y J, Bae S W, Lim N S, et al. Graphitization behavior of medium-carbon high-silicon steel and its dependence on temperature and grain size [J]. Materials Science and Engineering: A, 2020, 785.

[126] 李立铭. 高 Ti 微合金化钢中第二相的固溶析出行为与组织性能研究 [D]. 唐山：华北理工大学，2019.

[127] Xu Y B，Yu，Y H，Liu X H，Wang G D. Kinetic simulation of strain induced precipitation in Nb microalloyed steels [J]. Journal of Northeastern University，2005，26（4）：249-252.

[128] Razik N A，Lorimer G W，Ridley N. Chromium partitioning during the austenite transformation [J]. Metallurgical Transactions A，1976：209-214.

[129] Chanc J，Ridley N. Chromium partitioning during isothermal transformation of a eutectoid steel [J]. Metallurgical Transactions A，1981：1205-1212.

[130] Li C S，Li Z X，Ren J Y，et al. Microstructure and properties of 1. 0C-1. 5Cr bearing steel in processes of hot rolling, spheroidization, quenching, and tempering [J]. Steel Research International，2019，90（3）：1-8.

[131] Salman S A AL，Lorimaer G I，Ridley N. Pearlite growth kinetics partitioning in a Cr-Mn eutectoid steel [J]. Metallurgical Transactions A，1979，10（11）：10.

[132] Li Y，Choi P，Goto S，et a1. Atomic scale investigation of redistribution of alloying elements in pearlitic steel wiresupon cold-drawing and annealing [J]. Ultramicroscopy，2013，132：233-238.

[133] Zheng B C，Huang Z F，Xing J D，et al. Effect of chromium content on cementite - pearlite interaction of white cast iron during three-body abrasive wear [J]. Industrial Lubrication and Tribology，2017，69（6）：863-871.

[134] Tajima M，Nishimoto Y，Shima K，et al. Effect of carbon and chromium contents on latent heat of pearlite transformation of steels [J]. Tetsu to Hagane，2005，90（10）：807-811.

[135] Wu K M.，Bhadeshia，H K D H. Extremely fine pearlite by continuous cooling transformation [J]. Scripta Materialia，2012，67：53-56.

[136] Xin R，Wu K M，Zhang G H，et al. Effect of high magnetic field on the pearlite transformation of Al-containing steel [J]. Materials Science and Technology，2018，34（7）：786-793.

[137] Zhang W L，Wang H，Xu H F，et al. Spheroidizing process of ultrahigh carbon steel with 2% aluminum addition [J]. Iron and Steel，2017，52（12）：67-74.

第**4**章
桥梁缆索钢制造关键技术

桥梁缆索钢的生产制造工艺通常包括冶炼-连铸-轧制-冷却-冷拔-热镀等一连串工艺环节。最终的钢丝不但强度要求高（抗拉强度 2100MPa 以上），而且使用环境复杂。为保证较高的安全性，对疲劳性能、扭转性能、弯曲性能、缠绕性能等要求非常严格，为此要严格控制盘条中夹杂物的含量、大小及组分。

冶炼是决定钢材纯净度和均匀性的关键环节。采用 LF＋RH 双联精炼可有效降低钢中 S、P 含量（≤0.005％）和 O 含量（≤15μg/g），减少夹杂物，提高钢材洁净度。若控制不当，残留杂质会形成脆性夹杂，在后续冷拔或服役中成为裂纹源。同时，精确的成分控制（如 Si、Mn 配比）不仅影响组织均匀性，还决定其相变特性，进而改变材料力学性能。优化冶炼工艺可确保铸坯高纯净度，为后续加工提供优质原料，最终保障缆索钢的高强度、高韧性和抗疲劳性能。

桥梁缆索钢对纯净度、均匀性和力学性能要求极高，铸坯缺陷会显著影响最终产品质量。主要缺陷包括中心偏析、缩孔、夹杂物和表面裂纹，这些缺陷在后续轧制、冷拔和热镀过程中可能遗传或扩展，导致钢丝断裂、镀层不均或疲劳性能下降。例如，中心偏析会引发冷拔断裂和氢脆风险；表面裂纹会降低镀锌层结合力。为控制缺陷影响，需优化冶炼（LF＋RH 精炼降低杂质）、连铸（电磁搅拌减轻偏析）、轧制（细化组织）工艺过程，并通过探伤和修磨剔除缺陷坯料。

轧制工艺直接影响钢材的微观组织和力学性能，进而决定缆索钢的强度、韧性和疲劳寿命。热轧阶段通过细化晶粒，可改善铸坯的偏析和疏松缺陷，但若温度或变形量控制不当，可能形成带状组织，导致力学性能各向异性。冷却控制可得到优化的珠光体片层组织。后续冷拔可进一步提高强度，但过度加工硬化会降低塑性，需配合中间退火恢复延展性。轧制过程中的表面质量（如氧化皮、裂纹）也会影响热镀时镀层结合力和钢丝耐久性。因此，优化轧制参数（温度、压下率、冷却速率）对确保缆索钢的高强度、高韧性和均匀性至关重要。

冷却工艺是决定钢材组织与性能的关键环节。合理的冷却策略需匹配成分与工艺，确保钢材兼具高强韧性、低缺陷率及良好的冷加工性能，满足缆索钢的严苛服役要求。

在拉拔过程中，由于夹杂物的存在，造成材料内部应力集中及组织的不连续现象存在，在后续的使用过程中成为裂纹扩展源，影响了材料的综合性能。

热镀锌工艺的关键参数（锌液温度、浸镀时间、冷却速率）直接影响镀层质量和钢丝性能。锌液温度（440～460℃）过高会导致合金层过厚，降低镀层韧性；温度不足则影响附着力。浸镀时间（30～60s）过长易形成脆性 Fe-Zn相，增加开裂风险。冷却速率过快可能引起镀层应力裂纹，过慢则降低生产效率。此外，前处理（酸洗、助镀）清洁度不足会导致漏镀或结瘤。优化热镀参数可确保镀层均匀、耐蚀且与基体结合牢固，延长缆索使用寿命。

桥梁缆索钢的生产是涵盖冶炼、连铸、轧制、冷却、冷拔及热镀的多环节精密协同过程。冶炼纯净度是基础，决定材料先天性能；连铸均质化可减少偏析与缺陷；轧制与控冷工艺优化组织细化与性能调控；冷拔加工需平衡强度与塑性；热镀参数直接影响防腐耐久性。各环节缺陷均会遗传放大，因此必须通过全过程质量控制（如成分精确控制、缺陷检测、工艺参数优化）确保最终产品兼具高强韧性、抗疲劳性及耐蚀性。唯有实现全流程协同管控，才能满足缆索钢在极端服役环境下的高可靠性与长寿命要求。

4.1
冶炼夹杂物的控制

4.1.1 夹杂物无害化冶炼技术

夹杂物的控制除了受设备及生产工艺影响外，精炼炉渣对夹杂物形貌、组分的控制至关重要。精炼炉渣具有吸附有害杂质、防止金属氧化、保温及埋弧加热等作用，炉渣的冶金作用取决于其物理化学性能，而炉渣的成分是其物理化学性能的决定因素。在以上技术措施的基础上，精确控制冶炼温度及时间，并配合适当的搅拌参数，充分发挥精炼炉渣对夹杂物的吸附及变性作用，可精确控制夹杂物的大小、组分及分布。

4.1.2 酸性渣体系对夹杂物的影响

酸性渣的特点为熔点低、流动性好，利于吸附碱性夹杂物，同时起到变性为低熔点夹杂物的作用，该类夹杂物在加热及后续的轧制过程中易变形，沿轧制方向延伸拉长，破坏了金属的连续性。因此，对于桥梁缆索钢来说，该类夹杂物的存在对盘条的拉拔性能影响不大。

研究表明[1]，硫化物及各类硅酸盐类夹杂物在坯料加热温度范围为可变形夹杂物，该类夹杂物在坯料轧制阶段容易沿轧制方向延伸变形，破坏了金属的连续性，降低了钢丝的综合性能，大尺寸夹杂物的影响更显著。低熔点夹杂物主要是 $MnO-Al_2O_3-SiO_2$ 系（来自脱氧产物）和 $CaO-Al_2O_3-SiO_2$ 系（来自炉渣）（如图 4-1 所示）。对于 $MnO-Al_2O_3-SiO_2$ 系，易变形夹杂物为锰铝榴石（$3MnO-Al_2O_3-3SiO_2$）及其周围的低熔点区域；对于 $CaO-Al_2O_3-SiO_2$ 系，低熔点夹杂物为钙斜长石（$CaO \cdot Al_2O_3 \cdot 2SiO_2$）与假硅灰石（$CaO \cdot SiO_2$）及相邻的周边低熔点区域，即图 4-2 中的阴影部分，以上区域夹杂物熔点 $\leqslant$ 1500℃，变形性较好，盘条在拉拔过程中容易沿纵向延伸。

元素	原子百分比/%	元素含量/%	质量百分比误差	化合物	化合物含量/%
Na-K	0.18	0.19	+/-0.27	Na_2O	0.26
Mg-K	8.18	9.11	+/-0.35	MgO	15.11
Al-K	7.65	9.47	+/-0.38	Al_2O_3	17.89
Si-K	15.72	20.25	+/-0.65	SiO_2	43.32
K-K	0.00	0.00	+/-0.00	K_2O	0.00
Ca-K	6.47	11.89	+/-0.44	Ca_2O	16.64
Mn-K	2.08	5.25	+/-0.74	MnO	6.78
O-K	59.73	43.83	—	—	—
Total	100.00	100.00			100.00

图 4-1 低熔点夹杂物形貌及组成

图 4-2 中所示塑性区域的夹杂物中 Al_2O_3 含量均在 20% 左右，根据 Al_2O_3 含量与夹杂物不变形指数的关系（见图 4-2），Al_2O_3 含量在 20% 左右时，不变形夹杂物指数最低，夹杂物最易变形。在 1600℃ 时，根据 MnO-Al_2O_3-SiO_2 三元活度计算出与塑性区平衡的钢中酸溶铝（A_{ls}）的含量在 0.0001% ~ 0.0005% 之间。满足以上条件的塑性 MnO-Al_2O_3-SiO_2 体系，钢液中 A_{ls} 含量极低时，炼钢需采用 Si-Mn 合金脱氧。

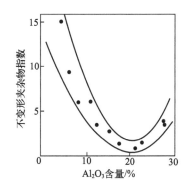

图 4-2　夹杂物中 Al_2O_3 含量与不变形夹杂物指数的关系

根据 SiO_2-Al_2O_3-CaO 三元相图（见图 4-3），夹杂物组成如下[2]：

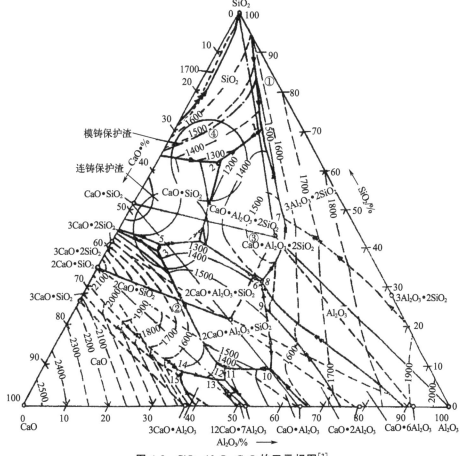

图 4-3　SiO_2-Al_2O_3-CaO 的三元相图[2]

（1）在富含 SiO_2 的一侧，区域①为不变形的均相夹杂物；

（2）在富含 CaO、Al_2O_3 的一侧，区域②具有很强的结晶能力，因而也是不能变形的；

（3）区域③为可变形的夹杂物区域，夹杂物在轧制过程中容易沿纵向延伸变形；

（4）区域④为两相区，其中一相不能变形。

综上所述，采用 Si-Mn 合金脱氧，夹杂物 Al_2O_3 含量在 20％左右，夹杂物组分在三元相图塑性区域，易于形成低熔点夹杂物，在生产过程中应合理调整精炼顶渣配比。

4.1.3 高碱性渣体系对夹杂物的影响

桥梁缆索用盘条后续用于拉拔生产时，对盘条内部 CaO 及 Al_2O_3 等颗粒状高硬度夹杂物十分敏感，该类夹杂物含量高易造成盘条内部在轧制及拉拔过程中应力集中，对后续的钢丝综合性能产生不利影响。

精炼炉渣的理化性能影响非金属夹杂物的类型、形态和分布。国外普遍采用高碱度渣系（$R \geqslant 4$）来达到降低钢中氧和硫的目的，日本山阳高碱度渣就是一个实例。虽然高碱度对降氧有利，但其熔点高、成渣慢且流动性差，易造成卷渣，在进入 RH（钢液真空循环脱气）处理前需适当降低渣的碱度。特别是当渣中 MgO 含量高于 10％时，渣的熔点会增加，真空处理过程中，温度变低，部分渣变成固体[3]。

在冶炼过程中理想夹杂物控制目标为低熔点化合物，如 $12CaO \cdot 7Al_2O_3$（如图 4-4），该夹杂物在炼钢温度范围为液体，可以快速去除，在轧制温度范围内易变形，使大颗粒夹杂物破碎成为不连续小颗粒夹杂物（如图 4-5），降低后续拉拔过程中内部应力集中及盘条内部组织不连续性现象的产生。

对于碱性渣冶炼，均采用 Al 脱氧控制，为了降低 Al_2O_3 高熔点夹杂物黏附在水口造成的液面波动大等不利影响，在精炼后期往往需要进行 Ca（芯线）处理，钙金属熔点低，在炼钢温度下为气相，包裹 Al_2O_3 颗粒后有利于其上浮去除，在上浮过程中同时也起到了变性处理作用，形成低熔点的 Al_2O_3-CaO 类夹杂物（如图 4-6 所示），降低了夹杂物对盘条拉拔性能的不利影响。

造成盘条拉拔应力集中、断裂及钢丝疲劳断裂的另一个原因为材料中 TiN、Ti(C, N) 等带棱角夹杂物的存在。根据自由能的变化，在炼钢温度下 Ti 和 N 易结合为 TiN、Ti(C, N) 等化合物，该类夹杂物外形多为方形、三角形、菱形等多边形（如图 4-7 所示）。该类夹杂物具有锋利的棱角，颜色随碳含量增加由浅黄色转变为紫玫瑰色，材料在加工过程中夹杂物周边会产生较大应力场，对钢丝疲劳性能影响较大。在炼钢过程中，应控制钢水的 N 含量及加入 Ti 的时间，钢水最好经过真空处理，避免较大尺寸夹杂物的存在，尺寸应控制在 $5\mu m$ 以内。

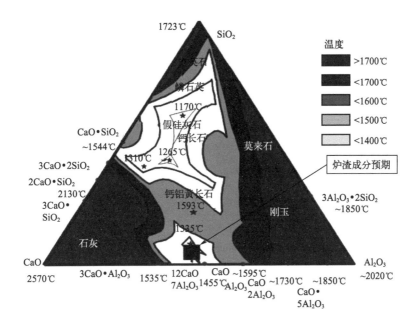

图 4-4 12CaO · 7Al₂O₃ 低熔点区域

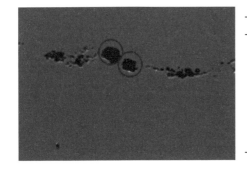

成分	含量/%
MgO	1.64
Al₂O₃	44.87
CaO	51.40
SiO₂	2.09

图 4-5 颗粒状夹杂物成分检测

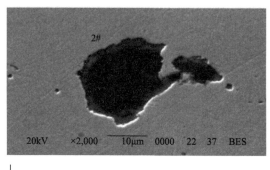

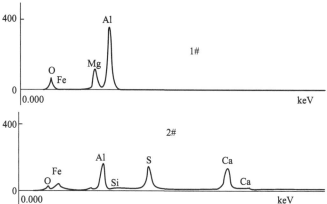

图 4-6 钙处理后夹杂物形貌及元素组成

元素	质量百分比/%	原子百分比/%
N K	12.56	33.93
Ti K	53.13	41.98
V K	12.86	9.55
Fe K	21.45	14.53
总量	100.00	

图 4-7 含 Ti 类夹杂物及其元素组成

4.1.4 钢中气体含量的控制对夹杂物的影响

钢水的纯净度不仅与钢中的夹杂物有关，而且受钢中气体含量的影响，钢中的气体含量越高，钢水的纯净度越差，所包含的夹杂物数量及种类相应的也较多。钢中气体含量低，说明夹杂物含量低，夹杂物颗粒小。为此，在桥梁缆索用盘条线材的生产上，对提高钢的纯净度方面进行了不断的优化与改进，主要采取了以下工艺措施。

（1）在转炉 BOF 冶炼控制方面

① 对 BOF 的炉料结构进行优化，采用优质废钢和优质铁水（>90%）；

② 对 BOF 进行终点出钢碳控制，终点碳含量不小于 0.15%，防止钢水过氧化；

③ BOF 出钢采用挡渣塞挡渣，减少下渣，炉后采用扒渣。

（2）精炼 LF 和 RH 脱气

① 在出钢过程中利用钢水流动良好的动力学条件，进行集中提前脱氧；

② 采用新的精炼合成渣，加强脱氧和对钢水中夹杂物的吸附作用；

③ LF 炉中，采用适当的吹氩制度来促进夹杂物上浮和脱气；

④ LF 精炼过程中，对脱氧剂的选择和加入方式进行优化；

⑤ 防止 LF 精炼末期，钢水的吸气和氧化，保持炉内的还原性气氛；

⑥ 改进和完善 RH 抽真空和高真空下脱气及氩气搅拌制度；

⑦ 增加真空后保温剂的用量，控制好高真空破空后软吹氩强度和时间。

软吹氩搅拌钢液这一操作是在钢水经 LF 或真空脱气处理后开展的。通过低强度搅拌，改善夹杂物上浮的动力学条件，进而提高炉渣对夹杂物的吸附能力。为了使钢中夹杂物充分上浮，吹氩弱搅拌是一项很受重视和有潜力的技术。钢包底吹氩后形成的钢液环流对钢中残留夹杂，特别是对小尺寸夹杂物的去除有积极的促进作用。弱搅拌延长了渣面下钢液的水平流动时间，增大了夹杂物与渣层接触的机会，同时还促进了小型夹杂物的聚集和长大。一般来讲，延长弱搅拌时间有利于夹杂物的去除率，如图 4-8 所示。

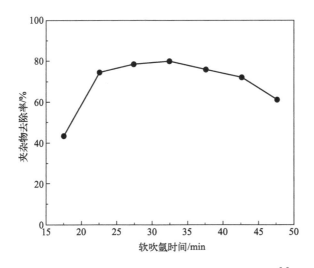

图 4-8　软吹氩弱搅拌时间对夹杂物去除率的影响[4]

4.1.5　纯净钢控制技术与夹杂物优化

精炼结束后合格的钢水要从钢包到中间包再到结晶器，钢水容器的变化过程将会影响夹杂物的成分。为了进一步提高钢水的纯净度，连铸全流程采用无氧氩气保护，减少钢水与空气接触，避免纯净的钢水因吸氧吸氮造成的污染；采用大包自动下渣检测，避免钢包中的精炼渣进入中间包内污染钢水，而可能产生大颗粒的夹杂物；中间包的大容量（约 1/3 倍的大包钢水容量），使钢水的静停留时间≥12min，利于发挥中间包冶金的作用，使夹杂物进一步变性和上浮，进一步提高了钢水纯净度；先进结晶器液位自动控制技术，可以精确地控制结晶器液位，避免因液面波动检测误差造成的卷渣等因素污染钢水；大断面低拉速的连铸，为结晶器和铸坯内夹杂物的上浮和去除提供了良好的条件。通过以上精细的操作使超纯净的钢水得到了进一步优化，为轧制过程夹杂物的塑性化提供了良好的条件。

4.1.6　夹杂物塑性化变形过程

经过炼钢和连铸精细、精准的夹杂物控制，可去除大颗粒的夹杂物并尽量减少留在钢中的夹杂物。但即使留在钢中的细小夹杂物也要控制夹杂物的组成、尺寸、类型和分布，以便利于轧制过程的变形。为使夹杂物在轧制过程中的变形朝着最有利的方向进行，研究人员对铸坯和中间坯的加热和轧制工艺做了多方面的探索和改进。

夹杂物在铸坯、中间坯和盘条中的变化如图 4-9 所示。钢中存在的少量且细小的低熔点夹杂物在铸坯中是球状的。当铸坯中的夹杂物经过均热处理后，通过大压下量轧制，使低熔点易变形的夹杂物变成条状。由于铸坯轧制成中间坯的压缩比只有 7～10，球状夹杂物经过大压下量的轧制破碎和碾压变为条状夹杂物；随后，中间坯经过精磨去除表面缺陷和氧化层，再送到线材分厂的加热炉，经过＞200 倍压缩比的轧制，条状夹杂物变成了成品盘条中细线状的夹杂物，使有害的球状夹杂物经过轧制的塑性化变形为无害的夹杂物。

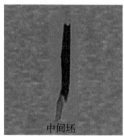
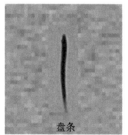

铸坯　　　　　　　中间坯　　　　　　　盘条

图 4-9　夹杂物轧制过程的变化

4.1.7　夹杂物预测与顶渣控制技术

夹杂物的成分可以用钢液与夹杂物间的平衡热力学来预测，当钢渣间达到热力学平衡时，夹杂物的成分与钢渣的成分在理论上是相同的。但在实际生产中，绝对的钢渣平衡是很难达到的，只能在局部达到钢与夹杂物、渣与钢的准平衡状态。对于缆索钢的精炼来讲，控制夹杂物对顶渣的要求如下：

① 渣的氧势低；

② 低熔点和良好的造渣性能；

③ 对脱氧产物和少量的初炼炉渣有强大的吸收能力；

④ 低的结晶倾向；

⑤ 凝固过程中无外来相析出，易玻璃化。

选用专用高碱度合成渣系作为顶渣来进行精炼，可以有效控制钢中夹杂物的数量及尺寸。经过试验证明，该渣系应易于吸收钢中的 Al_2O_3 及大颗粒的 $MgO \cdot Al_2O_3$ 夹杂。

兴澄特钢经过长期研究和实践，积累了控制钢中氧化物夹杂数量、类型、分布的相关知识和技术。缆索钢的脱氧、精炼要达到两个目的，一是减少钢中的夹杂物数量，即总氧量要低，兴澄特钢生产的部分缆索钢线材总氧量为 $\leqslant 15\mu L/L$；二是采用特殊的精炼渣系，将钢中有害的大颗粒夹杂吸附上浮排出，以减少钢水中大颗粒夹杂。

4.1.8　超纯净的夹杂物控制技术

综上所述，超纯净钢的夹杂物关键控制点如下。

① 炼钢过程采用合适的脱氧工艺，精炼过程采用适当的脱氧剂进行补充脱氧，精确控制渣系的组分，把夹杂物中 Al_2O_3 的质量分数控制在 $30\% \sim 40\%$；

② 通过采用特制的高碱度精炼合成渣并在精炼工位实施精细化操作，优化精炼工序和脱氧制度，可有效去除大颗粒夹杂物，同时控制细小夹杂物的形态和组成；

③ 保证足够而有效的软吹氩时间，使夹杂物有充分的时间碰撞、聚集并上浮去除，有效控制钢水中夹杂物的尺寸；

④ 选择性能稳定的耐火材料，减少外来夹杂物进入钢水；

⑤ 应用大包下渣检测和结晶器液位精准的自动控制等先进手段，配合全保护连铸和中间包冶金技术，可有效减少过程污染并进一步提升钢水纯净度；

⑥ 探索利于夹杂物塑性变形的加热和轧制工艺，使球状夹杂物经过轧制过程的塑性化变形为无害的细线状夹杂物，最终实现夹杂物的超纯净化。

4.1.9 夹杂物分析方法

（1）SEM 分析

试样经金相分析后，先圈出夹杂物的大致位置，采用扫描电镜进一步分析其尺寸、形貌及夹杂物组成，分析结果如图 4-10 所示。

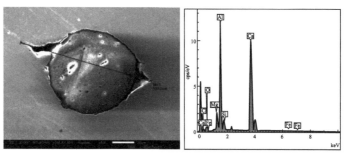

元素	质量百分比/%	原子百分比/%	化合物	化合物含量/%
O	39.18	56.24		
Mg	3.72	3.51	MgO	6.16
Al	25.08	21.35	Al_2O_3	47.38
Si	2.22	1.82	SiO_2	4.75
Ca	29.80	17.08	CaO	41.70
总量	100.00	100.00		100.00

图 4-10 夹杂物的 SEM 形貌与成分分析

（2）夹杂物电解

将盘条加工成 $\phi 5.5mm \times 9mm$ 的试样，在电场作用下，试样在电解质溶液中发生氧化还原反应，溶解后过滤出夹杂物，利用 SEM 扫描电镜对夹杂物的形态及化学组成进行分析。图 4-11 和图 4-12 分别为夹杂物的电解装置和电解后夹杂物的形貌及能谱结果。

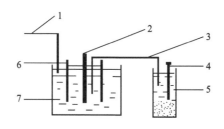

图 4-11 夹杂物电解装置

1—氩气；2—钢样；3—盐桥；4—饱和甘汞电极；5—饱和 KCl 溶液；6—铂丝；7—电解质溶液

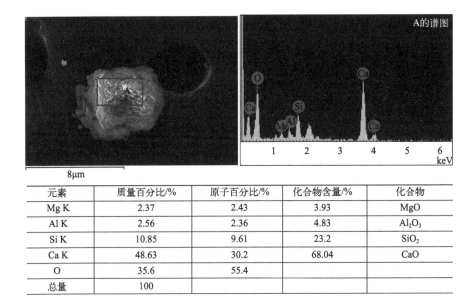

元素	质量百分比/%	原子百分比/%	化合物含量/%	化合物
Mg K	2.37	2.43	3.93	MgO
Al K	2.56	2.36	4.83	Al_2O_3
Si K	10.85	9.61	23.2	SiO_2
Ca K	48.63	30.2	68.04	CaO
O	35.6	55.4		
总量	100			

图 4-12　电解夹杂物的 SEM 形貌及能谱

（3）夹杂物电镜面扫描

金相试样经金刚石自动抛光（主要防止砂纸抛光嵌入 Al_2O_3 等硬质外来异物）后，置于扫描电镜下进行自动分析，分析结果如图 4-13 所示。

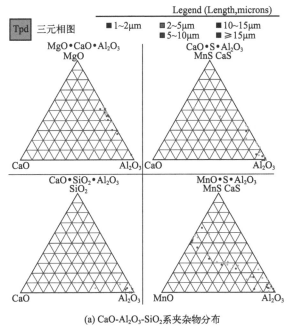

(a) CaO-Al_2O_3-SiO_2系夹杂物分布

图 4-13

组成				夹杂物指数
Mg	15.4%	Mn	5.9%	
Al	43.1%	Si	0.3%	1.4
Ca	4.4%	Ti	22.1%	
S	7.8%	Al/Ca	9.9	

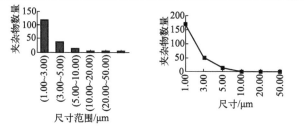

尺寸分布表(单位：μm)

夹杂物类型	数量	D_{AD}平均	D_{max}	1~3	3~5	5~10	10~20	20~50
Al_2O_3 夹杂	1	1.5	1.5	1	0	0	0	0
CA2	1	2.8	2.8	1	0	0	0	0
CA6	5	2.7	3.4	3	2	0	0	0
CaS	5	2.1	2.8	5	0	0	0	0
其他 CaS	8	2.0	3.5	7	1	0	0	0
MnS	13	2.9	4.6	8	5	0	0	0
纯尖晶石	85	2.1	5.2	74	10	1	0	0
富尖晶石	12	2.3	5.3	10	1	1	0	0
Ti	34	4.6	9.1	7	18	9	0	0
TiS	2	2.4	2.6	2	0	0	0	0
TiS Mns	2	6.4	7.7	0	0	2	0	0
总数	168	31.7	48.5	118	37	13	0	0

(b) 夹杂物指数及尺寸分布

形貌	夹杂物指数	类型	D_{max}/μm	D_{min}/μm	面积/μm²	Mg	Al	Si	S	Ca	Ti	Mn
	110	MnS	9.6	1.5	5.6	0.0	0.0	0.0	38.6	0.0	0.0	61.4
	83	Ti	8.7	4.9	34.7	0.0	0.0	0.0	0.0	0.0	0.0	0.0
	119	Ti	8.9	3.5	27.3	0.0	0.0	0.0	0.0	0.0	0.0	0.0
	50	Ti	7.7	2.8	13.7	0.0	0.0	0.0	0.0	0.0	0.0	0.0
	112	Ti	7.8	4.4	20.7	0.0	0.0	0.0	0.0	0.0	0.0	0.0
	16	Ti	7.2	1.8	9.1	0.0	0.0	0.0	0.0	0.0	0.0	0.0
	115	MnS	7.0	0.7	4.4	0.0	0.0	1.0	40.1	0.0	0.0	58.9
	37	MnS-氧化物	7.3	2.9	12.9	1.6	40.7	1.1	18.2	0.0	0.0	38.4
	55	Ti	6.7	3.1	14.2	0.0	0.0	0.0	0.0	0.0	0.0	0.0
	145	Ti	6.7	2.1	7.9	0.0	0.0	0.0	1.4	0.0	0.0	0.0

(c) 较大夹杂物的尺寸及元素组成

图 4-13 夹杂物电镜面扫描结果

通过以上测试分析可知，工艺不断调整完善后，缆索钢的夹杂物指数显著降低，夹杂物数量大幅减少。其中，大颗粒夹杂主要为含钛夹杂，形态呈非尖锐状态，表明该类夹杂物为复合含钛夹杂，对缆索寿命影响相对较小，完全满足标准与用户的要求。

4.2
连铸坯生产过程的缺陷控制

连铸坯角部裂纹和皮下气泡是连铸生产中常见的表面质量缺陷。在微合金钢中，这类表面质量缺陷的出现频繁且严重，长期困扰着高质量连铸坯的生产。由于连铸坯角部在直弧连铸机弯曲段会受到不同程度的拉应力，同时伴有夹杂物的聚集现象，可能会造成铸坯角部裂纹的产生[5]。连铸过程中吹氩工序以及钢液中脱碳反应等过程产生的气泡，被凝固坯壳所捕获也会产生皮下气泡缺陷[3-6]。经过国内外学者和专家长期的深入研究，对于连铸坯中存在的角部裂纹和皮下气泡缺陷特征已经形成了较深入的认识，为连铸坯表面质量的稳定控制提供了更为全面的理论支撑和技术路线。

4.2.1 角部裂纹缺陷特征

角部裂纹缺陷普遍存在于大多数钢种中，中碳钢、包晶钢、高碳钢、微合金钢都会产生角部裂纹，其中以包晶钢和微合金钢最为严重。角部裂纹在内外弧产生，垂直于拉坯方向，产生后被氧化铁皮覆盖，需要通过酸洗或火焰清理才能发现，多数跨角部交叉面，且处于振痕波谷处，宽面裂纹扩展长度比窄面更长，裂纹宽度约 1～2mm，深度一般为 5～10mm，长度可达 1～10mm，严重时可达 10mm 以上，大致位于初生坯壳区域[1]。图 4-14 分别为角部横裂纹二维和三维形貌，在铸坯角部表面观察到，从边部开裂的大裂纹，其附近伴随

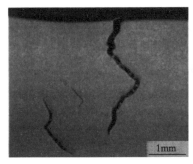

(a) 光学显微镜二维照片　　　　(b) 角部横裂纹内部三维实际结构照片

图 4-14　连铸坯角部横裂纹形貌

闭合小裂纹，且存在脱碳现象，这说明裂纹产生于高温区；而从三维形貌可以看见清晰的晶界面，角部裂纹在铸坯内部并不是垂直于铸坯拉坯方向，而是沿晶界开裂，表面相邻的多条裂纹延伸到铸坯内部可能合并成"V"形、"舌"形缺陷。

裂纹附近微观组织及成分，是裂纹形成机理最直观的反映。众多观察结果显示连铸坯低温微观组织基本为先共析铁素体＋珠光体，裂纹沿原始奥氏体晶界延伸，但因为钢种成分及工艺条件的不同，先共析铁素体析出量及分布有所不同，且裂纹附近奥氏体晶粒明显粗大，晶界处先共析铁素体较宽，成膜状分布，并伴有碳氮化物的析出[17-18]，表 4-1 总结了不同学者对角部裂纹成分的观察及分析结果，从表中分析结果可以看出，由于钢种及工艺条件不同裂纹附近成分不尽相同，导致裂纹产生原因主要分为 3 个方面：

① 晶界处合金、残余元素富集、偏聚，晶界间的结合力发生了较大程度的降低，对奥氏体晶界的结合强度存在极大的负面影响，并且还会在奥氏体晶界处析出大量的碳氮化物并在晶界钉扎，降低了连铸坯塑性。

② 如图 4-15 所示，连铸过程中结晶器内部形成振痕，振痕波谷处传热速率低，坯壳薄而不均，且凝固钩结构特殊，下部容易捕捉夹杂物、保护渣，振痕波谷处易形成元素偏析区域。

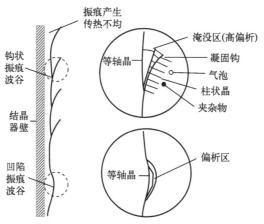

图 4-15　振痕结构示意图[19]

③ 随着温度降低，进入两相区，由于晶界处具有较高的界面能及大量碳氮化物等析出物的形核作用，为先共析铁素体在晶界处链状析出提供了条件。

表 4-1　裂纹附近成分结果[7-16]

作者	观测手段	观察结果	结论
Das	扫描电镜及能谱分析	硫元素和铜元素偏析	硫元素和铜元素的偏析是引发裂纹的主要原因

作者	观测手段	观察结果	结论
孙东升	低倍观察	裂纹处含有保护渣成分	保护渣的结块是引发裂纹的主要原因
王振敏	扫描电镜及能谱分析	MnO、Mns、Cr_2O_3 等夹杂	夹杂物是诱发角部裂纹的主要原因
马环	扫描电镜及能谱分析	晶界处 As、Sn、Cu、Pb 等元素富集	残余元素在晶界处发生富集、析出造成角部裂纹的形成
李菊艳	扫描电镜及透射电镜	裂纹两侧存在奥氏体晶界析出的铁素体；裂纹末端有链状析出的第二相粒子；裂纹未发现结晶器磨损元素，也无明显夹杂或夹渣	MnS 沿奥氏体晶界析出、粗化，促进 V（C，N）析出；MnS＋V（C，N）作为铁素体的有效形核质点；应力主要集中在较软的膜状铁素体相上，最终形成裂纹
朱国森	金相显微镜、扫描电镜及能谱分析	裂纹产生于振痕波谷，没有明显脱碳层；裂纹表面存在大量"韧窝"，但并未观测到保护渣成分的存在	结晶器内铸坯表面并未有裂纹产生。主要是因为矫直温度处于第二脆性区间
赵长亮	金相显微镜、扫描电镜、透射电镜及能谱分析	裂纹沿振痕处开裂；裂纹内部存在球形氧化铁、Al 及 K 元素；晶界处有 AlN 析出	振痕是裂纹起源。角部过冷促进细小的 AlN 在晶界析出，促进裂纹扩展
丰年	金相显微镜及扫描电镜	裂纹处组织主要是珠光体＋铁素体，裂纹延伸处有脱碳现象及夹杂物的聚集	合金元素的碳氮化物的链状析出及结晶器水量小。坯壳变薄是裂纹发生的主要原因
林敏	金相显微镜及扫描电镜	裂纹末端出现析出相，裂纹内没有明显的 Cu、Ni，没有明显夹渣	碳氮化物中含有微合金元素，在奥氏体晶界处低温下会有夹杂物析出，降低了晶界强度，造成了角部裂纹的形成
唐杰民	扫描电镜	连铸坯角部钩状振痕的淹没区存在偏析较高的问题，造成晶界裂纹	深入研究连铸坯角部组织的振痕产生机理，为降低角部裂纹缺陷的产生提供理论支持

4.2.2 连铸坯表面缺陷影响因素

4.2.2.1 角部裂纹形成的影响因素

（1）钢液成分对裂纹的影响

碳元素对裂纹的影响主要体现在凝固过程相变及析出物的析出。凝固过程的相变在理论上主要通过平衡凝固条件下的 Fe-C 相图来分析，而实际生产中，凝固过程通常处于非平衡状态，且钢中同时含有大量其他元素，会对各相转变的温度、成分范围产生影响。

合金元素含量对凝固过程的相变有一定的影响，但对角部裂纹的敏感性主要体现在合金元素的偏析及其化合物的析出。奥氏体晶界存在的大量硫化物是造成连铸坯塑性降低的重要因素。低碳钢在塑性变形过程中会有锰、铁的硫化物在奥氏体晶界产生，导致连铸坯的塑性产生很大程度的降低。在连铸过程中随温度降低，S元素发生偏聚并与Fe、Mn元素形成化合物在晶界析出，严重弱化晶界，降低钢的塑性。研究横裂纹形成原因时，在裂纹附近发现P元素偏析，因此判定P元素的偏析与裂纹产生存在重要联系。N与C属于强固溶强化元素，与合金元素发生反应形成碳氮化物析出，裂纹形貌如图4-16所示。在连铸坯裂纹处产生的碳偏析会影响锰等合金元素偏析，在达到临界值后会产生硫化物和碳化物等对钢基体有害的析出物。

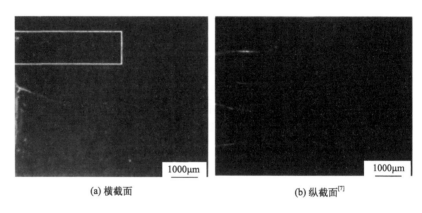

(a) 横截面　　　　　　　　　　　(b) 纵截面[7]

图 4-16　裂纹形貌

（2）奥氏体晶粒尺寸对裂纹的影响

连铸坯的高温脆性主要是由晶界处膜状先共析铁素体析出、元素偏析及第二相粒子析出导致的[20-21]。裂纹附近微观形貌观察显示断裂处基本为沿晶断裂。裂纹产生后沿着晶界处铁素体开始延伸扩展[22-25]，且在铸坯裂纹处的晶粒尺寸均超过1mm。连铸坯组织中存在的粗大的奥氏体晶粒会恶化连铸坯的塑性，并直接导致连铸坯角部裂纹的产生，通过大量的裂纹数据分析将裂纹形成的奥氏体临界尺寸定为1mm[23-24]。奥氏体的晶粒过大会在晶界处形成膜状的先共析铁素体。这是由于在冷却过程中发生相变时，优先在晶界处析出，而由于奥氏体晶粒越大其具有的晶界面积越小，导致在晶界析出的铁素体呈薄膜状，如图4-17所示。大量的研究显示，晶界处析出的膜状铁素体会严重恶化钢基体形变过程的连续性，降低连铸坯的塑性[25]。其次，奥氏体的长大是由于冷却速率降低，形成的粗大奥氏体具有较小的晶界面积，造成连铸坯组织中

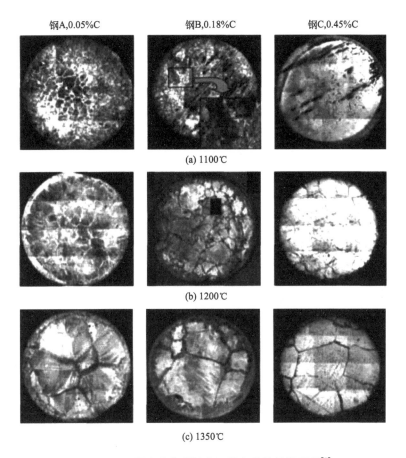

钢A,0.05%C   钢B,0.18%C   钢C,0.45%C

(a) 1100℃

(b) 1200℃

(c) 1350℃

图 4-17 不同溶液处理温度下的奥氏体晶粒形貌[7]

析出的碳氮化物在晶界处的析出密度增加,进一步增加了铁素体析出的形核质点,减少了晶界滑移三角区,导致脆性增加。在确保连铸坯组织中没有明显析出物的情况下,奥氏体晶粒尺寸和角部裂纹的形成有密切联系,奥氏体晶粒尺寸越大,其单位面积的分布数量越少,越容易在某个或者某几个晶粒上产生应力集中,当应力集中达到极限后便会产生裂纹。反之,连铸坯组织中的奥氏体晶粒越细小,裂纹在晶界处延伸扩展时受到的阻力也越多[26]。

（3）连铸工艺参数对裂纹的影响

国内外针对连铸工艺参数对连铸坯裂纹的影响进行了大量研究,大多集中在连铸机结晶器振动、液面波动、保护渣、二冷强度以及设备条件等方面。连铸坯角部裂纹在柱状晶区要比等轴晶区产生的更多[27]。在连铸坯等轴晶区发现裂纹形成同时伴有疏松和缩孔的存在[28]。通过实际工业生产经验分析,钢种成分、凝固组织和元素偏析情况等会影响裂纹的形成和产生,采用结晶器电磁搅拌、恒温恒速及稀土元素处理都可以细化粗大的等轴晶组织，从而减少晶界裂纹的产生。

4.2.2.2 角部裂纹控制措施

（1）钢液成分控制

连铸坯凝固时产生较大的体积收缩导致铸坯对裂纹非常敏感。在满足钢种成分的前提下，碳含量的控制应既能保证体积收缩较小，又有利于减少碳氮化物的生成量，以便控制裂纹的生成[29]。精准控制钢中铝和氮元素含量，能够有效降低恶化塑性的析出物的产生。同时，对钢中合金元素含量进行微调，在确保钢材性能的前提下，适当减少强化元素的加入，以减少析出物产生量。另外，采用不同强化元素，可促使碳氮化物弥散分布[30]。

（2）工艺参数调控

连铸过程中控制结晶器液面波动在合理的水平内（3～5mm）；避免浸入式水口阻塞及偏流；合理调整结晶器锥度；控制结晶器振动，振痕深度越小，铸坯表面分布越均匀，凝固钩对夹杂物的捕捉作用就越弱[31]。连铸二次冷却要在连铸坯表面形成均匀的温度场，确保坯壳强度。同时要在确定钢种的脆性区间的前提下，确保连铸坯在弯曲矫直过程中表面温度避开脆性温度区间，有效降低角部裂纹的发生率。从国内外报道的连铸坯生产情况来看，采用不同的冷却方法（整体弱冷却和整体强冷却）均对连铸坯角部裂纹的产生取得了不同程度的抑制效果[32]。

（3）设备状况控制

为了保证连铸过程连铸坯受力均匀，要对连铸机进行定期检修，使其处于良好的热工作状态。同时，在目前已有条件下必须提高维护水平，定期检查设备的工作状况。此外，也需要合理使用结晶器，对过钢量上限进行优化设计，规范结晶器操作工艺，确保结晶器不超期服役。从而实现连铸坯角部裂纹的有效控制[33]。

（4）保护渣的合理使用

保护渣的选用对连铸生产影响很大，应当根据钢种和冶炼工艺的不同，并结合连铸生产中的设备操作特点，开发适合冶炼工艺生产使用的结晶器保护渣，尤其是针对微合金钢、包晶钢和含碳钢等对保护渣要求较高的钢种，应最大程度地降低保护渣对连铸坯质量的影响[34]。

4.2.3 皮下气泡缺陷特征

连铸坯的皮下气泡缺陷在冶炼生产过程中时常发生，根据国内主要钢铁厂家的生产情况可将气泡类型分为四大类：CO 气泡[35-37]、Ar 气泡[38-40]、H_2 气泡[41-42]和 N_2 气泡[43-44]。在连铸浇铸过程中，绝大部分气泡会夹带夹杂物上浮到渣层得以去除，但位于结晶器壁附近的气泡由于钢液过冷度较大无法及时上浮去除，在钢液凝固过程中不断富集长大并沿柱状晶方向伸长，从而在连铸坯表面形成了皮下气泡缺陷[45]。在后续的连铸坯轧制过程中，连铸坯的皮下气泡缺陷会被进一步拉长甚至扩展到铸坯表面，形成铸坯表面质量缺陷，严重影响钢材质量和客户使用效果[46-47]。在调研目前铸坯皮下气泡缺陷相关文献的基础上，发现铸坯的皮下气泡缺陷的产生给钢材产品质量稳定控制造成了较多困难，综合分析各个钢厂连铸坯皮下气泡缺陷的发生情况发现 CO 气泡和 Ar 气泡缺陷最多[48]，因此，众多学者通过对铸坯中气泡种类、分布、形貌和尺寸的研究，更为直观地阐明铸坯中气泡被凝固前沿或柱状晶捕获的原因，为铸坯表面质量的控制提供相应的理论支撑[49]。Abbel 等[50]通过 X 射线成像技术分析了铸坯中氩气泡尺寸分布及分布均匀性，发现氩气泡尺寸分布在 100～750μm 之间，但氩气泡不管是在铸坯宽度还是高度方向均是分布不均匀的。同时，他们还采用电磁制动（EMBr）技术，防止铸坯中氩气泡向铸坯中心移动，减少了氩气泡的数量，同时氩气泡更均匀地在靠近铸坯表层分布，这与 Damen 等[51]的研究结果一致。刘丙岗等[52]在 IF 钢铸坯皮下气泡分布研究中通过调节结晶器拉速和采用电磁制动（EMBr）技术改善铸坯皮下气泡缺陷，在高拉速的条件下，钢液中气泡的尺寸会有十分显著的减小。采用电磁制动（EMBr）技术前后皮下气泡缺陷改善效果与 Abbel 等[50]提到的一致，这表明电磁制动技术在铸坯皮下气泡缺陷改善方面具有广泛应用性和较强的实用价值。

4.2.4 皮下气泡形成的影响因素

（1）钢液脱氧

钢液中发生的脱氧反应不充分，会造成一氧化碳气泡的产生，在铸坯内形成反应型气孔，其形状多为"蜂窝"状，气孔分布方向与钢液凝固方向基本相同，且多集中于 1/4 位置附近[53]。在炼钢温度下，钢液中的氧元素会与 Ca、Al 等具有强氧化性的元素反应而当氧元素与强氧化性元素反应完成后，氧元素的含量大于此温度下碳氧反应所需氧含量即可发生碳氧反应[54]。因此，为了实现连铸坯中皮下气泡缺陷的高效去除，需要针对性地调控钢液中的碳氧反应发生程度[55-58]。同时有文献报道，当钢液中的 Al 含量高于 0.010% 时，即便是碳氧积高于碳氧反应平衡值，也不会发生碳氧反应，此时氧元素含量由 Al 元素控制[59]。此外，钢液的脱氧形成的氧化物夹杂与其去除是密切相关的。钢中的氧包含钢液中溶解的氧和夹杂物中的氧，而钢液的脱氧过程实质就是降低钢液中的溶解氧，并伴随着氧元素和脱氧元素反应形成的氧化物夹杂上浮去除的过程。因此，为保证钢液的强脱氧效果，避免碳氧反应生成大量 CO 气泡，需要对氧化物夹杂的高效去除开展深入研究。

（2）钢液过热度

钢液过热度对于钢中气泡形成及氧氮含量具有重要影响。当钢液存在较大的过热度时，会造成在铁-碳相图中的两相区的温度梯度较大，而两相区的宽度与温度梯度变化趋势相反，呈现出降低的趋势。由钢液中气泡的形成动力学可知，当钢液的过热度增大后，两相区的宽度降低，导致气泡尺寸减小，同时促进了柱状晶的生长[60]。尺寸较小的气泡所受浮力更小，但受坯壳凝固前沿和柱状晶的阻力更大。当气泡在动力学条件较差区域时，形成铸坯皮下气泡的概率更大[61]。

$$r = \frac{(\frac{\beta}{\beta-1})\eta R(X_1 - X_2)}{\rho H + \frac{2\delta}{r} - P_g} \tag{4-1}$$

式中，r 为气泡半径；β 为凝固收缩系数；η 为黏度；R 为树枝晶生长速度；$X_1 - X_2$ 为两相之间的宽度；ρ 为钢液密度；H 为液面高度；δ 为表面张力。

因此，在钢液连铸浇铸过程中，需要将中间包钢液的过热度控制在合理的区间范围内，以便解决由于钢液过热度过大所造成的气泡上浮脱除困难问题。

（3）外来气体

在连铸浇铸的过程中若未采用保护气体浇铸，钢流接触到空气后会产生吸气现象，钢液发生二次氧化。大气中的大量氧分子和氮分子通过气液界面进入钢液中，为一氧化碳气泡和氮气泡的形成提供了驱动力。同时，空气中存在的二氧化碳部分溶解进入钢液，与钢液中的碳、硅、锰、铝等元素发生反应生成一氧化碳气泡[62-63]。在连铸过程中采用保护性浇铸已成为行业内保护浇铸流的普遍做法。但在钢液浇铸过程中，浇铸流表面与外部环境之间会形成负压状态。氩气会通过保护浇铸装置的缝隙进入钢液，在钢液内部形成氩气泡。这些气泡随着钢流的运动进入结晶器不同深度，当靠近凝固坯壳时，会被固液界面捕获，进而导致连铸坯中产生皮下气泡缺陷[64]。

（4）水蒸气

钢液中水分的来源主要是：①在精炼工序添加的合金料、造渣料、中间包覆盖剂和结晶器保护渣等原料；②在连铸工序采用的水冷系统产生的水蒸气凝结在结晶器，进而进入钢液或保护渣中；③中间包耐火材料，在钢液浇铸之前会进行中间包烘烤操作，以最大程度去除耐火材料中的水分，但在中间包投入使用初期，由于中间包烘烤不充分导致在前几炉次中的铸坯中皮下气泡缺陷明显高于后期铸坯[65-69]。钢液中的水分在高温状态下会分解为氢原子和氧原子，增加了钢液中气体元素含量。氧元素与钢液中的碳元素反应生成一氧化碳气泡，同时生成的一氧化碳气泡会迅速吸附周围水分。高温分解产生的氢气泡聚合长大，在浇铸过程会出现结晶器内沸腾现象，造成铸坯表面形成众多密集分布的针状气孔[69]。

4.2.5 皮下气泡控制措施

（1）一氧化碳气泡缺陷控制

在钢材冶炼生产过程中一氧化碳气泡的产生是难以避免的，尤其是在连铸浇铸过程中，会在铸坯凝固坯壳附近发生局部的碳氧反应，形成的临界气泡密集分布在坯壳周围，因此，针对改善铸坯中一氧化碳气泡缺陷的研究十分必要。在 RH 精炼工序强化脱氧操作，包括大幅度提升脱氧温度、中间过程补加 Al 元素和延长脱氧时间等，保证了钢液中酸溶铝含量处在一个合理区间，显著降低了铸坯中皮下气泡的出现概率。钢中的氧、硫含量较高时，钢液面的表面张力更大，导致铸坯皮下气泡缺陷严重[70]。为此，将较多的粗石墨和 3.0% 的复合金属粉末加入保护渣中，降低了钢渣界面的氧、硫含量，一定程度提高了保护渣的还原性，从而避免了铸坯皮下气泡缺陷的产生[60]。钢液成分中的 C、Si 含量对气泡的分布频数具有重要影响，当钢液中的 C、Si 含量较高时，钢液中的气泡分布频数明显降低，这主要是由于当钢液中的碳元素和硅元素含量较少时，会出现脱氧不足，钢液中形成的小气泡无法获得充足的动力学条件而在钢液中上浮脱除。

（2）氩气泡缺陷控制

钢液中的氩气泡基本是连铸过程采用氩气保护浇铸时氩气通过装置缝隙进入钢液中形成的，氩气保护措施对钢液洁净化程度和铸坯的质量具有一定的提升作用，但其在铸坯中形成的气泡缺陷也不可忽视。为了有效降低钢液中氩气泡造成的皮下气泡缺陷，在确保浸入水口吹氩良好以及结晶器液面平稳的条件下，尽可能地减小氩气流量甚至不吹入氩气。通过适当降低拉坯速度、优化结晶器浸入式水口（SEN）结构、改善结晶器内流场等方式可提高钢液的洁净度[71]。通过氩气保护浇铸相关的大量工业试验和理论模拟研究，发现拉速、吹氩流量和 SEN 浸没深度等参数对结晶器内钢液流动和氩气泡的运动具有重要影响。Sanchez 等[72]关于连铸结晶器两相流物理模拟的研究表明，当铸坯拉速过大时，会在钢液内部形成气泡堆积现象，不利于气泡的上浮逸散。卢海彪等[73]研究发现，当拉坯速度过大时钢液中的气泡尺寸会减小，结晶器液面波动增大，进而导致氩气泡在钢渣界面脱除的概率显著降低。吹氩流量是仅次于拉速对结晶器内流场影响的因素。钢液中氩气泡的存在是导致最终钢铁产品产生类似"铅笔管状"缺陷的重要原因。

（3）氮气泡缺陷控制

钢液中氮气泡的形成是因为氮元素的富集程度高于钢液中氮元素溶解度。对于某些含氮钢，当氮含量在某一临界值以上时，最终获得的板坯很容易出现细小、近似球状的气孔，轧制后在板坯表面出现不连续的带状缺陷。因此，对于铸坯中的氮气泡缺陷的控制（尤其是高氮钢种）是十分必要的[74]。某些合金元素的添加（如 Cr、Mn、Ti、Nb 等）可以增加氮在钢液中的溶解度，同时枝晶臂间距越小，气泡形成所需要的氮气分压就越大，从而抑制了氮气泡的形成[75]。控制钢中的氮含量在一个极低的水平可以有效降低氮分压，同样可以使铸坯中的氮气泡缺陷得到有效改善。枝晶部位的氮偏析程度要远高于其他位置，随着凝固过程的进行会出现气泡相遇长大的现象，同时氮气孔一旦形成，氮原子便开始向气孔扩散和对流运输。增加钢中的 Mn 含量可以提高氮气泡形成的临界氮含量，从而减少氮气孔的形成。为了有效避免铸坯中气泡缺陷的形成，也需要在冶炼过程中尽可能避免钢液与空气接触吸氮，并进行钢液的高效脱氮，同时需要降低原料中的氮含量。

（4）氢气泡缺陷控制

带入钢液中的水分高温分解会造成氢含量的升高，从而在铸坯凝固过程中析出，形成氢气泡。冶炼过程中水分是由于原料潮湿、中间包烘烤不充分、结晶器渗水等因素带入，因此，在实际生产中需要尽可能地减少由于外部因素所造成的钢液氢含量增加[76]。当中间包烘烤温度低于 400℃时，铸坯中的氢气泡缺陷最为严重，而当中间包烘烤温度高于 800℃后，铸坯中只有少量的气泡存在[77]。同时，结晶器水冷铜壁的冷却水蒸发凝结后进入钢液也可能是造成钢液中氢含量增加的原因。氢的主要来源是中间包内衬材料和保护装置的覆盖剂，因此，可通过采用预热处理或含水量较低的覆盖剂，实现钢液中氢含量的有效控制。

4.3
盘条控制轧制技术

研究人员系统研究了合金元素对桥梁缆索钢动静态再结晶行为及其共析转变过程的影响。研究发现，随应变温度降低和应变速率升高，盘条动态再结晶过程愈发困难，热变形奥氏体由动态再结晶逐渐转变为动态回复；相同形变条件下，微合金化可提高盘条热变形奥氏体稳态流变应力，增大动态再结晶临界应变量，抑制道次间隔时间内的静态再结晶。

一定形变温度和应变速率下，盘条发生动态再结晶时，当应变量处于动态再结晶临界应变量时，盘条珠光体片层间距最小；盘条发生动态回复时，盘条珠光体片层间距与应变量关系不大（图 4-18）。

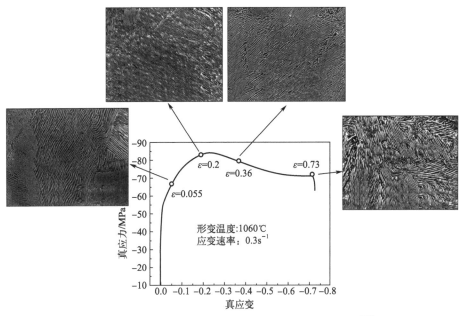

图 4-18　珠光体钢热形变状态与共析转变组织的影响[78]

　　热变形奥氏体形变温度越低、应变速率越高，盘条室温组织越细小；双道次形变过程中，形变温度越低，道次间隔时间越短，盘条室温组织越细小。图 4-19 所示为珠光体钢通过控制轧制来控制微观组织的机理模型。

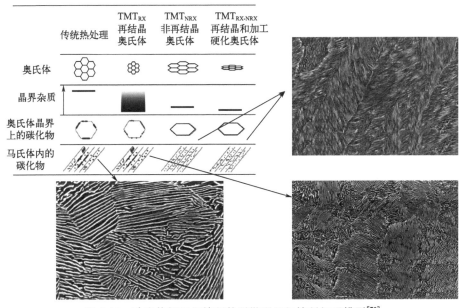

图 4-19　珠光体钢组织控制轧制微观组织控制机理模型[78]

4.3.1 动态再结晶行为

高碳钢盘条热加工过程中动态再结晶主要发生在轧制阶段，影响高碳钢盘条热变形奥氏体动态再结晶的参数主要有轧制速度和轧制温度。

大量的试验结果表明，高碳钢盘条高温形变过程中，加工硬化和动态软化两种机制同时起作用。随应变量的增加，材料发生加工硬化，应力不断提高。随着形变的进一步进行，材料发生动态再结晶，再结晶软化的效果大于加工硬化的效果，真应力-应变曲线趋于下降，此时起主要作用的是动态软化机制。当真应力-应变曲线的峰值应变量达到 ε_P（动态再结晶临界应变量）处，加工硬化与再结晶软化的作用正好相等。

进一步研究发现，同一应变速率下，形变温度越高，所对应的稳态流变应力值越低。随着形变温度的降低，峰值应变量 ε_P 增大（如图 4-20 所示），动态再结晶在较大的应变量下才能发生。由于高碳钢盘条形变温度越高，空位原子扩散和位错进行交滑移及攀移的驱动力越大，因而动态再结晶易于发生。而低温下形变时，加工硬化率较高，回复软化进行得比较困难，因而动态再结晶难以发生。

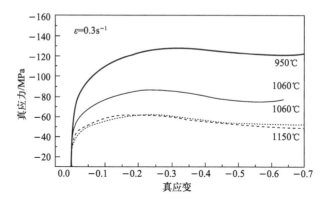

图 4-20   不同温度下热变形奥氏体真应力-真应变曲线

高碳钢盘条热变形奥氏体动态再结晶的过程是以温度、应变速率、应变量等为变量的热激活过程，其流变应力与温度和应变速率的关系一般用式（4-2）表示：

$$\dot{\varepsilon} = A\sigma_s^n \exp\left(-\frac{Q_{def}}{RT}\right) \tag{4-2}$$

式中，$\dot{\varepsilon}$ 为应变速率；Q_{def} 为形变激活能，J/mol；T 为形变温度，K；R 为气体常数，8.314J/（mol·K）；σ_s 为流变应力，MPa；n 为应力指数，动

态再结晶发生时 n 为 4～6；A 为指前因子，与材料相关的常数。

对式（4-2）两边取对数，得到式（4-3）：

$$\ln(\sigma_s) = -\frac{1}{n}\ln(A) + \frac{1}{n}\ln\dot{\varepsilon} + \frac{1}{n}\frac{Q_{\text{def}}}{RT} \tag{4-3}$$

由式（4-3）可知，在给定形变温度条件下 $\ln\sigma_s$ 与 $\ln\dot{\varepsilon}$ 呈直线关系。通过查阅资料可得到动态再结晶形变激活能 Q_{def}，普通高碳钢盘条的指前因子 $A=1.48\times10^3$；添加 V、Ti 的高碳钢盘条，$A=5.51\times10^3$。表 4-2 列出了试验钢种的指前因子 A，应力指数 n 和动态再结晶形变激活能 Q_{def}。

表 4-2　试验钢种的 A、n 和 Q_{def}

钢的类型	A	n	$Q_{\text{def}}/$（kJ/mol）
普通高碳钢	1.48×10^3	4.51	321
添加 V、Ti 高碳钢	5.51×10^3	4.40	324

因此，普通高碳钢盘条奥氏体热变形方程为：

$$\dot{\varepsilon} = 1.48\times10^3\times\sigma_s^{4.51}\exp\left(-\frac{321000}{RT}\right) \tag{4-4}$$

添加 V、Ti 高碳钢盘条奥氏体热变形方程为：

$$\dot{\varepsilon} = 5.51\times10^3\times\sigma_s^{4.40}\exp\left(-\frac{324000}{RT}\right) \tag{4-5}$$

V、Ti 主要通过两种方式影响奥氏体再结晶。

（1）固溶于奥氏体中的 V、Ti 产生的溶质拖曳作用

V、Ti 在钢中可以以置换溶质原子形式存在，对再结晶的抑制作用与其和 Fe 原子尺寸及电负性差异有关，即所谓的溶质拖曳机制。V、Ti 原子比 Fe 原子尺寸大，易在位错线上偏聚，其偏聚密度也相对较高，从而对位错滑移和攀移产生较强的拖曳作用，使奥氏体再结晶形核受到抑制，因而对再结晶具有阻止作用。

（2）热变形奥氏体中形变诱导析出的碳氮化物第二相对晶界的钉扎作用

热加工中通过形变诱导析出的 Ti、V 的碳氮化物粒子优先沉淀在奥氏体的晶界、亚晶界和位错线上，从而能有效地阻止晶界、亚晶界的移动和位错的运动，其作用不仅能强烈推迟再结晶过程的开始，而且能延缓再结晶过程的进行。

根据试验钢种在应变温度为 1060℃，不同应变速率下奥氏体的真应力-应变曲线，得到不添加 V、Ti 高碳钢盘条和添加 V、Ti 高碳钢盘条的动态再结晶临界应变量 ε_p 随应变速率变化的关系图（如图 4-21 所示）。

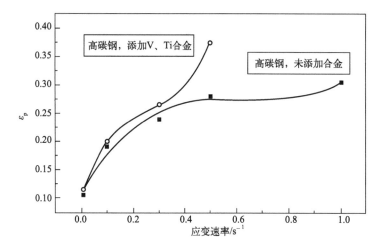

图 4-21 临界应变量ε_p 随应变速率$\dot{\varepsilon}$ 变化图

从图 4-21 中可以看出,不添加 V、Ti 高碳钢盘条动态再结晶临界应变量随应变速率的增大先急剧增大,而后趋于平缓。应变速率较低的条件下,添加 V、Ti 高碳钢盘条的再结晶临界应变量略高于不添加 V、Ti 盘条,这应该是由于微合金元素 V、Ti 固溶在奥氏体中,由于 V、Ti 原子的溶质拖曳作用,对动态再结晶起到了较弱推迟作用;高应变速率条件下,含 V、Ti 高碳钢盘条的动态再结晶临界应变量急剧增加,应变速率大于 $0.5s^{-1}$ 时,其真应力-应变曲线上观察不到明显的应力峰值,动态再结晶没有发生。

4.3.2 控制轧制对高碳钢盘条组织的影响

高强度桥梁缆索镀锌钢丝用盘条具有细小均匀的索氏体组织时,其拉拔性能最佳,并且随索氏体片层间距的减小,极限拉拔强度和极限拉拔量均随之增加,冷拉拔得到的钢丝强韧性能最好。高碳钢盘条热轧参数对热变形奥氏体再结晶行为具有强烈影响,因此,必然会对索氏体组织产生影响,从而影响高碳钢盘条最终使用性能。探讨高碳钢盘条热轧过程对最终组织和性能的影响,对生产工艺改进具有重要意义。

控制轧制是在热轧过程中通过对金属加热制度、形变制度及温度制度的合理控制,使塑性形变与固态相变结合,以获得所需的组织,并最终获得具有优异力学性能的盘条。

研究人员分别研究了热加工过程中应变量、应变速率、应变温度和道次间隔时间这四个热形变参数对桥梁缆索镀锌钢丝用盘条室温组织的影响。

为研究热变形过程中应变量对盘条组织的影响规律,桥梁缆索用盘条在应

变温度 1060℃，应变速率 0.3s⁻¹ 条件下形变，真应力-真应变曲线如图 4-22
所示。

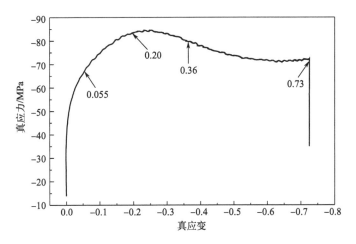

图 4-22   应变速率为 0.3s⁻¹ 时真应力-真应变曲线

从图 4-22 中可知，该试验条件下，桥梁缆索镀锌钢丝用盘条达到临界应
变量后将发生动态再结晶。在真应力-真应变曲线上取四个具有代表性的点
（真应变分别为 0.055、0.20、0.36 和 0.73）。真应变 0.055：热形变过程中加
工硬化占优阶段，没有发生动态再结晶，热变形奥氏体为略微形变的组织；真
应变 0.20：峰值应力附近，动态再结晶开始发生阶段，热变形奥氏体中有小
部分形变晶粒已经开始发生动态再结晶；真应变 0.36：动态再结晶大量形核
和晶粒长大阶段，再结晶软化逐渐占优；真应变 0.73：达到稳态流变应力阶
段，发生连续动态再结晶，热变形奥氏体为等轴晶组织。

盘条经上述热形变条件形变后，以 3℃/s 的速度冷却到室温，对应的盘条
的室温组织如图 4-23 所示。从图中可观察到，真应变为 0.2 时，珠光体片层
间距最细小。真应变为 0.055 和 0.73 时盘条的组织比较粗大且索氏体组织形
貌较为混乱。

以上试验结果表明，在一定温度和应变速率下，高碳钢盘条热变形奥氏体
发生动态再结晶时，当应变量处于热变形奥氏体动态再结晶恰好开始发生时，
即动态再结晶临界应变量时，得到的盘条索氏体组织形貌比较整齐，索氏体片
层间距较细小。通过对添加 V、Ti 后高碳微合金钢控制轧制的研究，为桥梁
缆索镀锌钢丝用盘条生产制定轧制速度、各道次轧制温度等参数提供了理论
依据。

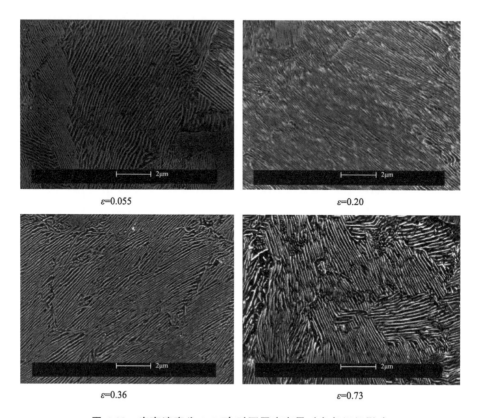

$\varepsilon=0.055$ ｜ $\varepsilon=0.20$

$\varepsilon=0.36$ ｜ $\varepsilon=0.73$

图 4-23 应变速率为 $0.3s^{-1}$ 时不同应变量对盘条组织影响

4.4
热处理技术

桥梁缆索钢丝用高碳热轧盘条要求组织应有尽可能高的索氏体化率，同时尽量避免出现网状渗碳体、马氏体等异常组织，异常组织不仅影响拉拔工序、造成拉拔断裂，而且会显著降低钢丝的抗扭转性能。索氏体组织有良好的综合力学性能，加工硬化能力大，在获得高强度的同时还能保证良好的塑性和韧性。盘条索氏体化的淬火方式主要有铅浴冷却（LP）、斯太尔摩冷却（DP）、盐浴冷却（DLP）。

4.4.1　斯太尔摩风冷

斯太尔摩风冷是一种在线控制冷却方法，主要用于热轧线材的冷却处理。这一工艺由加拿大钢铁公司（Stelco）和美国摩根公司（Morgan）联合研制成功，并在1964年首次投入使用。斯太尔摩风冷工艺能够控制线材的金相组织，改善其使用性能，并减少氧化铁皮的形成。

斯太尔摩冷却工艺是目前国内外应用最普遍的一种线材控制冷却工艺。它的冷却主要分两个阶段，首先是强制水冷，线材温度迅速降低至900℃左右[79]，然后经吐丝机成圈，输送至运输辊道，此时进入冷却的第二个阶段，也就是强制风冷。运输辊道下方设有多道次的大风量鼓风机，通过控制风量，使盘条在运输辊道上传输的过程中完成索氏体转变。图4-24是斯太尔摩风冷的示意图。它的优点是调整范围大，适应性高，缺点是冷却不均匀。为了满足桥梁缆索用高碳钢线材（盘条）的要求，国内许多盘条厂加长了斯太尔摩冷却生产线，对风机机组进行扩容，增大风机风量，通过提高斯太尔摩风冷能力来提高高碳钢盘条质量，取得了较好的效果。目前国内生产的1670MPa和1770MP级桥梁缆索钢丝用盘条大部分采用上述工艺。DP工艺处理的盘条其索氏体化率一般在95%左右。

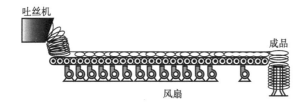

图4-24　斯太尔摩风冷示意图[80]

斯太尔摩风冷工艺包括成品轧机、水冷段和风冷段三个部分。在这一过程中，热轧后的线材首先经过水冷段进行快速冷却，然后通过成圈器散布在运输机上，在运输过程中，再由下方吹风冷却。通过改变运输速度（即改变线圈的重叠密度）和改变风量来控制冷却速度。这种工艺适用于高碳钢盘条，运输速度为0.25～1.3m/s，冷却速度为4～10℃/s。

斯太尔摩风冷工艺的特点是适应不同钢种的需要，具有三种冷却形式，这三种类型的水冷段的设备是相同的。水冷段全长一般为30～40m，由2～3个水冷箱组成。每个水箱之间用一段6～10m无水冷的导槽隔开，称为恢复段，使线材表面和心部的温度在恢复段趋于一致，并防止线材表面水冷过激而形成低温组织。

在水冷区，控制冷却的目的是阻止热变形奥氏体晶粒长大，限制氧化铁皮形成，并冷却到稍高于相变温度，为相变做组织上的准备。线材的水冷是在水冷喷嘴和导管里进行的。每个水箱里有若干个水冷喷嘴和导管。当线材从导管通过时，冷却水从喷嘴里沿轧制方向以一定的入射角环状地喷在线材四周表面上。

斯太尔摩风冷工艺通过调整风扇的开度和风速分布来控制线圈的冷却速率和相变，最终控制线材的微观结构和性能。这种工艺不仅能够提高线材的质量，还能满足客户对高品质线材的需求。

4.4.2 在线等温水浴/盐浴

在线等温水浴/盐浴技术主要用于高端特殊钢线材的热处理，特别是在线热处理技术。这种技术能够稳定控制温度，减少碳排放，适用于超高强度钢、免热处理钢等绿色低碳高端特殊钢线材的生产。在线等温水浴/盐浴技术通过构建宽温域、高稳定的熔盐体系，实现抗瞬时热冲击和耐反复热交换。熔盐的熔点在83～220℃，分解温度在535～625℃，能够在150～580℃的温度范围内长期安全稳定使用。这种技术还集成了余热回收技术、烟气/清洗水处理环保技术，实现了热轧线材余热资源回收利用、烟气无害化处理和盐/水循环使用。

DLP工艺是1985年日本新日铁与君津制铁合作开发出来的冷却方式。图4-25是DLP冷却线的示意图。线材从吐丝机出来进入1号盐浴槽，温度迅速降低至珠光体转变区域，然后进入2号盐浴槽进行等温转变。DLP工艺的优点是索氏体化率与LP工艺相比相差很小，达到95%左右，生产成本也低于LP工艺。缺点是用作冷却介质的硝酸盐是一种危险化学品，对操作人员和环境存在安全隐患。因为专利的原因，目前只有日本新日铁公司使用DLP冷却技术。

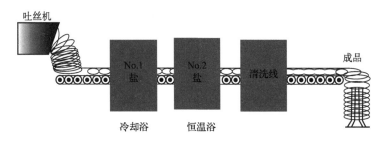

图 4-25　DLP 冷却线示意图[80]

4.4.3 离线铅浴/盐浴

早期的索氏体化处理均采用铅浴淬火冷却，目前绝大部分的制绳钢丝、弹簧钢丝仍然采用此方法。它的工艺较简单，就是将奥氏体化的钢材浸入550℃的铅浴中，保持一定的时间，完成钢材的索氏体化。由于铅浴温度稳定，热容量大，因此铅浴淬火工艺的索氏体化率可以达到98%左右。它的优点是工艺稳定，索氏体化率高，缺点则是高成本和重污染[81]。正是由于它的这种缺点，所以其他几种冷却技术被陆续的开发出来并不断完善。

离线铅浴处理工艺是将材料或工件奥氏体化后，淬入温度低于 A_{c1} 的熔融铅浴中，进行等温转变以获得索氏体组织。这种工艺能够显著提高材料的强度和韧性，常用于桥梁缆索钢丝的生产。离线盐浴处理工艺使用熔盐作为淬火冷却介质，具有流程简约高效、温度控制稳定和 CO_2 排放量少等特点。青岛特钢自主设计的 QWTP 生产线采用离线盐浴索氏体处理工艺，形成了全套生产工艺技术。该工艺相比离线铅浴更环保，并且适用于桥梁缆索等超高强度钢盘条的等温索氏体化处理。离线铅浴和盐浴处理工艺在桥梁建设、钢丝生产等领域有广泛应用。例如，青岛特钢开发的 1960MPa 级桥梁缆索镀锌（铝）钢丝用盘条已在多个大型桥梁工程中使用，显著提高了桥梁缆索的强度和耐久性。此外，离线盐浴处理工艺相比在线盐浴更环保，相比离线铅浴则温度控制更精确。

4.4.4　不同热处理工艺下珠光体盘条组织特征

将部分国产 DP2 盘条进行重新奥氏体化处理（950℃，90min），然后在实验室内进行盐浴淬火（680℃，30min）。处理后的材料称为 RT（re-treated）样品，其微观组织如图 4-26 所示。

从图 4-26 中可以看出，RT 样品呈现出全片层状珠光体组织特征。由于奥氏体化温度较高，导致珠光体团/簇晶粒尺寸比商业盘条的大；珠光体片层比较平直，团/簇与团/簇之间的界面比较清晰。

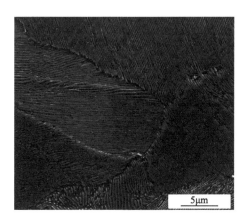

5μm

图 4-26　RT 样品微观组织[80]

4.5
冷拔

4.5.1 盘条的表面处理

盘条的表面处理工艺是指采用适合的工艺对盘条进行表面处理，达到去除氧化皮、清洁表面、便于后续拉拔的目的。高碳热轧盘条表面存在一层硬脆的氧化皮，而且经过存放、运输等环节，在使用前一般都会有不同程度的生锈现象。如果不经处理而直接拉拔，拉丝润滑粉不能很好地与钢基体结合，起不到应有的润滑效果，不利于盘条与钢丝的拉拔。另外，硬脆的氧化皮在拉拔过程中会增加模具的损耗，降低生产效率，而且氧化皮也会被压入钢丝基体形成表面缺陷，造成钢丝性能的劣化。因此，必须采用适合的工艺对盘条进行表面处理，去除氧化皮、清洁表面，然后涂覆一层性能稳定的、可存放较长时间并有利于钢丝冷拉拔润滑的涂层。目前，桥梁缆索钢丝用盘条氧化皮的清除方法一般都采用盐酸浸洗。盐酸浸洗必须根据盘条的氧化皮和生锈情况调整盐酸的浓度和浸洗时间，既要保证氧化皮去除干净，也要防止时间过长降低成材率。通过磷化工艺在盘条表面形成的磷化皮膜，是一层非金属的不导电隔离层，可以抑制盘条表面化学微电池的形成，防止表面锈蚀。另外，磷化皮膜具有多孔性，在拉拔的过程中，可以和拉丝润滑粉更好的结合，加强润滑效果。目前采用的磷化处理工艺主要有两种：一种是适合小直径线材的在线连续磷化处理，另一种是适合大直径线材的浸渍磷化。桥索钢丝用盘条采用干式冷拉拔，因此对磷化皮膜厚度要求较高，适合间隙式的浸渍磷化工艺。

4.5.2 冷拔钢丝强化机制

钢中的主要强化机制分为下列四种：固溶强化、沉淀强化、大角度晶界强化以及位错强化。

固溶强化指由于外来元素的原子尺寸效应、弹性模量效应以及固溶体有序化效应等，造成基体晶格畸变，晶格畸变增大了位错运动的阻力，使塑性变形更加困难，从而使合金固溶体的强度与硬度增加。固溶强化又可分为间隙固溶强化和置换固溶强化。间隙固溶强化作用显著，同时塑性明显下降。在珠光体钢中可以起到置换固溶强化作用的元素主要有 Mn、Si、Cr 和 Ni 等，强化效果远小于间隙原子，但对塑性和韧性影响较小。Pickering 和 Gladman 研究了 $0.25\%C + 1.5\%Mn$ 的铁素体珠光体钢，给出了不同元素含量下固溶强化作用对屈服强度的贡献。

桥梁缆索用珠光体钢丝属于高碳低合金钢，在钢中可以起到间隙元素（如C和N）的作用。然而，在全珠光体钢中，C主要以渗碳体的形式存在，而N含量非常少，因此间隙固溶强化的贡献有限。此外，钢中合金元素（Si、Mn、Cr和Ni）含量一般均小于1.5%，对桥梁缆索用盘条和钢丝固溶强化作用非常小。然而，在冷拔大变形量钢丝中，渗碳体片层发生破碎溶解，导致C原子重新固溶到铁素体基体内，使得铁素体晶格发生畸变，甚至可能使基体从BCC结构转变到BCT结构，从而显著增强固溶强化效果。研究表明，当冷拔应变量达到3.67左右时，由于渗碳体溶解和C原子重新固溶到铁素体中，产生的固溶强化贡献可达400MPa。

沉淀强化主要归结为第二相质点与位错运动的交互作用，按其特点可分为绕过机制和切过机制。不论是绕过机制还是切过机制，沉淀强化效果均与第二相质点的密度及尺寸有关[82]。当第二相质点的体积分数一定时，Orowan机制强化作用大致与第二相质点尺寸成反比；切过机制强化效果与第二相质点尺寸的1/2次方成正比关系。符合沉淀强化的材料其屈服强度一般和真应变的平方根呈正比。Embury和Fisher[83]早在1966年就指出沉淀强化模型只适用于第二相粒子呈弥散分布的材料，对于拉拔珠光体钢丝而言，不能将渗碳体片层简单地视为弥散的颗粒，而且钢丝的屈服强度和真应变的平方根也不呈正比例关系。早期有学者用复合材料强化模型来解释冷拔珠光体钢丝的强化机制 $\sigma_f = \sigma_a V_a + \sigma_\theta (1 - V_a)$，$\sigma_a$ 和 σ_θ 分别为铁素体和渗碳体的强度，V_a 为铁素体体积百分含量。σ_θ 约6900MPa，σ_a 约700MPa，按照该模型计算出来的钢丝屈服强度（流变应力）仅为1100MPa，明显低于实测值。造成复合强化模型计算强度和钢丝实际强度差异较大的主要原因是：复合强化模型的前提是纤维无限长，而且是一个独立的变量，加工硬化率不随冷拔应变量的增大而改变。由于在拉拔过程中，铁素体内位错运动程度不同，导致铁素体加工硬化率发生改变，因此使得复合材料强化模型不适用于解释冷拔钢丝的强化机制。大角度晶界强化又称细晶强化，主要原因是界面可以阻碍位错运动从而产生强化作用，最为著名的Hall-Petch公式直接体现了晶界强化作用：

$$\sigma_{ys} = \sigma_0 + \frac{k}{\sqrt{d}} \tag{4-6}$$

式中，σ_{ys} 为屈服强度；d 为晶粒尺寸；σ_0 为晶格摩擦力/晶格阻力/派-纳力；k 为 Hall-Petch 系数。屈服强度和晶粒尺寸之间的 Hall-Petch 关系可以用位错塞积模型、加工硬化模型或者晶界对位错运动的阻碍效应等理论推导得出。Embury 和 Fisher[83] 研究发现，在拉拔过程中，铁素体片层内形成胞状位错界面亚结构，这些胞状位错界面可以有效阻碍位错运动。他们指出：珠光体钢丝屈服强度（σ_{ys}）和位错胞的宽度（r）满足 Hall-Petch 关系，如式（4-7）

所示：

$$\sigma_{ys} = \sigma_0 + \frac{k}{\sqrt{2r_0}} \frac{1}{\sqrt{r}} \tag{4-7}$$

式中，r_0 为初始盘条内位错胞的宽度，大小取决于初始珠光体片层间距 ILS_0。研究报道指出位错胞状位结构内的可滑移距离是铁素体片层厚度的两倍[83-84]，即位错胞宽度始终取决于铁素体片层厚度 t_a，因此式（4-7）可以写为：

$$\sigma_{ys} = \sigma_0 + k' \frac{1}{\sqrt{t_a}} \tag{4-8}$$

式中，k' 为系数。由于在拉拔过程中，铁素体片层厚度 t_a 和 ILS 等比例线性减小。因此式（4-8）可以改写成：

$$\sigma_{ys} = \sigma_0 + k'' \frac{1}{\sqrt{ILS}} \tag{4-9}$$

对比式（4-7）、式（4-8）和式（4-9）可知，三个公式分别用位错胞宽度（r）、铁素体片层厚度（t_a）以及 ILS 替代了式（4-6）中的晶粒尺寸 d，即：

$$\frac{r}{r_0} = \frac{t_a}{t_{a0}} = \frac{ILS}{ILS_0} \tag{4-10}$$

因此式（4-7）、式（4-8）和式（4-9）均是 Hall-Petch 关系式的不同表达形式。式（4-10）还说明：钢丝在拉拔过程中发生的是均匀塑性变形，位错胞宽度（r）、铁素体片层厚度（t_a）或者 ILS 随钢丝直径减小而线性减小，从而式（4-7）、式（4-8）和式（4-9）也可以表达为屈服强度和真应变的关系：

$$\sigma_{ys} = \sigma_0 + k'_{ys} \exp(\varepsilon/4) \tag{4-11}$$

式中，k'_{ys} 为常数，大小和初始盘条珠光体片层间距有关。由公式可知，冷拔珠光体钢丝的屈服强度和 $\exp(\varepsilon/4)$ 成正比例关系，而且这种关系已经得到诸多研究者的认同，图 4-27 给出了几篇具有代表性研究工作的实验结果[85-88]。可以看出，钢丝屈服强度实测值和 $\exp(\varepsilon/4)$ 线性关系较好。

然而，一些学者[89-92]采用式（4-11）进行拟合后发现 σ_0 为负值，使得 σ_0 的物理意义受到质疑，进而式（4-11）也遭到一定程度的质疑。Dollar 等[91]认为屈服强度和 ILS 成反比关系：

$$\sigma_{ys} = \sigma_0 + 3.4Gb \frac{1}{ILS} \tag{4-12}$$

式中，G 为铁素体剪切模量；b 为铁素体柏氏矢量。Zhang[93]研究了冷拔大变形量钢帘线钢丝，指出屈服强度与 ILS 的关系符合式（4-12）。Takahashi 等[94]认为在拉拔过程中铁素体片层内部位错密度逐渐增高，因此也应该考虑位错强化的作用。Zhang 等[95]研究了大应变冷拔珠光体钢丝的微观组织和力

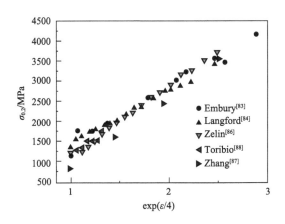

图 4-27　冷拔珠光体钢丝的屈服强度和 exp（$\varepsilon/4$）的关系

学性能关系，也指出位错强化不可忽视；同时拉拔大应变，渗碳体发生溶解，铁素体内部产生 C 原子的过饱和，从而产生固溶强化作用，这种由于渗碳体溶解而造成的固溶强化作用也不可忽视。Zhang[93]提出在冷拔大应变钢丝中同时有界面强化、位错强化和固溶强化，其关系如下：

$$\sigma_{ys} = \sigma_0 + \sigma_b + \sigma_\rho + \sigma_{ss} \tag{4-13}$$

式中，σ_b 为界面强化；σ_ρ 为位错强化；σ_{ss} 为由于渗碳体溶解带来的固溶强化。一旦片层状渗碳体破碎成断续状或者颗粒状，甚至发生溶解，则界面强化成立的前提条件也发生变化（渗碳体片层在拉拔过程中既不发生动态回复，也不产生新的片层）。显而易见，颗粒状渗碳体和片层状渗碳体对铁素体位错滑移具有不同阻碍作用。

4.5.3　微观组织结构及缺陷

4.5.3.1　珠光体簇/晶粒

在盘条纵截面上，分别对心部（距离盘条表面 4～6mm）、中部（距离盘条表面 2～4mm）以及表层进行 EBSD（电子背散射衍射）分析，从而测定各区域珠光体簇/晶粒尺寸（取向差＞10°），测试结果如图 4-28 所示。图 4-29 所示为 DP1（国产）和 DLP（进口）盘条不同位置的平均珠光体簇/晶粒尺寸的定量统计结果。可见，DP1 盘条心部珠光体簇/晶粒略大，中部略小。总体上讲，两种盘条的平均珠光体簇尺寸相差不大。从图 4-28 和图 4-29 中均可以看出，国内外盘条表层珠光体簇/晶粒尺寸均比其中部以及心部小，导致这种结果的原因主要是：热轧过程中，盘条表层散热较快，实际奥氏体化温度较低，如前文所述，珠光体簇/晶粒尺寸主要取决于奥氏体化温度，热轧时表层温度比心部低必然导致珠光体转变后生成的珠光体簇/晶粒较小。根据 Choquet 等[96] 和 Tamura[97] 的研究报道可知，珠光体簇/晶粒尺寸大小主要取决于原奥氏体晶粒大小和冷却速率。Tamura 通过理论计算后指出珠光体簇/晶粒尺寸是原奥氏体晶粒尺寸立方根的函数。我们知道原奥氏体晶粒尺寸大小取决于盘条热轧温度，因而珠光体簇/晶粒尺寸大小也主要取决于热轧温度。DP1 盘条和 DLP 盘条珠光体簇/晶粒尺寸总体相差不大，表明两种盘条热轧温度相似，即国产 DP1 盘条热轧温度和进口 DLP 盘条热轧工艺相似、热轧温度相差不大。

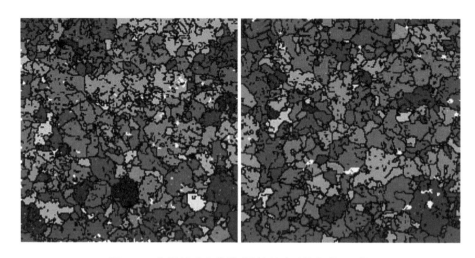

图 4-28   各区域珠光体簇/晶粒尺寸（取向差＞10°）

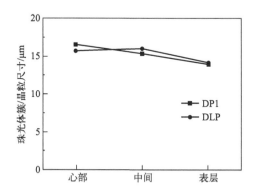

图 4-29   DP1 和 DLP 盘条不同位置的平均珠光体簇/晶粒尺寸的定量统计

4.5.3.2   珠光体团和渗碳体片层形貌

图 4-30 和图 4-31 分别为国产 DP1 和进口 DLP 盘条的 BSEI 像和 SEI 像。

可见，DP1 和进 DLP 盘条内均呈现出全片层状珠光体组织。对比图 4-30（a）和（b）以及图 4-31（a）和（b）可知，DP1 盘条内非平直珠光体片层较多，即针状/棒状的渗碳体较多；珠光体团与团之间的界面不明显，无法进行珠光体团的平均尺寸统计；相比之下，DLP 盘条的珠光体片层均比较平直，珠光体团与团之间界面比较明显，能够进行珠光体团的平均尺寸统计。高倍 BSEI 显示，DP1 盘条微观组织呈现簇状珠光体[98]组织特征，一个珠光体簇/晶粒内部包含多个珠光体团，因此导致珠光体团尺寸较小、珠光体片层长度较短，而且非平直片层较多；相比之下，DLP 盘条微观组织接近团状珠光体[99]，一个珠光体簇/晶粒含有少量的珠光体团，珠光体团尺寸较大，珠光体片层长度较长而且比较平直。对两种盘条的心部进行了平均 ILS 测定。测量结果表明：

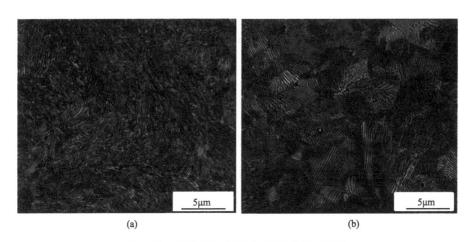

(a)   (b)

图 4-30 国产 DP1 盘条的 BSEI 像和 SEI 像

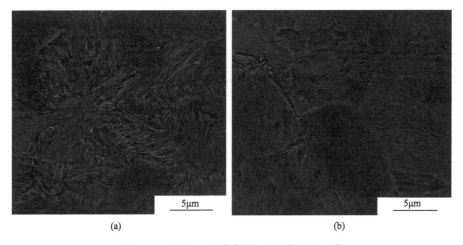

(a)   (b)

图 4-31 进口 DLP 盘条的 BSEI 像和 SEI 像

国产 DP1 盘条的平均 ILS 约为 110nm，而进口 DLP 盘条 ILS 约 140nm。ILS 大小和过冷度成反比例关系，过冷度越高，ILS 越细小。对于 DP1 盘条而言，风冷之前需要经过一次穿水冷却来增加过冷度。DP1 盘条过冷度较高，珠光体形核部位较多，C 原子扩散能力较低，是导致 DP1 盘条珠光体团尺寸较小、ILS 较细的主要原因。此外，国产盘条添加了较多的 Cr 元素，研究表明 Cr 元素的添加可以有效地细化 ILS，提高盘条强度[99-101]，因此，国产 DP1 盘条片层间距较细和其合金元素添加种类及添加量也有一定关系。

4.6
热镀

4.6.1 桥梁缆索用热镀锌钢丝的特性

大桥索股的性能主要取决于用于编索的热镀锌钢丝的综合性能，经过多年的生产与应用，钢丝的各项性能指标变得更加全面，要求也更高。下面主要以国家标准 GB/T 17101—2019 为基础，结合一些其他标准和项目要求，归纳了热镀锌钢丝的主要性能。

（1）尺寸与偏差

镀锌钢丝线径及其偏差对索股的安装精度和线形非常重要，一般而言，钢丝的直径包含镀层在内。

（2）强度

强度主要包括抗拉强度和规定非比例延伸强度。抗拉强度是指钢丝拉伸试验过程中的最大力除以钢丝公称横截面积。钢丝的规定非比例延伸强度是指钢丝在非比例延伸率为 0.2% 时的强度（$R_{p0.2}$），为了方便，一般简称为屈服强度。下面不做补充说明的情况下，屈服强度均指规定非比例延伸强度。抗拉强度是桥梁缆索用热镀锌钢丝的重要指标之一，近几年来普遍采用的抗拉强度级别为 1770MPa 和 1860MPa，1960MPa 级别的钢丝也已经开始被采用。

（3）弹性模量

弹性模量是桥梁缆索用热镀锌钢丝的另一个重要指标。理论上弹性模量指标是材料的一种特性，与生产工艺和微观组织无明显关系，但实际工业生产中发现，该指标也会受到生产工艺的影响。国标要求热镀锌钢丝的弹性模量范围应在 $(1.9 \sim 2.1) \times 10^5$ MPa 之间，有些桥梁项目对弹性模量的要求更严格，其要求范围为 $(1.95 \sim 2.05) \times 10^5$ MPa。弹性模量主要对主缆的下料长度、挂索、张拉等有较大的影响。一般而言，主缆在制索前都需对弹性模量进行批量取样检测，从而才能确认主缆索股的下料长度。国标规定，弹性模量计算时也应采用包含锌层在内的钢丝横截面积。

（4）塑韧性指标

镀锌钢丝的塑韧性指标主要为断后伸长率、断面收缩率、抗扭转性能、反复弯曲次数和3d缠绕。断后伸长率、断面收缩率、反复弯曲次数主要表征钢丝的塑性，而3d缠绕、抗扭转性能主要表征钢丝的韧性。扭转指标一直以来都是一个有争议的指标，一部分人认为索股在制索过程中不会有大量扭转的情况发生，因此不需要检测该指标。不过大量的实验表明，其他塑韧性指标都满足的热镀锌钢丝，其扭转性能检测仍有不合格的现象。近年来，用扭转指标来考核钢丝的塑韧性已经被越来越多的桥梁人接受和推荐。

（5）松弛和疲劳

松弛是表征钢丝在应力作用下抗蠕变能力的一个指标。一般悬索桥主缆钢丝的松弛要求不大于 7.5%，吊索和斜拉索钢丝的松弛要求不大于 2.5%。疲劳性能表征的是钢丝在动态载荷下抗疲劳断裂的能力。一般要求钢丝以 0.45 倍破断力为最大载荷，在 360MPa 的应力幅内承受 200 万次脉动不断裂。

（6）锌层重量、锌层均匀性和锌层附着力

镀锌层是镀锌钢丝防腐能力的保证。镀层的指标主要有单位面积的锌层重量应不小于 $300g/m^2$；钢丝在 5d 芯棒缠绕 8 周，要求螺旋圈的外侧锌层应没有剥落或用手指摩擦不产生剥落；硫酸铜试验是要求镀锌钢丝试样应不少于 4 次（每次时间 60s）浸渍在特定温度和密度的硫酸铜溶液中而不露铜。

4.6.2 桥梁缆索用热镀锌钢丝生产技术

图 4-32 是桥梁缆索用热镀锌钢丝的生产工艺流程，其中盘条的热轧淬火一般由盘条生产厂家完成，热镀锌钢丝生产厂家采购符合技术要求的优质盘条进行钢丝的生产。

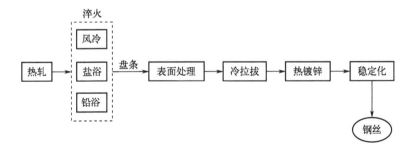

图 4-32 桥梁缆索用热镀锌钢丝的生产工艺流程[102]

钢丝的热镀锌是采用热浸镀的方式在冷拉拔钢丝表面镀覆一层锌层，目的是获得良好的防腐蚀性能。镀锌的方法主要有电镀法和热镀法两种，而国标GB/T 17101—2019 中明确规定桥梁缆索用钢丝应采用热镀锌。盘条经过磷化与多道次的冷拉拔后，钢丝表面会形成一层压缩紧密的磷化膜与润滑粉的混合物，而且表面还会有润滑粉残余。因此，钢丝在进入锌液前还需要对其表面进行预处理，主要包括三个步骤：一是通过铅浴或者碱液，去除表面残余的磷化膜和润滑粉；二是通过盐酸进一步清洗钢丝表面；三是通过主要成分为氯化铵和氯化锌的助镀剂溶液进行助镀。钢丝热镀锌温度一般控制在 440～460℃[103]，镀锌钢丝的性能受钢丝在锌液中停留时间的影响，因此在生产设备设计时应综合考虑热镀锌速度和浸锌距离的匹配。钢丝从熔融的锌液中引出时，可采用油性木炭粉抹拭或者电磁抹拭[104]。电磁抹拭效果好于油性木炭粉的抹拭效果，而且对不同镀锌速度的兼容性更强，但是电磁抹拭设备价格昂贵，穿线复杂，而且要求钢丝运行过程中的抖动要尽量小；油性木炭粉抹拭是目前热镀锌钢丝普遍采用的抹拭方式，操作相对简单，但热镀锌速度不宜过快。

4.6.3 钢丝的稳定化处理工艺

稳定化处理是指钢丝在一个固定张力的作用下，通过中频感应加热进一步消除钢丝内应力的处理工艺。稳定化处理的目的是改善钢丝的直线性和松弛性能，处理过程中所施加的张力一般不大于镀锌钢丝公称破断力的 30%，加热温度一般控制在 300℃左右。稳定化处理的同时还对钢丝进行了矫直处理，钢丝经过多组矫直轮的作用，改善了钢丝的直线性，更有利于后续桥梁缆索的编索制作。稳定化处理可以对钢丝的长度进行精准的控制，以保证悬索桥主缆钢丝定尺的要求。通过调整收线框，可以对钢丝盘型的内外径尺寸和高度进行控制，满足编索厂家放丝盘尺寸的要求。

4.6.4 镀锌工艺参数对钢丝力学性能的影响

（1）预处理工艺对钢丝抗拉强度、断后伸长率、断面收缩率的影响

将冷拉拔钢丝与经过两种预处理的钢丝各项性能进行对比。对比情况如表 4-3 所示。

表 4-3 冷拉拔钢丝与经过两种预处理的钢丝各项性能对比[102]

检测项目	冷拉拔钢丝	碱液预处理	铅浴预处理
抗拉强度/MPa	2138	2127	2109
断后伸长率/%	5.5	5.5	5.5
断面收缩率/%	43.5	43	32

从表 4-3 中数据可以看出，经过碱液预处理的钢丝其断后伸长率和断面收缩率与冷拉拔钢丝基本相同，抗拉强度降低约 10MPa，说明碱液预处理对钢丝的性能不会产生明显影响。经过铅浴预处理的钢丝其抗拉强度比冷拉拔钢丝降低约 30MPa，下降幅度约 1.4%，断后伸长率无明显变化，断面收缩率下降幅度约为 26%，从 43.5% 下降到 32%。试验结果表明，虽然钢丝在铅浴中的预处理时间很短，但对断面收缩率已经产生了较大的影响。三种钢丝的工程应力-应变曲线如图 4-33 所示：经碱液预处理的钢丝其拉伸曲线与冷拉拔钢丝的拉伸曲线几乎相同，但经过铅浴预处理的钢丝屈服阶段明显加长。这种现象可能是冷拉拔钢丝产生颈缩的区域较短，而经过铅浴预处理的钢丝在屈服阶段产生颈缩的区域较长所导致。

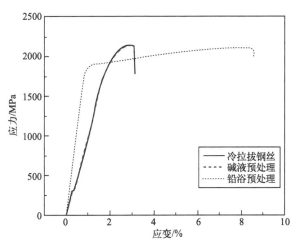

图 4-33 三种钢丝的工程应力-应变曲线[102]

对冷拉拔钢丝和经过铅浴预处理钢丝的加工硬化曲线进行 Holloman 模型拟合，冷拉拔钢丝的取值范围为工程应变 2.0% 至 2.85%，铅浴预处理钢丝的取值范围为工程应变 2.0% 至 8.5%，拟合结果如图 4-34 所示。

从图 4-34 中可知，冷拉拔钢丝的加工硬化曲线为基本规则的曲线，起始段的数值误差较大，拟合度为 0.9483。铅浴预处理钢丝的加工硬化曲线呈不规则的曲线，可以近似为一条直线，拟合度较高，达到了 0.9989。钢丝经过铅浴预处理后，加工硬化指数下降幅度很大，约为 30.4%，说明铅浴预处理钢丝在受到拉拔作用时的均匀塑性形变能力下降幅度较大。

（2）预处理工艺对钢丝扭转性能的影响

钢丝的抗扭转性能是衡量钢丝综合塑韧性的一个重要指标。对三种钢丝进行扭转试验，在试验机上得到扭转圈数与扭矩的对应关系，如图 4-35 所示。

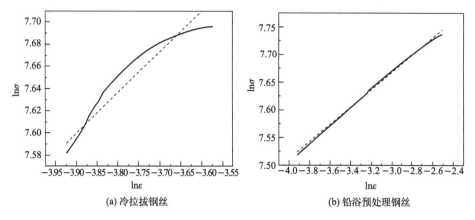

(a) 冷拉拔钢丝   (b) 铅浴预处理钢丝

图 4-34　冷拉拔钢丝和经过铅浴预处理钢丝的加工硬化曲线及 Holloman 拟合曲线[102]

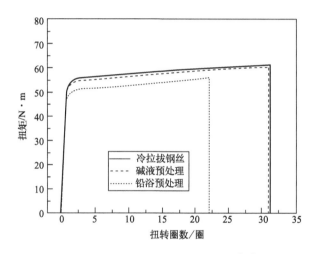

图 4-35　扭转圈数与扭矩对应关系[102]

从图 4-35 中可以看出经碱液预处理的钢丝其扭矩变化曲线与冷拉拔钢丝几乎一样，而经过铅浴预处理的钢丝扭矩和扭转圈数有所下降，尤其是扭转圈数，从平均 31 圈下降到平均 22 圈，下降幅度约 29%。扭转圈数下降的原因与钢丝在铅浴预处理过程中受到的热回复作用有关。冷拉拔钢丝组织中的纤维状片层组织结构对钢丝抗扭转性能有利，而钢丝在进行铅浴预处理的过程中片层状渗碳体会退化成颗粒状及短杆状的渗碳体，从而导致钢丝扭转圈数的下降。

（3）预处理工艺对钢丝显微硬度的影响

整个铅浴预处理过程，钢丝在铅浴里通过的时间较短，因此从钢丝近表面往中心方向，组织受到的热回复程度也不一样。可以通过对三种钢丝横截面的近表面，半径的 1/3 处、1/2 处、2/3 处和中心处进行显微硬度检测来分析不同部位受到的热回复影响。检测结果见表 4-4。

表 4-4　三种钢丝横截面的近表面，半径的 1/3 处、

1/2 处、2/3 处和中心处显微硬度[102]

检测部位	近表面	1/3	1/2	2/3	中心
冷拉拔钢丝	548	538	523	516	486
碱液处理	546	534	524	507	477
铅浴预处理	506	504	490	485	475

从表中数据可以看出，冷拉拔钢丝横截面上不同部位的显微硬度差别较大，从表面往中心显微硬度逐渐变小。其原因是冷拉拔过程中，钢丝从表层到中心的塑性形变并不均匀，由外及里的塑性应变量由大到小[105-108]。钢丝经过热回复后，显微硬度会下降。经过碱液预处理的钢丝，不同部位的显微硬度与冷拉拔钢丝基本相同，而经过铅浴预处理的钢丝，由表及里的 5 个部位的显微硬度与冷拉拔钢丝相比依次降低了 42、34、33、31、11，说明钢丝由近表面往中心点方向，组织受到的热回复程度不同。

4.6.5　镀锌工艺参数对热镀锌后钢丝的影响

对两种不同预处理工艺下的 5 种收线速度热镀锌钢丝进行拉伸试验，检测结果见表 4-5。

表 4-5　两种不同预处理工艺下的 5 种收线速度热镀锌钢丝拉伸试验结果[102]

速度 /(m/min)	碱液预处理					铅浴预处理				
	抗拉强度 /MPa	屈服强度 /MPa	断后伸长率/%	断面收缩率/%	扭转圈数/圈	抗拉强度/MPa	屈服强度/MPa	断后伸长率/%	断面收缩率/%	扭转圈数/圈
8	2051	1775	6.0	29	21	2032	1757	6.0	25	20
9	2039	1761	5.5	30	22	2036	1760	5.5	32	23
10	2062	1798	5.5	32	20	2053	1737	5.5	32	21
11	2054	1781	5.0	37	23	2031	1766	5.5	36	23
12	2049	1775	5.5	33	22	2054	1763	6.0	37	25

表 4-5 中的检测数据表明，两种预处理工艺生产的热镀锌钢丝其断后伸长率与断面收缩率这两项指标无明显差别。说明虽然铅浴预处理对这两项性能有

一定影响，但是钢丝热镀锌后，预处理对钢丝这两项指标产生的影响趋于同化。扭转试验的结果也显示两种不同热处理工艺及不同收线速度下的热镀锌钢丝其扭转圈数也基本相同而且较稳定，可以认为虽然经过铅浴预处理后扭转圈数下降到 22 次左右，但在热镀锌后仍能保持该性能，而碱液预处理虽然不会造成扭转圈数的下降，但在热镀锌过程中由于受到与铅浴预处理类似的热回复作用，热镀锌后的扭转圈数也会下降到 22 次左右。研究表明，扭转性能下降的原因与钢丝在镀锌过程中受到的热回复作用有关。冷拉拔钢丝组织中的片层状渗碳体在热镀锌过程中会退化成颗粒状及短杆状的渗碳体，一般称之为渗碳体的球化。加热时间越长，渗碳体球化越明显。渗碳体的球化，不仅会造成钢丝抗拉强度的下降，而且会破坏纤维状组织结构。纤维状片层组织结构对钢丝抗扭转性能有利，因此部分渗碳体的破碎是导致热镀锌钢丝扭转圈数下降的主要原因。图 4-36 是冷拉拔钢丝和热镀锌钢丝的 SEM 照片。对（b）图中的两个方框区域放大至 15000 倍观察。从放大的 SEM 照片中可以很明显地看到钢丝经过热镀锌后局部区域出现了颗粒状和短杆状的渗碳体。

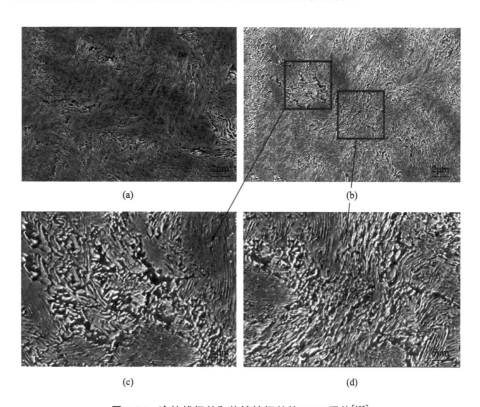

图 4-36　冷拉拔钢丝和热镀锌钢丝的 SEM 照片[102]

（a）冷拉拔钢丝；（b）热镀锌后钢丝；（c）、（d）镀锌钢丝局部 15000 倍 SEM 照片

综上所述，碱液预处理对钢丝性能基本无影响，而铅浴预处理对镀锌前钢丝性能有较大的影响，尤其是扭转性能和断面收缩率。但是这些影响在经过热镀锌后基本被同化，也就是说两种不同的预处理工艺对最终镀锌钢丝的性能无明显影响。而论述中选择的 8m/min、9m/min、10m/min、11m/min、12m/min 这 5 种收线速度可能因为范围比较窄，所以对产品的综合性能也无明显影响，或者可以这样认为，现有的热镀锌工艺对于收线速度在 8m/min 至 12m/min 这个范围内的兼容性较强。

4.6.6 不同收线速度对钢丝镀层的影响

钢丝的热镀锌过程，是钢丝从熔融的锌液中通过的过程。钢丝进入锌液后，受热作用的影响，锌原子快速扩散至钢丝表层，形成锌铁合金层。钢丝从锌液中垂直引出时，由于液体表面张力作用，钢丝表面会带出一层锌液，同时由于重力作用，带出的锌液又有向下垂流的趋势。当钢丝快速地从抹拭层（油性木炭粉）中被垂直引出时，部分锌液随着钢丝被带出，通过合理的镀层抹拭技术，被带出的锌液因温度降低而冷凝，在锌铁合金层的表面形成一层均匀的纯锌层。镀锌时收线速度不同，钢丝在锌液中的浸渍时间也不同，速度越慢，时间越长，理论上锌铁合金层越厚，而纯锌层受钢丝运行速度的影响，速度越快，带锌量越大，因此两者对整体镀层重量的影响存在相互抵消的现象。

对 5 种不同收线速度的钢丝进行镀层的扫描电镜观察，如图 4-37 所示。收线速度为 8～12m/min 钢丝的合金层厚度依次为 26.69μm、24.07μm、23.95μm、22.99μm、21.22μm。合金层厚度大体上是随收线速度的提高而逐渐变小，但由于镀层中的各相不具有明确的分界线，因此只能对合金层厚度进行一个大概的尺寸标注。纯锌层受抹拭工艺的限制，并不能做到很均匀，而且纯锌层厚度容易受到生产设备（导轮压轮等）的影响而产生变化。为了验证不同收线速度下镀锌钢丝的锌层重量是否满足国标 GB/T 17101 中不小于 300g/m² 的要求，对不同收线速度的钢丝进行锌层重量的检测。检测的结果也可以反映不同收线速度下热镀锌钢丝的锌层重量变化规律。每种收线速度的热镀锌钢丝分别连续取 10 根 300mm 长的样品进行检测，要求镀层连续均匀，不存在漏镀、锌瘤等缺陷。按国标中锌层重量的检测方法将锌层用含有六亚甲基四胺（$C_6H_{12}N_4$）的盐酸溶液洗去，用失重法进行检测，检测结果如表 4-6 所示，不同收线速度的钢丝锌层重量有一定的离散，但与速度没有明显的对应关系。50 个检测数据中最小的为 315g/m²，满足国标中锌层重量不小于 300g/m² 的要求。

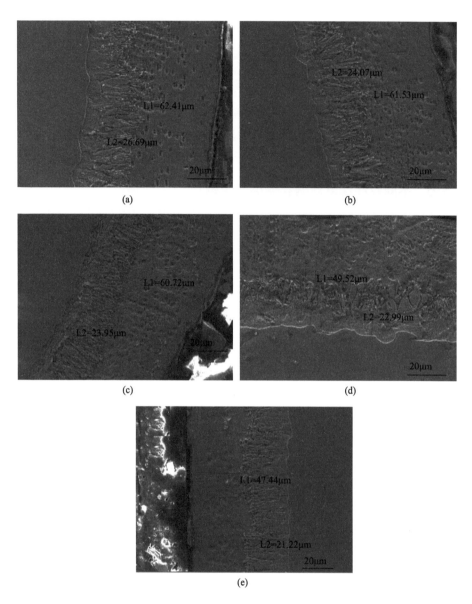

图 4-37　5 种不同收线速度的钢丝镀层的扫描电镜形貌[109]

收线速度（m/min）：(a) 8；(b) 9；(c) 10；(d) 11；(e) 12

表 4-6　5 种不同收线速度的钢丝镀层重量[109]

收线速度/（m/min）	镀层重量/（g/m²）			
	最小值	最大值	平均值	极差
8	335	387	358	52

收线速度/ (m/min)	镀层重量/ (g/m²)			
	最小值	最大值	平均值	极差
9	327	393	357	66
10	315	389	347	74
11	341	404	370	63
12	326	385	349	59

4.6.7 镀层对钢丝抗拉强度的影响

国家标准中，成品热镀锌钢丝的抗拉强度是用拉伸试验过程中的最大载荷除以含锌层在内的直径来计算的，因此锌层的厚度对钢丝的抗拉强度也有影响。用化学法去除镀锌钢丝表面的镀层，对有镀层和去镀层的钢丝进行拉伸试验检测最大载荷，以此来分析镀层对钢丝抗拉强度的影响。选取进口 $\phi14.0mm$ S87A 和国产 $\phi14.0mm$ S90B 盘条冷拉拔成 $\phi6.10mm$ 的钢丝，经过热镀锌后，钢丝直径为 $\phi6.20mm$。去镀层前后的检测结果见表 4-7。由表中数据可以看出，镀锌钢丝去除镀层后其最大载荷几乎没有变化，说明镀层在拉伸试验中对钢丝抵抗形变的贡献很小，几乎可以忽略不计。抗拉强度的下降实际上是由于计算时横截面积的不同而造成。因此在实际生产中，可以使用式 (4-14) 来推算钢丝镀锌后的抗拉强度。

$$\sigma = 4000 \times K \times F_D / (\pi D^2) \tag{4-14}$$

$$F_D = \sigma \times A \tag{4-15}$$

式中，σ 为抗拉强度，MPa；K 为热镀锌后钢丝最大力的下降系数，根据生产数据统计，K 值与钢种和拉拔形变量有关，一般取值 $0.90 \sim 0.98$；F_D 为冷拉拔钢丝的最大力，kN；D 为钢丝热镀锌后的直径，mm。

表 4-7 有镀层和去镀层的钢丝的最大载荷[102]

盘条	有镀层			去镀层		
	直径/mm	最大载荷/kN	抗拉强度/MPa	直径/mm	最大载荷/kN	抗拉强度/MPa
S87A	6.20	60.1	1991	6.10	60.0	2053
S90B	6.20	60.8	2040	6.10	60.0	2108

式 (4-14) 中的 F_D 可以通过式 (4-15) 获得。由此，可基于盘条的初始

强度来准确地计算该规格盘条拉拔成不同直径镀锌钢丝后的抗拉强度，从而为生产中盘条的选型和采购提供理论支持。

参考文献

[1] 王勇，周玉丽，陈明跃．帘线钢质量影响因素及控制措施 [J]．天津冶金，2005（2）：14-18．

[2] 章军，王勇，李本海，等．合成渣精炼法控制钢帘线夹杂物形态 [J]．钢铁钒钛，2003，24（4）：5．

[3] 刘昊．UHP EAF-LF-VD-CCM 轴承钢氧含量的控制 [J]．江苏冶金，2002，30（4）：4．

[4] 曹红福，彭继承．精炼工艺对 38MnVS 钢质量的影响 [J]．现代冶金，2010（4）：3．

[5] 杨小刚．低碳微合金钢铸坯角部横裂纹控制研究 [D]．北京：北京科技大学，2016．

[6] 周继勋，李小军．直弧型连铸机精度的控制 [J]．钢铁研究，2012，40（3）：43-45．

[7] 杨静波．中碳微合金钢连铸坯表面质量控制研究 [D]．北京：北京科技大学，2022．

[8] Chowdhury S G, et al. Investigation of subsurface cracks in continuous cast billets [J]. Engineering Failure Analysis，2003，10（3）：363-370．

[9] 孙东升，王海峰，梁启华，等．S45C1 钢连铸巧角部裂纹的改进工艺与实践 [J]．世界钢铁，2009，9（3）：18-24．

[10] 王振敏，方圆，张跃，等．304 不锈钢 2mm 连铸薄带中的裂纹分布和形成分析 [J]．特殊钢，2006，27（3）：14-16．

[11] 马环，王谦，李玉刚，等．残余元素对连铸板还角部横裂纹的影响 [J]．连铸，2011，S1：322-326．

[12] 李菊艳．攀钢板坯角部横裂纹控制的研究 [D]．重庆：重庆大学，2010．

[13] 朱国森，朱志远，王彦锋，等．含铌钢板还角横裂纹的控制 [J]．钢铁，2006，41（12）：30-32．

[14] 赵长亮，孙彦辉，田志红，等．CSP 热轧板卷边部裂纹成因 [J]．北京科技大学学报，2007，29（5）：499-503．

[15] 丰年．Q440C 级门架型钢翼缘裂纹成因分析及解决措施 [J]．中国冶金，2018，28（7）：73-77．

[16] 林敏．S355NL 钢矩形铸坯角部横裂纹的分析与控制 [J]．宽厚板，2019，25（4）：20-24．

[17] 马范军．微合金钢铸坯第二相析出行为及表层组织演变研究 [D]．重庆：重庆大学，2010．

［18］付振坡.微合金钢宽厚板坯角部横裂纹及控制［D］.西安：西安建筑科技大学，2016.

［19］Isaev O B，Kislitsa V V，Fedosov A V. Studies of the conditions of formation of trans-verse corner cracks on the surface of continuous cast slabs［J］. Metallurgist，2012，55 (9)：720-723.

［20］Mintz B，Yue s，Jonas J J. Hot ductility of steels and its relationship to the problem of transverse cracking during continuous casting［J］. International Materials Reviews，1991，36 (1)：187-220.

［21］Maehara Y，Yasumoto K，Tomono H，et al. Surface cracking mechanism of continuously cast low carbon low alloy steel slabs［J］. Materials Scienceand Technology，1990，6 (9)：793-806.

［22］Tsai H T，Yin H，Lowry M，et al. Analysis of transverse corner cracks oslabs and coun-termeasures［J］. Iron & Steel Technology，2006，3 (7)：23-31.

［23］Szekeres E S. A review of strand casting factors affecting transverse cracking［C］. Pro-ceedings of the 6th International Conference on CleanSteel，Balatonfüred，Hungary，OMBK E，Budapest，2002：324-338.

［24］Dippenaar R，Moon S c，Szekeres E s. Strand surface cracks：the role of abnormally large prior-austenite grains［J］. Iron & Steel Technology，2007，4 (7)：105-115.

［25］Maki т，Nagamichi т，Abe N，et al. Formation behavior of proeutectoid ferrite and hot ductility in (a + y) two phase region in low carbon steels［J］. Tetsu to Hagane，1985，71 (10)：1367-1374.

［26］Crowther D N，Mintz B. Influence of grain size on hot ductility of plain C-Mn steels［J］. Materials Science and Technology，1986，2 (9)：946-950.

［27］朱国森，王新华，于会香，等.连铸板坯内裂纹的检验分析［J］.钢铁研究学报，2004 (2)：43-46.

［28］许春雷，裴云毅，蒋晓放，等.炼钢与连铸［M］.北京：兵器工业出版社，2001.

［29］王明林，杨春政，陶红标，等.微合金钢连铸坯角部横裂纹形成机制［J］.钢铁，2012，47 (10)：27-34.

［30］蔡兆镇，安家志，刘志远，等.微合金钢连铸坯角部裂纹控制技术研发及应用［J］.钢铁研究学报，2019，31 (2)：117-124.

［31］刘志远，王重君，蔡兆镇，等.含铌微合金钢连铸坯角部裂纹控制二冷新工艺［J］.中国冶金，2018，28 (3)：22-29.

［32］汪洪峰.连铸板坯角横裂纹的形成机理及控制措施［J］.连铸，2015 (1)：61-64.

［33］张立通，李强，段云波.连铸坯角裂缺陷产生原因及解决对策［J］.包钢科技，2019，45 (3)：22-24.

［34］屈田鹏，韩志伟，冯科.连铸坯角部横裂纹产生机理与预防［J］.连铸，2011 (增刊)：385-392.

［35］周楠，张志明，刘春林，等.1215MS易切削钢铸坯皮下气泡原因分析及改进［J］.连铸，2017，42 (4)：48-52.

［36］邱涛.H08A焊条钢工艺及质量控制［J］.中国冶金，2018，28 (11)：45-49.

[37] 王克锋，宋介中，李明贤，等 . SS400 热轧 H 型钢翼缘开裂成因及控制措施 [J]. 钢铁，2011，46（9）：96-100.

[38] 陈传磊，张立标，杨晓清，等 . 船板钢表面小纵裂纹成因分析及控制 [J]. 山东冶金，2010，32（5）：43-44.

[39] 杨怀春，马进国，孙利斌 . H08A 铸坯气泡的原因分析及控制 [J]. 新疆钢铁，2013，12（1）：33-35.

[40] 金赵敏，贾国军，张小平 . SWRM6 鱼鳞状缺陷成因分析 [J]. 浙江冶金，2004，（1）：18-20.

[41] 段双霞，孙建林，富平原，等 . Q235B 中厚板表面气泡缺陷形成机理研究 [J]. 物理测试，2008，26（1）：14-17.

[42] 罗高强，唐萍，文光华，等 . 梅山 2 号板坯连铸低碳钢铸坯质量研究 [J]. 钢铁，2007，42（8）：39-43.

[43] 陈伟，苏鹤洲，李金柱 . 昆钢热轧板孔洞缺陷成因浅析 [J]. 连铸，2008，7（5）：45-47.

[44] 王智轶，王朝阳，贺建哲，等 . Q345B 钢板表面小纵裂纹的成因分析 [J]. 炼钢，2013，29（1）：69-72.

[45] 王新华 . 高品质冷轧薄板钢中非金属夹杂物控制技术 [J]. 钢铁，2013，48（9）：1-7.

[46] 罗辉 . 含氮双相不锈钢连铸坯皮下气孔研究 [J]. 世界钢铁，2014，16（4）：17-20.

[47] 魏国立 . 氮含量对皮下气泡形成的影响及控制措施 [J]. 酒钢科技，2012，12（3）：94-97.

[48] 连妙芳，陆文，赵裕健 . Q235B 中厚板皮下气泡产生原因及控制措施探究 [J]. 宽厚板，2016，22（1）：27-29.

[49] 李向龙，李宝宽，刘中秋，等 . 厚板坯气泡形貌、分布及携带夹杂物的原位分析 [J]. 工程科学学报，2018，40（S1）：183-187.

[50] Abbel G，Damen w，Gendt G，et al . Argon bubbles in slabs [J]. ISIJ International，1996，36（Suppl）：S219-S222.

[51] Damen w，Abbel G，De Gendt G . Argon bubbles in slabs，a non- homogeneous distribution [J]. Revue de Métallurgie，1997，94（6）：745-750.

[52] 刘丙岗，文光华，唐萍，等 . IF 钢铸坯皮下小气泡分布 [J]. 北京科技大学学报，2013，35（12）：1595- 1600.

[53] 桥浦正史，森一美，刘良春 . 铁碳合金钢锭凝固时 CO 宏观气泡的生成 [J]. 武钢技术，1990，13（12）：29-34.

[54] 蔡开科 . 转炉-精炼-连铸过程钢中氧的控制 [J]. 钢铁，2004，39（8）：49-57.

[55] 幸伟，倪红卫，张华，等 . 钢液脱氧工艺的发展状况分析 [J]. 过程工程学报，2009，9（s1）：443-447.

[56] 郭永民，李龙 . 中厚板表面爪型裂纹成因分析 [J]. 天津冶金，2013，（S1）：47-50.

[57] 韩金昊，张炳明，尹延斌 . 钢中典型气泡理化特征的基础研究 [J]. 炼钢，2017，33（5）：46-53.

［58］ 王峰. 唐钢铝脱氧钢二次氧化现象及抑制机理［D］. 北京：北京科技大学，2019.

［59］ 胡铁军，韩春良，翁玉娟，等. 大规格钢筋铸坯表面质量研究［C］//2012年炼钢一连铸高品质洁净钢生产技术交流会，辽宁，2012：208-209.

［60］ 邵大庆，王子然. 连铸方坯气泡缺陷的分析与预防［J］. 河北冶金，2007，（6）：40-42.

［61］ Calderon R I，Morales R D. The role of submerged entry nozzle port shape on fluid flow turbulence in a slab mold［J］. Metallurgical and Materials Transactions B，2015，46（3）：1314-1325.

［62］ 张贺佳. 板带钢表面常见缺陷的分析研究［D］. 唐山：河北联合大学，2012.

［63］ 方淑芳. 冷轧板条痕缺陷的特征及形成原因探讨［J］. 钢铁钒钛，2002（2）：59-64.

［64］ 陈登福，张献光，张立峰，等. 板坯连铸结晶器内氩气泡行为的模拟研究［J］. 钢铁，2010，45（4）：20-25.

［65］ 张广贺. 钢包耐火材料对钢液质量和温降的影响［J］. 金属加工（热加工），2013（11）：32-33.

［66］ 王文培，刘列喜，李海，等. 钢水氢含量分析与控制实践［J］. 上海金属，2019，41（5）：87-90.

［67］ 巨建涛，吕振林，张敏娟. 炼钢过程中钢液氢含量的变化及分析［J］. 钢铁研究学报，2011，23（4）：23-27.

［68］ 虞明全. 一种电炉钢液的高效脱氢方法［J］. 工业加热，2001（2）：40-43.

［69］ 肖卫军，李小明，王国平，等. 铸坯皮下气泡的成因分析与预防措施［C］//2012年钢锭制造技术与管理研讨会论文集，2012：202-209.

［70］ 王谦，谢兵，景灏，等. 保护渣对含硫易切钢连铸坯表面质量的影响［J］. 钢铁，2004，39（11）：23-25.

［71］ Liu R，Thomas B G，Sengupta J，et al. Measurements of molten steel surface velocity and effect of stopper-rodmultiphase fluid flow in continuous casting［J］. ISIJ International，2014，54（10）：2314-2323.

［72］ Sanchez P R，Morales R D. A physical model for the two-phase flow in a continuous casting mold［J］. ISIJ International，2003，43（5）：637.

［73］ 卢海彪，程常桂，李阳，等. 结晶器内氩气泡分布及钢渣界面波动行为［J］. 钢铁，2018，53（4）：27-36.

［74］ Ridolfi M R，Tassa o. Formation solidification of 16-18％ Cr high nitrogen austenitic stainless steels［J］. Intermetallics，2003，11（11-12）：1335-1338.

［75］ Arola R，Wendt J，Kivineva E. Gas porosity defects in duplex stainless steel castings［J］. Materials Science Forum，1999，12（318-320）：297-302.

［76］ Mitsuhiro O，Lele Y. Influence of microstructure on the mechanical properties and hydrogen embrittlement characteristics of 1800 MPa gradehot-stamped 22MnB5 steel［J］. Journal of Materials Science，2019，54（6）：5061-5073.

［77］ Lachmund H，Schwinn V，Jungblut H A. Heavy plate production：demand on hydrogen control［J］. Ironmaking & Steelmaking，2000，27（5）：381-386.

［78］ 刘伟 . 微合金化及控制轧制对高碳钢盘条组织和性能影响研究 ［D］. 南京：东南大学，2010.

［79］ 彭玉，任勇，程晓茹，等 . 斯太尔摩工艺参数对 72A 钢盘条氧化铁皮剥离性能的影响 ［J］. 特殊钢，2018，39（03）：20-24.

［80］ 郭宁 . 桥梁缆索用冷拔珠光体钢丝微观组织表征及力学性能研究 ［D］. 重庆：重庆大学，2012：9-13.

［81］ 赵丽 . 70♯ 高碳钢丝水浴淬火工艺及其对组织性能的影响 ［D］. 哈尔滨：哈尔滨工业大学，2016.

［82］ 安宁 . 沉淀强化 CoCrNi 系高温中熵合金微观组织演变及力学行为研究 ［D］. 北京：北京科技大学，2024.

［83］ Embury J D，Fisher R M. The structure and properties of drawn pearlite ［J］. Acta Metallurgica，1966，14（2）：147-159.

［84］ Gensamer M，Pearsall E B，Pellini W S，Low J R. The tensile properties of pearlite，bainite and spheroidite ［J］. Trans. ASM，1942，30，983.

［85］ Langford G. A study of the deformation of patented steel wire ［J］. Metallurgical and Materials Transactions B，1970，465-477.

［86］ Zelin M. Microstructure evolution in pearlitic steels during wire drawing ［J］. Acta Materialia，2002，50，4431-4447.

［87］ Zhang X D，Godfrey A，Huang X X，et al. Microstructure and strengthening mechanisms in cold-drawn pearlitic steel wire ［J］. Acta Materialia，2011，59，3422-3430.

［88］ Toribio J. Microstructure-based modelling of fracture in progressively drawn pearlitic steels ［J］. Engineering Fracture Mechanics，2004，71，769-777.

［89］ Marder A，Bramfitt B. The effect of morphology on the strength of pearlite ［J］. Metallurgical and Materials Transactions A，1976，7，365-372.

［90］ Gil Sevillano J. Substructure and strengthening of heavily deformed single and two phase metallic materials ［J］. J Phys. III France，1991，1，967-988.

［91］ Dollar M，Bernstein I M，Thompson A W. Influence of deformation substructrure on flow and fracture of fully pearlitic steel ［J］. Acta Metallurgica，1988，36，311-320.

［92］ Alexander D，Bernstein I M. Microstructural control of flow and fracture in pearlitic steels ［C］. Phase transformations in ferrous alloys，Philadelphia，Pennsylvaniap. USA，1983，243-257.

［93］ 张晓丹 . 钢帘线钢丝冷拔过程中组织演变的定量研究与力学性能 ［D］. 北京：清华大学，2009.

［94］ Takahashi T，Nagumo M，Asano Y. ［J］. Wire J.，1980，11，78.

［95］ X. D. Zhang，A. Godfrey，X. X. Huang，et al. Microstructure and strengthening mechanisms in cold-drawn pearlitic steel wire ［J］. Acta Materialia，2011，59，3422-3430.

［96］ P. Choquet，A. Lebon，Ch. Perdix. Int. Conf. on the strength of metals and alloys ［M］. Pergamon Press，New York，1986，1025-1030.

[97] Tamura I. Some fundamental steps in thermomechanical processing of steels [J]. Trans. Iron Steel Inst. Jpn.，27（10），763-779.

[98] Walentek A，Seefeldt M，Verlinden B，et al. Electron backscatter diffraction on pearlite structures in steel [J]. Journal of Microscopy，2006，224，256-263.

[99] Hono K，Ohnuma M，Murayama M，et al. Takahashi. Cementite decomposition in heavily drawn pearlite steel wire [J]. Scripta Materialia，2011. 44，977-983.

[100] Tarui T，Yoshie A，Asano Y，et al. Wire rod for 2000MPa galvanized wire and 2300MPa PC strand [J]. Nippon Steel Technical Report，1999，80，44-49.

[101] Yamasaki S，Yamada W，Komiya N. High strength，high toughness，high carbon steel wire rod and method of production of same [P]：US 20060137776.

[102] 夏浩成. 桥梁缆索用超高强度热镀锌钢丝制备工艺研究 [D]. 哈尔滨：哈尔滨工业大学，2016.

[103] 孙富，张振程. 热镀锌锌液温度的选择 [J]. 机械工人，2001，04：47-48.

[104] 刘轩，周宗才，范永哲. 电磁抹拭对热镀锌层微观组织的影响 [C] //纪念全国金属制品信息网建网 40 周年暨 2014 金属制品行业技术信息交流会论文集，湘潭，2014：4.

[105] 贺成明. 钢丝在拉拔过程中能量分析及理论应用 [D]. 贵阳：贵州大学，2008：38-47.

[106] 马明刚. 拉拔工艺及模具对钢丝力学性能的影响 [D]. 贵阳：贵州大学，2006：44.

[107] 钟海平. 冷拔珠光体钢丝力学性能分析及成形工艺优化 [D]. 重庆：重庆大学，2014：53-54.

[108] 刘波. 高碳钢丝及制品的塑性加工工艺与组织性能研究 [D]. 西安：西安建筑 科技大学，2004：28-34.

第5章
桥梁缆索钢的服役性能

5.1
疲劳断裂

    疲劳是指材料、零件和构件在循环载荷作用下，在某处产生局部的永久性损伤，并经过一定循环次数后形成裂纹并逐步扩展至断裂的现象。疲劳的概念广而复杂，为了厘清其概念，许金泉[1]将疲劳现象划分为三类：机械疲劳、蠕变疲劳、环境疲劳，如图 5-1 所示。

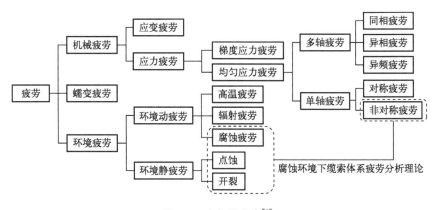

图 5-1　疲劳的分类[2]

    机械疲劳通常是指材料在循环载荷作用下发生瞬时断裂的现象。不同于环境疲劳的双重作用，机械疲劳不考虑介质的影响，理论上在真空环境下才能被称为机械疲劳[3]；通常来说，普通空气环境下的疲劳也被假定为机械疲劳。机械疲劳可以分为应力疲劳和应变疲劳。以应力疲劳为例，试样在疲劳载荷持续作用过程中始终处于弹性范围内，不必考虑材料的能量吸收与耗散，即不存在滞回环。应变疲劳发生过程中，交变应变会引起宏观变形，这种变形是塑性的。目前缆索用高强钢丝的疲劳试验分析多是假定试样处于单轴状态下的应力疲劳，其蠕变被忽略不计，因此不存在能量的损失，需要指出的是，本文中的疲劳理论分析不考虑材料的塑性变形。

5.1.1 材料力学分析

材料力学分析理论基础是指忽略了裂纹的萌生与扩展，仅考虑应力或应变等参数，试样的疲劳特性被简化为应力循环次数 N，其表现形式为 N 随应力或应变的变化规律，即 S-N 曲线或者 ε-N 曲线。以应力疲劳理论为基础，描述其交变应力，通常需要两个参数，一般为应力幅 σ_a 和应力比 R，其计算公式如下：

$$\sigma_a = \frac{\sigma_{max} + \sigma_{min}}{2} \tag{5-1}$$

$$R = \frac{\sigma_{min}}{\sigma_{max}} = \frac{\sigma_m - \sigma_a}{\sigma_m + \sigma_a} \tag{5-2}$$

式中，σ_m 为平均应力；σ_{max} 为最大应力；σ_{min} 为最小应力。

现有文献多是通过使用其中的一个参数作为 S-N 曲线中的纵轴变量，如应力比、最大应力、平均应力和应力幅，疲劳循环次数作为横轴变量；而目前多采用应力幅和应力比来描述单轴疲劳行为，如文献［4］采用这种组合给出了相关的 S-N 曲线。采用这种方式是假定应力幅是影响疲劳的主要因素，次要因素是应力比。应力比在多轴疲劳或者混合态交变应力下无法表示，上述组合只能在单轴基态交变载荷下使用。由于实际缆索体系载荷工况并没有固定的应力比或者最大应力规律，采用应力幅和平均应力往往更能描述高强钢丝任意状态下的拉应力，在没有相关规范要求下，建议采用应力幅和平均应力来表示 S-N 曲线。

一条完整的 S-N 曲线应该包括三个部分：一是疲劳极限；二是纵轴变量较高部分对应的关系；三是接近疲劳极限的这段曲线。美国 ASTM 标准[5]建议 S-N 曲线可以在双对数坐标上表示为两条直线，分别为疲劳极限和 $\lg\sigma_a$-$\lg N$ 的关系，并建议采用大子样的成组法结合配对升降法测定，如图 5-2 所示。

目前关于 S-N 曲线的近似表达式共有四种类型。

幂函数表达式：

$$\sigma^m N = C \tag{5-3}$$

指数函数表达式：$\qquad e^{m\sigma} N = C \tag{5-4}$

三参数幂函数表达式：$\quad (\sigma - \sigma_0)^m N = C \tag{5-5}$

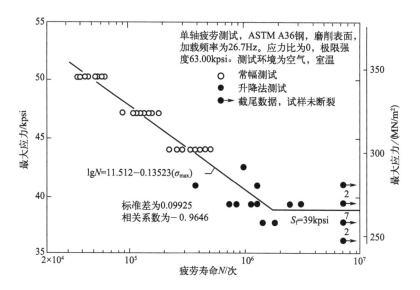

图 5-2　ASTM 标准建议的 *S-N* 曲线制法[5]

四参数幂函数表达式：$\left(\dfrac{\sigma_u - \sigma_0}{\sigma - \sigma_0}\right)^m N = 10^{(\lg N)^m}$　　　　　(5-6)

在上述公式中，m 为形状参数；σ_0 为拟合疲劳极限；σ_u 为拟合屈服极限，C 为常数。幂函数和指数函数限于表达中等寿命区 *S-N* 曲线，而三参数幂函数适合表达中长寿命区，四参数幂函数适用于全寿命范围内的 *S-N* 曲线，其四个待定常数可以更精确地拟合各数据点。依据 *S-N* 曲线来评价材料在不同种载荷作用下的疲劳寿命时，常联合应用 Miner 线性损伤累积定律。其具体思路为：

$$D = \sum_i^k D_i = \sum_i^k \frac{n_i}{N_i} \qquad (5\text{-}7)$$

$$\frac{N}{N_i} = \frac{1}{\sum_{i=1}^k \gamma_i \left(\dfrac{\sigma_i}{\sigma_1}\right)^d} \qquad (5\text{-}8)$$

在上述公式中，N 为多级载荷作用下破坏的总循环数；N_i 为在最大交变应力 σ_1 作用下直到破坏的总循环数；σ_i 为第 i 级应力水平的应力值；γ_i 为第 i 级应力的循环数占总循环数的比例；d 为由试验确定的常数，一般由二级变幅疲劳试验得出。

5.1.2　断裂力学分析

断裂力学分析理论通过人为设定一个初始长度的裂纹来评估剩余寿命随载

荷变化的演化过程。以线弹性断裂力学理论为例，工程结构中存在的缺陷一般可认为是"裂纹"，即有一定长度且端点处极其尖锐的裂纹，该裂纹被划分为三种类型，分别为张开型、滑移型和撕开型，如图 5-3 所示。

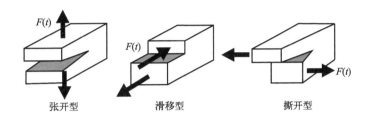

张开型　　　　　　　滑移型　　　　　　　撕开型

图 5-3　裂纹扩展类型[6]

为了评价裂纹尖端应力场强弱以及裂纹扩展趋势，提出了应力强度因子的概念来衡量裂纹扩展的推动力，它是构件几何、裂纹尺寸以及外载荷的函数。张开型裂纹的应力强度因子的一般表达式为：

$$K_1 = Y\sigma\sqrt{\pi a} \tag{5-9}$$

式中，Y 为形状系数；a 为裂纹尺寸。

疲劳裂纹的扩展过程主要包括三个阶段：裂纹成核、小裂纹扩展、长裂纹扩展至断裂阶段。裂纹成核阶段是指表面区域多次反复的塑性滑移导致金属挤出和挤入滑移带。裂纹成核之后，在滑移面产生小裂纹（又称短裂纹），对应图 5-4 中的虚线段，小裂纹数量多，且无特定的扩展规律，因此难以量化其演化方式。随着损伤累积，小裂纹逐渐向长裂纹转变，转化阶段的裂纹长度值并无详细界定，一般是 0.1~0.2mm 左右，当裂纹尖端应力强度因子达到开裂门槛值 ΔK_{th} 时，即发生长裂纹扩展，对应图 5-4 中 A 区。当长裂纹尖端应力强度因子达到 K_{IC}，钢丝扩展失稳并快速断裂。

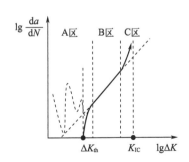

图 5-4　疲劳裂纹的扩展速率[6]

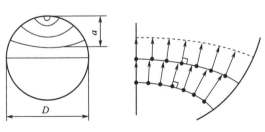

图 5-5　钢丝截面的裂纹演化[6]

对于疲劳裂纹扩展寿命的计算，目前还未给出普适性较强的小裂纹计算方法，对于长裂纹扩展规律的计算方法是广为人知的 Paris 公式：

$$\frac{\mathrm{d}a}{\mathrm{d}N} = C(\Delta K)^m \tag{5-10}$$

$$\Delta K = K_{\max} - K_{\min} = Y\Delta\sigma\sqrt{\pi a} \tag{5-11}$$

式中，ΔK 是应力强度因子变程；C 和 m 是常数，其取值与材料特性有关。如图 5-5 所示，钢丝裂纹前廓线的演化一般遵从"先圆后扁"的规律，在处理形状因子 Y 时，Forman 等[7]给出了弧形裂纹的形状因子公式：

$$Y\left(\frac{a}{D}\right) = 0.92 \times \frac{2}{\pi}\sqrt{\frac{2D}{\pi a}\tan\frac{\pi a}{2D}} \times \frac{0.752 + 1.286\left(\frac{a}{D}\right) + 0.37\left(1-\sin\frac{\pi a}{2D}\right)^3}{\cos\frac{\pi a}{2D}}$$

$$\tag{5-12}$$

如图 5-4 所示，需要注意的是，Paris 公式仅适合表达 B 区，这一段属于稳定扩展区；而裂纹扩展到 C 区很快断裂，因而很多文献中都忽略 C 区的寿命。在应力强度因子达到门槛值之后，利用 Paris 公式可计算得到寿命解。将 Paris 公式展开并对两边积分，可以计算长裂纹扩展寿命：

$$N = \int_{a_0}^{a_c} \frac{1}{C(\Delta K)^m}\mathrm{d}a \tag{5-13}$$

式中的积分上下限分别是临界裂纹深度 a_c 和初始裂纹深度 a_0。Paris 公式适合计算已存在初始裂纹的试样（裂纹尺度能够引起当前应力强度因子变幅大于门槛值），对于存在明显初始裂纹的构件，如大跨钢箱梁桥的结构钢板，考虑剩余寿命时，其初始裂纹深度可直接测得。但是对于表面光滑无损伤的构件，裂纹仍存在萌生期，在无腐蚀疲劳效应时，萌生期寿命接近 90%，使用 Paris 公式及相关理论直接计算会导致结果失真。对于处于腐蚀环境中的疲劳试样，在腐蚀疲劳工况中，由于腐蚀坑会诱导裂纹的萌生，蚀坑深度越大，诱发裂纹萌生的概率越高。文献 [8] 指出局部腐蚀深度达到 0.5mm 时，点蚀坑内萌生裂纹的概率为 90% 左右，腐蚀介质导致裂纹萌生寿命占比降低至 10%，此时直接使用 Paris 公式计算的结果具有一定的工程价值；在高应力幅作用下，蚀坑深度甚至可以作为初始裂纹深度进行计算。

5.1.3 损伤力学分析

损伤的概念非常抽象，与材料的内部微观缺陷以及材料强度特性相关，损伤是各类缺陷对强度的一个综合表征量，它不具体指哪类缺陷，也不对应于各类微观缺陷的面积比，而是包含了缺陷应力集中的等效化处理。一种原始定义是：

$$D = \frac{A_d}{A} = \frac{A - \tilde{A}}{A} \qquad (5\text{-}14)$$

式中，A 为材料内部某一截面面积；A_d 为损伤面积；$\tilde{A}$ 为有效截面面积。当损伤度 D 为 1 时，损伤面积发展完全，截面失效。

$$\sigma_{ef} = \frac{F}{A - A_d} = \frac{\sigma}{1 - D} \qquad (5\text{-}15)$$

损伤力学作为研究疲劳的主要理论方法之一，人们主要根据损伤演化发展的规律来研究整个疲劳过程，从而预测疲劳寿命，疲劳损伤演化规律的一般形式为：

$$\frac{\mathrm{d}D}{\mathrm{d}t} = f(D, \sigma) \qquad (5\text{-}16)$$

对于疲劳损伤演化规律的研究众多，如 Chaboche[9] 提出金属材料在单轴循环载荷作用下的损伤演化规律：

$$\frac{\mathrm{d}D}{\mathrm{d}t} = \left[1 - (1 - D)^{B+1}\right]^{A(\tilde{\sigma})} \left(\frac{\sigma_a}{M(\tilde{\sigma})(1 - D)}\right)^B \qquad (5\text{-}17)$$

$$A(\tilde{\sigma}) = 1 - \alpha(T) \frac{\sigma_{max} - h(\bar{\sigma})}{\sigma_b - \sigma_{max}} \qquad (5\text{-}18)$$

$$h(\bar{\sigma}) = \bar{\sigma} + \sigma_{-1}\left(1 - \frac{b(T)\bar{\sigma}}{\sigma_b}\right) \qquad (5\text{-}19)$$

$$M(\bar{\sigma}) = M_0(T)\left(1 - \frac{b(T)\bar{\sigma}}{\sigma_b}\right) \qquad (5\text{-}20)$$

式中，σ_a 为交变应力幅；σ_{max} 为最大应力；$\bar{\sigma}$ 为平均应力；σ_b 为材料的静态拉伸极限；σ_{-1} 为材料在对称循环载荷作用下的系数；α、b、M_0、B 是与温度有关的表征损伤发展的系数，需要通过实验数据的拟合来确定。然而，这种方法实用性并不是很强，其系数众多且物理意义并不明确，仅仅是一种拟合参数，在考虑腐蚀介质影响时，各类参数则需要重新确定。因此，如何发展出更加简化实用的疲劳损伤演化模型是一个重点。

5.1.4 裂纹扩展研究

疲劳断口形貌分析是研究整个疲劳失效过程和分析疲劳失效原因的重要方法。高强钢丝在腐蚀介质和疲劳荷载作用下的破坏形式和其他金属材料的断裂方式类似，其断口保留了整个断裂过程的痕迹，记载着许多断裂过程中发生的信息，具有明显的形貌特征。因此，对钢丝的疲劳断口进行宏、微观分析，能准确推测钢丝的疲劳断裂机制，了解其疲劳裂纹扩展的行为。图 5-6 为桥梁缆索用高强钢丝典型的腐蚀疲劳断口的宏观形貌。可以看出，疲劳裂纹一般起始于某个表面缺陷或应力集中处，以半圆弧形缓慢地向钢丝内部扩展，直至最后钢丝发生瞬间断裂。整个疲劳断口大致可以分为三个区域：慢速扩展区（A区）、快速扩展区（B区）和瞬间断裂区（C区）。从图5-6中可以看出，慢速扩展区（A区）较为光滑，疲劳裂纹以圆弧形向内扩展。在这个阶段，裂纹尖端的应力强度因子比较小，桥梁钢丝每经受一次循环载荷，裂纹尖端就向前推进一个非常微小的距离，所以这个阶段裂纹扩展规律较为稳定。因此，这一阶段通常也称为稳态扩展阶段。随着循环载荷的持续施加，裂纹不断向材料内部扩展，裂尖的应力强度因子也不断增加。在这个阶段，每次循环载荷作用下的裂纹扩展深度比稳态区的扩展深度要大，裂纹扩展的速率由缓慢向快速转变。因此，这个阶段被称为快速扩展区域，它是裂纹稳态扩展区域与瞬断区的过渡区。当裂纹扩展至某一深度时，钢丝的有效横截面积缩减至一个极限值，裂纹尖端的应力强度因子达到了材料的断裂韧度，裂纹进入失稳扩展阶段，钢丝发生瞬间的脆性断裂。从钢丝断口的宏观形貌图可以看出，瞬间断裂区相对粗糙。

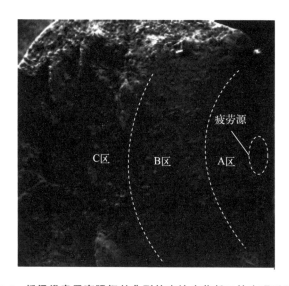

图 5-6　桥梁缆索用高强钢丝典型的腐蚀疲劳断口的宏观形貌[10]

图5-7～图5-9分别给出了钢丝的疲劳断口慢速扩展区、快速扩展区和瞬间断裂区的微观形貌。可以看出，在循环载荷的持续作用下，钢丝的某个缺陷位置或应力集中处开始形成裂纹，成为疲劳裂纹的起源。随着载荷增加，初始裂纹开始向材料内部扩展。在裂纹位于慢速扩展区范围之内时，扩展速率较慢。从图5-7可以看出疲劳条纹垂直于裂纹扩展方向。钢丝在慢速扩展区的裂

纹扩展形式为穿晶断裂，如图5-8所示。当裂纹进入快速扩展区，此时疲劳裂纹扩展速度相对较快并且穿晶断裂，裂纹扩展形貌整体上呈一道道弧形沿钢丝的直径方向扩展，这一阶段的微观形貌体现为断面较为粗糙。当疲劳裂纹进一步扩展，试样的承载能力继续下降。由于有效承载面的面积不断减小，裂纹前沿的应力不断增加。当应力达到临界断裂强度时，试样瞬间发生断裂破坏。瞬间断裂区域的断口形貌和静载拉伸试件的断口形貌类似，都是典型的韧窝特征，如图5-9所示。

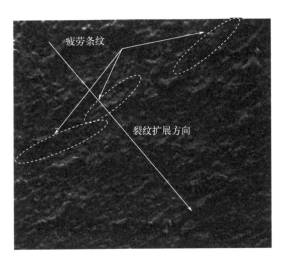

图5-7　裂纹慢速扩展区（A区）的形貌[10]

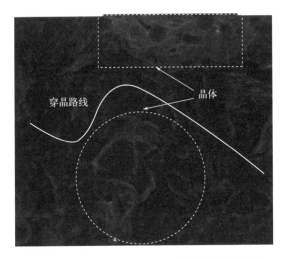

图5-8　快速扩展区（B区）穿晶断裂形貌[10]

图 5-9 瞬间断裂区（C 区）的形貌[10]

5.2
钢丝疲劳寿命评估

5.2.1 基本原理

文献 [11] 给出了桥梁断丝的四种类型，其中 A～C 三种类型与裂纹扩展有关，D 型是由于均匀腐蚀和点腐蚀导致的，分别是：

A 型，初始裂纹扩展方向垂直于钢丝轴向，当裂纹扩展面积接近 50%，裂纹将倾斜约 45°，形成贯穿裂纹；

B 型，初始裂纹扩展方向垂直于钢丝轴向，当裂纹扩展面积接近 50%，钢丝突然断裂；

C 型，初始裂纹扩展方向垂直于钢丝轴向，当裂纹扩展面积接近 50%，裂纹方向改变，新方向与原方向接近垂直，裂纹会继续扩展一定程度至断裂；

D 型，绝大多数断丝属于这种情况，断丝处为尖锥状。

现有文献已经给出了几种断裂的破坏原理，分别是由于有效截面积严重缩减而导致塑性拉断、由于断裂应力增长而引起的脆性断裂、应力腐蚀引起的脆性断裂、一般疲劳断裂和腐蚀疲劳断裂。上述 D 型断丝是由于有效截面积严重缩减而导致的塑性拉断，因此呈现尖锥形断口。A～C 的断裂机制与桥梁载荷有关，其中恒载荷的大小控制由于断裂应力增长而引起的脆性断裂，活载荷的大小控制裂纹扩展的速率，两种载荷过大都会促进裂纹的萌生。较大的恒载会对钢丝施以较高的静应力，存在初始裂纹的钢丝极易发生由于断裂应力增长至断裂韧性而引起的脆性断裂，处于腐蚀环境下的钢丝，应力腐蚀会导致这种脆性断裂提前发生。A 型和 B 型断丝的原因是恒载荷较大而导致断裂韧性不足以抵抗其裂纹继续扩展；C 型断丝（图 5-10）的原因是恒载荷较小，导致钢丝发生裂纹转向后仍能继续扩展一段时间；D 型断丝（图 5-10）的原因是活载荷较小，裂纹尖端应力强度因子变程小于裂纹扩展门槛值，且其裂纹扩展速率小于腐蚀速率，导致腐蚀作用占主导，钢丝最后发生明显的塑性断裂。为了厘清几种断裂机制与寿命的关系，下面将对侵蚀环境下的钢丝进行参数化分析。

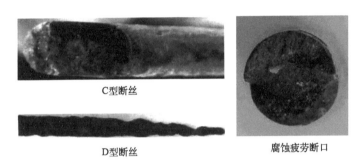

C型断丝

D型断丝

腐蚀疲劳断口

图 5-10　钢丝的断口[12-13]

使用雨流计数法处理应力时程谱，常引入等效应力幅值[10]进行寿命计算。等效应力幅值（σ_{eq}）和循环次数（N_{eq}）计算如下：

$$\sigma_{eq} = \left(\frac{\sum \sigma_i n_i^m}{\sum n_i} \right)^{1/m} \tag{5-21}$$

$$N_{eq} = \sum n_i \tag{5-22}$$

$$f_{eq} = \frac{t_{eq}}{N_{eq}} \tag{5-23}$$

式中，σ_i 为第 i 个应力循环的应力幅值；n_i 为第 i 个应力循环的循环次数；m 为材料常数（疲劳强度指数），与材料的 S-N 曲线斜率相关，常取 3 计算；f_{eq} 为等效频率；t_{eq} 为等效时间。

计算时，使用考虑腐蚀疲劳效应的缆索寿命评估模型[6]，当镀层腐蚀完后进行裸钢丝的均匀腐蚀深度计算，设当前时间 t_i 下的均匀腐蚀深度为 $a_{uc,i}$，则其计算公式为：

$$a_{uc,i} = 1.79011 \times [\tau(t_i - t_0)]^{0.62044} \tag{5-24}$$

上式代表护套内最严重腐蚀钢丝的均匀腐蚀深度，其中 t_i 为钢丝历经的总时间；t_0 为镀层耗尽的时间；τ 为实际环境与实验环境的转换系数。

使用下式来考虑吊索其余位置处钢丝的均匀腐蚀深度：

$$a_{uc,\,j} = R_j a_{uc,\,j} \tag{5-25}$$

式中，j 代表第 j 根钢丝，其锈蚀比率 R_j 采用式（5-26）计算。

$$R_j = \frac{d_0 - d_{min}}{d_0 - d_{min,\,0}} \tag{5-26}$$

式中，d_0 为钢丝的公称直径；d_{min} 为截面上其余位置钢丝的最小直径；$d_{min,0}$ 为基准钢丝的最小直径。此外，假定镀层腐蚀完毕后腐蚀坑开始生长。腐蚀深度计算方法为：对点蚀因子 ϕ_{max} 进行抽样，当计算时间达到 t_i 后，计算的最大蚀坑深度为 $a_p(t_i)$，当计算时间达到 t_{i+1} 后最大蚀坑深度 $a_p(t_{i+1})$ 计算公式如下：

$$a_p(t_{i+1}) = a_p(t_i) + \phi_{max,\,i+1}\left[a_{uc}(t_{i+1}) - a_{uc}(t_i)\right] \tag{5-27}$$

腐蚀速率取点蚀坑的生长速率计算：

$$V_p = \frac{a_p(t_{i+1}) - a_p(t_i)}{t_{i+1} - t_i} = \phi_{max,\,i}\,\frac{a_{uc}(t_{i+1}) - a_{uc}(t_i)}{t_{i+1} - t_i} \tag{5-28}$$

采用裂纹长度增量法来计算寿命，设当前时间为 T_i，当前裂纹深度为 a_i，在历经时间 $T_{i+1} - T_i$ 内，指定等效应力幅 σ_i 的等效循环次数为 n_i，其对应的载荷频率为 f_i，则在经历该车载作用后的时间 T_{i+1} 对应的裂纹深度为 a_{i+1}，C_{cor}、C_c、Y、m_c 均为常数。其基本形式如下：

$$a_{i+1} = a_i + \frac{da_i}{dt}(T_{i+1} - T_i) \tag{5-29}$$

$$\frac{da_i}{dt} = C_{cor}C_c(Y2\sigma_i\sqrt{\pi a})^{m_c}f_i \tag{5-30}$$

为了准确评估缆索钢丝疲劳寿命，以临界裂纹深度作为钢丝断裂的判断依据。当裂纹长度扩展至临界裂纹深度时，判定钢丝断裂。采用上述方法计算时，暂不考虑腐蚀疲劳耦合效应对裂纹扩展的影响。令两种工况的 C_{cor} 取 1，每次计算时间间隔（$t_{i+1} - t_i$）为 1 个月。此外，考虑到夜间交通量过小，可忽略交通载荷对钢丝疲劳损伤的贡献。因此在利用应力谱转化的等效应力幅计算时，仅考虑白天交通载荷的作用，因此其每次时间间隔（$T_{i+1} - T_i$）取 15 天。目前实桥服役拉索所受的活载荷约为总载荷的 5%～12%[13]，若以缆索恒载为 500MPa 计算，活载在缆索钢丝上引起的应力波动约为 26～68MPa。随着城镇产业的转型，重型车载的增加会极大地增加缆索钢丝的应力波动。为了比较不同载荷工况对腐蚀疲劳寿命的影响，在 23.65MPa 应力幅基础上，增设 40MPa、50MPa、60MPa、70MPa 应力幅进行对比分析。几种载荷情况均处于相同腐蚀环境，即 30μm 厚的镀锌层在该腐蚀环境下损耗完毕需要约 4.9

年，对应的环境转换系数 τ 取值为 0.1985。

图 5-11 结果表明，由于载荷在吊索上引起的应力幅较小，蚀坑转化为裂纹的时间很长，当等效应力幅为 23.65MPa 时，蚀坑生长至 1.179mm 才能转化为裂纹，由于该深度较大，因此转化后的裂纹将很快扩展并发生断裂，裂纹扩展时间约为 1~2 年。当应力幅逐渐增大时，这种转化深度逐渐减小。随着应力幅增大，寿命逐渐减小，23.65MPa 所对应的寿命约为 639 年，而当应力幅增大到 70MPa 时，寿命将减少至 73 年。计算结果表明，在桥梁设计基准期100 年内，该钢丝并不会发生腐蚀疲劳断裂，但是这并不能说明在实际情况下钢丝仍能安全服役。腐蚀疲劳裂纹萌生机制包括了 4 类[14]，点蚀坑诱导裂纹只是其中一类。此外，在该截面上可能发生多个蚀坑共同生长，在设计基准期限内，易发生由于截面损失较大而引起的塑性拉断。进一步地，考虑了等效应力幅为 70MPa 时，索体内部钢丝缺陷尺寸演化，如图 5-12 所示。计算了 109丝钢索在当前腐蚀环境下的各钢丝逐渐断裂的时间，第 2、4、6、8、10 根钢丝对应的断丝寿命约为 76、93、96，107、118、131 年，由于钢丝腐蚀截面属于对称型，图 5-12 所计算的第 2、4、6、8、10 根钢丝断裂时，第 3、5、7、9根也会在较短时间内断裂。根据规范[15]要求，当达到 2% 的断丝率时即要求换索，而对于 109 丝钢索而言，运营寿命约为 93 年时，钢索即失效。实际上，由优质高碳钢圆盘条经等温淬火并冷拉拔而成的桥梁缆索钢丝，在制作过程中不免存在加工缺陷和残余应力，加上在运输安装过程中带来的施工划痕，这些缺陷在侵蚀介质与应力的交互影响下极易形成初始裂纹，处于腐蚀疲劳环境下，由于金属材料往往没有明显的疲劳强度[3]，存在初始裂纹的钢丝仍能发生腐蚀疲劳断裂，只是历经时间较长，因此在裂纹扩展时忽略门槛值的影响。对

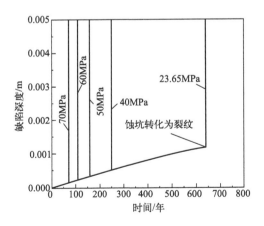

图 5-11 不同载荷下各钢丝逐渐断裂时间[6]

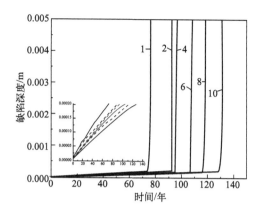

图 5-12　腐蚀环境下各钢丝逐渐断裂的时间[6]

于初始缺陷的具体深度，Verpoest[16]通过测量抗拉强度大于1800MPa的钢丝的微观缺陷时，指出这种初始缺陷大致处在2.5～13μm之间。为了便于比较不同深度缺陷尺寸大小对寿命的影响，将这种初始缺陷等效为裂纹进行计算，并选取了初始裂纹深度为2.5μm、5μm、7.5μm、10μm、13μm共五个水平的深度进行比较，计算时令等效应力幅为23.65MPa，各类工况下的环境保持一致，其转换系数τ为0.1985，腐蚀疲劳裂纹扩展速率修正系数C_{cor}取1。

如图5-13所示，缺陷尺寸为2.5μm、5μm、7.5μm、10μm、13μm时，对应的寿命分别为594、420、339、289、248年，寿命折减速率由高到低。此外，裂纹演化尺寸一开始非常小，保持一个较长的平稳期，在这段时间，裂纹深度并不会发生明显的变化，但是蚀坑生长深度增长明显；在此阶段，由于裂

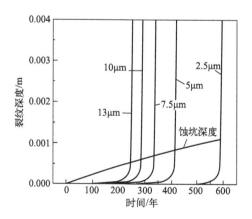

图 5-13　不同缺陷尺寸下钢丝逐渐断裂的时间[6]

纹扩展速率过小，裂纹尖端易退化为蚀坑。但是，由于蚀坑生长速率逐渐降低，而裂纹生长至后期，过大的应力强度因子将促使其迅速扩展至断裂。此外，进一步对比了腐蚀疲劳裂纹扩展速率修正系数 C_{cor} 分别取 1、3、5 时的裂纹扩展情况，如图 5-14 所示。计算发现 C_{cor} 取 1 时的寿命约为 250 年，这个数值远远大于桥梁的设计基准期（100 年），但是当 C_{cor} 达到 2 时，裂纹扩展寿命将小于 100 年，当 C_{cor} 达到 3 时，剩余寿命为 57 年。虽然并不清楚 C_{cor} 与环境的关系，但是至少说明，在极端环境下，小应力幅作用下的缆索钢丝仍有可能在设计基准期限内发生腐蚀疲劳断裂。

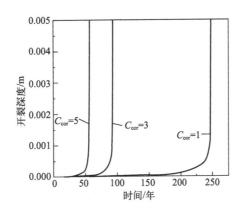

图 5-14　腐蚀疲劳裂纹扩展速率修正系数与裂纹扩展的关系[6]

5.2.2　钢丝疲劳失效试验

针对 7mm 系列 2100MPa 和 5mm 系列 2200MPa 镀锌钢丝，进行了不同应力幅值的疲劳试验。7mm 钢丝疲劳应力范围分别为 410MPa、435MPa、460MPa、485MPa、510MPa、535MPa 和 560MPa，共 7 个应力幅值，5mm 钢丝应力范围为 435MPa、460MPa、485MPa、510MPa、535MPa、560MPa、585MPa、610MPa、635MPa、660MPa，共 10 个应力幅值。每个应力幅值下取 3 个试样进行钢丝疲劳试验，7mm 系列 2100MPa 和 5mm 系列 2200MPa 镀锌钢丝疲劳试验条件见表 5-1 和表 5-2。分别采用体视显微镜、SEM 等分析疲劳断口的宏观及微观特征，分析影响疲劳失效的相关因素。

表 5-1　7mm 系列 2100MPa 镀锌钢丝疲劳载荷参数

试件序号	最大应力 σ_{max}/MPa	最小应力 σ_{min}/MPa	平均应力 σ_m/MPa	应力幅值 σ_a/MPa
A1-A3	1050	640	845	410

试件序号	最大应力 σ_{max}/MPa	最小应力 σ_{min}/MPa	平均应力 σ_m/MPa	应力幅值 σ_a/MPa
B1-B3	1050	615	832.5	435
C1-C3	1050	590	820	460
D1-D3	1050	565	807.5	485
E1-E3	1050	540	795	510
F1-F3	1050	515	782.5	535
G1-G3	1050	490	770	560

表 5-2 5mm 系列 2200MPa 镀锌钢丝疲劳载荷参数

试件序号	最大应力 σ_{max}/MPa	最小应力 σ_{min}/MPa	平均应力 σ_m/MPa	应力幅值 σ_a/MPa
A1-A3	1100	665	882.5	435
B1-B3	1100	640	870	460
C1-C3	1100	615	857.5	485
D1-D3	1100	590	845	510
E1-E3	1100	565	832.5	535
F1-F3	1100	540	820	560
G1-G3	1100	515	807.5	585
H1-H3	1100	490	795	610
I1-I3	1100	465	782.5	635
J1-J3	1100	440	770	660

5.2.3 钢丝疲劳断口形貌

图 5-15 为 7mm 系列 2100MPa 镀锌钢丝疲劳断口形貌。8 个疲劳断口在钳口处（B2、B3、C3、D1、F2、F3、G1、G2），6 个疲劳断口在样品中间处（C1、E1、E2、E3、F1、G3）；进一步观察发现所有裂纹源均发生在钢丝表面，包括表面微裂纹、表面擦伤及钳口处夹伤。由此可见，表面缺陷是影响钢丝疲劳失效的主要因素，在钢丝制造和运输过程中应该减少表面损伤。

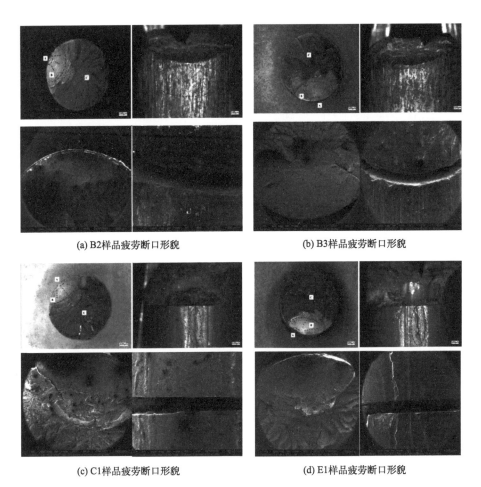

(a) B2样品疲劳断口形貌   (b) B3样品疲劳断口形貌

(c) C1样品疲劳断口形貌   (d) E1样品疲劳断口形貌

图 5-15   7mm 系列 2100MPa 镀锌钢丝样品疲劳断口形貌

5.2.4　疲劳 S-N 曲线

　　表 5-3 和表 5-4 为 7mm 系列 2100MPa 和 5mm 系列 2200MPa 镀锌钢丝部分疲劳试验数据。试验结果表明，随着疲劳应力幅值的提高，2100MPa 镀锌钢丝疲劳循环次数降低，5mm 系列 2200MPa 也呈现相关规律。其他部分试件也均因钳口部分的夹伤而发生断裂。因此实验结果存在较大分散性。需要采取合理方法处理疲劳试验数据。

表 5-3　7mm 系列 2100MPa 镀锌钢丝部分疲劳试验数据

序号	编号	最大应力/MPa	最小应力/MPa	应力幅值/MPa	加载次数/万次	断口位置
1	A1	1050	640	410	200	未断

序号	编号	最大应力/MPa	最小应力/MPa	应力幅值/MPa	加载次数/万次	断口位置
2	A2	1050	640	410	200	未断
3	A3	1050	640	410	200	未断
4	B1	1050	615	435	200	未断
5	B2	1050	615	435	90.2152	钳口处
6	B3	1050	615	435	81.1197	钳口处
7	C1	1050	590	460	65.8682	上端11.5cm
8	C2	1050	590	460	200	未断
9	C3	1050	590	460	100.5584	钳口处
10	D1	1050	565	485	140.1970	钳口处
11	D2	1050	565	485	200	未断
12	D3	1050	565	485	200	未断
13	E1	1050	540	510	22.1414	上端4.5cm
14	E2	1050	540	510	19.0156	上端12.0cm
15	E3	1050	540	510	35.4915	上端15.5cm
16	F1	1050	515	535	23.4657	上端14.5cm
17	F2	1050	515	535	33.6826	钳口处
18	F3	1050	515	535	28.4901	钳口处
19	G1	1050	490	560	18.4413	钳口处
20	G2	1050	490	560	16.4317	钳口处
21	G3	1050	490	560	20.8555	上端11.5cm

表 5-4　5mm 系列 2200MPa 镀锌钢丝部分疲劳试验数据

序号	编号	最大应力/MPa	最小应力/MPa	应力幅值/MPa	加载次数/万次	断口位置
1	A1	1100	665	435	200	未断
2	A2	1100	665	435	200	未断
3	A3	1100	665	435	200	未断

序号	编号	最大应力/MPa	最小应力/MPa	应力幅值/MPa	加载次数/万次	断口位置
4	B1	1100	640	460	200	未断
5	B2	1100	640	460	200	未断
6	B3	1100	640	460	200	未断
7	C1	1100	615	485	200	未断
8	C2	1100	615	485	200	未断
9	C3	1100	615	485	200	未断
10	D1	1100	590	510	200	未断
11	D2	1100	590	510	200	未断
12	D3	1100	590	510	200	未断
13	E1	1100	565	535	200	未断
14	E2	1100	565	535	200	未断
15	E3	1100	565	535	200	未断
16	F1	1100	540	560	200	未断
17	F2	1100	540	560	48.7710	钳口处
18	F3	1100	540	560	200	未断
19	G1	1100	515	585	30.3676	上端19cm
20	G2	1100	515	585	23.1850	上端5cm
21	G3	1100	515	585	9.5487	钳口处
22	H1	1100	490	610	200	未断
23	H2	1100	490	610	22.7966	上端8cm
24	H3	1100	490	610	96.0105	钳口处
25	I1	1100	465	635	200	未断
26	I2	1100	465	635	28.4353	钳口处
27	I3	1100	465	635	4.5478	钳口处
28	J1	1100	440	660	15.4056	钳口处
29	J2	1100	440	660	15.2166	上端12cm
30	J3	1100	440	660	20.0761	上端9.5cm

材料的 S-N 曲线是疲劳可靠性寿命估算的基本性能数据之一，也是表征材料可靠性的重要指标。目前，采用较多的 S-N 曲线公式形式分别为幂函数和指数函数。

幂函数形式：

$$S_a^m N = C \tag{5-31}$$

式中，S_a 为应力幅值；m 和 C 为性能参数，与材料性质和加载方式等有关。

指数函数形式：

$$e^{mS_{max}} N = C \tag{5-32}$$

式中，e 为自然对数的底；m 和 C 为性能参数，由试验决定。

钢丝的疲劳寿命 N 和应力幅值 S_a 在坐标系中呈非线性关系，而疲劳寿命 N 和应力幅值 S_a 的对数形式，即 $\lg N$ 和 $\lg S_a$ 为线性相关。

$$X = a + by \tag{5-33}$$

即

$$\lg N = a + b \lg S_a \tag{5-34}$$

通过最小二乘法原理可得到 7mm 系列的 a、b 值为 $b = -7.919898457$，$a = 27.09061659$，5mm 系列的 a、b 的值为 $b = -6.0722$，$a = 22.5619$，则两系列高强钢丝的试验数据的直线方程为：$\lg N_1 = 27.090 - 7.920 \lg S_{a_1}$ 和 $\lg N_2 = 22.5619 - 6.0722 \lg S_{a_2}$。与式（5-31）对比即可得到 $m_1 = -7.920$，$C_1 = 10^{27.090}$；$m_2 = -6.0722$，$C_2 = 10^{22.5619}$，则 7mm 系列高强钢丝 S-N 曲线幂函数表达式为：$N_1 = 10^{27.090} S_{a_1}^{-7.920}$，5mm 系列高强钢丝 S-N 曲线幂函数表达式为：$N_2 = 10^{22.5619} S_{a_2}^{-6.0722}$。

5.2.5 疲劳 P-S-N 曲线

由于材料的疲劳特性不可避免地存在分散性，因此 S-N 曲线实际上不能满足工程设计和疲劳分析的需要，必须考虑疲劳试验的统计特性。当需要考虑特定失效概率时 S-N 曲线被称为 P-S-N 曲线。

利用公式，可计算各个应力水平子样的平均值：

$$x_{average} = \frac{1}{n} \sum_{i=1}^{n} x_i \tag{5-35}$$

式中，$x_{average}$ 为子样平均值；n 为子样个数；x_i 为子样观测值。

计算各个应力水平子样的标准差：

$$S = \sqrt{\frac{\sum_{i=1}^{n} x_i^2 - \frac{1}{n} \left(\sum_{i=1}^{n} x_i \right)^2}{n-1}} \tag{5-36}$$

式中，S 为子样标准差；n 为子样数量；x_i 为子样观测值。

计算给定存活率 P 和标准正态偏差 U_p 的概率疲劳寿命 x_p，计算公式如下：

$$x_p = x_{\text{average}} + U_p \beta S \tag{5-37}$$

式中，x_p 为概率疲劳寿命；U_p 为标准正态偏差；β 为标准差修正系数；S 为子样标准差。标准正态偏差和标准差修正系数可以通过查表得到。使用最小二乘法对参数 B（表示应力水平与疲劳寿命之间的幂次关系）和 A（应力水平较低时疲劳寿命的基准值）进行估算：

$$B = \frac{\sum_{i=1}^{n} (\lg \sigma_{ai} - \overline{\lg \sigma_a})(x_{pi} - \overline{x_p})}{\sum_{i=1}^{n} (\lg \sigma_{ai} - \overline{\lg \sigma_a})^2} \tag{5-38}$$

$$A = \overline{x_p} - \hat{B} \overline{\lg \sigma_a} \tag{5-39}$$

用幂函数拟合 P-S-N 曲线，求得参数 B 和 A，见表5-5和表5-6。

表 5-5　不同存活率 P 下的参数（7mm）

	$P=99.9\%$	$P=99.0\%$	$P=95.0\%$	$P=50.0\%$
B	-6.772164474	-7.023023898	-7.246630269	-7.78676607
A	23.58726507	24.36117502	25.05100836	26.71734588
b	-0.147663277	-0.142388808	-0.137995173	-0.128423018
S_f'	3040.695004	2942.785907	2863.638818	2698.49858
表达式	$S_a = 3040.695 N^{-0.14766}$	$S_a = 2942.786\ N^{-0.14239}$	$S_a = 2863.639\ N^{-0.13800}$	$S_a = 2698.499\ N^{-0.12842}$
表达式	$N = 10^{23.58762}\ S_a^{-6.77227}$	$N = 10^{24.36097}\ S_a^{-7.02296}$	$N = 10^{25.05013}\ S_a^{-7.24638}$	$N = 10^{26.71797}\ S_a^{-7.78694}$

表 5-6　不同存活率 P 下的参数（5mm）

	$P=99.9\%$	$P=99.0\%$	$P=95.0\%$	$P=50.0\%$
B	-16.09386622	-13.61602449	-11.40737227	-6.072228516
A	49.31709138	42.70190399	36.80538197	22.56194773
b	-0.062135474	-0.073442876	-0.087662608	-0.164684184
S_f'	1159.687109	1368.203335	1684.440828	5195.124485
表达式	$S_a = 1159.6871\ N^{-0.06214}$	$S_a = 1368.203\ N^{-0.07344}$	$S_a = 1684.4408\ N^{-0.0877}$	$S_a = 5195.1245\ N^{-0.16468}$
表达式	$N = 10^{49.31709}\ S_a^{-16.09387}$	$N = 10^{42.7019}\ S_a^{-13.6160}$	$N = 10^{36.8054}\ S_a^{-11.4074}$	$N = 10^{22.5619}\ S_a^{-6.0722}$

如图 5-16 和图 5-17 所示，试验数据位于不同存活率下的 *S-N* 曲线两侧附近，与预测模型基本吻合，疲劳寿命 *N* 均随应力幅值 *S* 的减小而增大且逐渐趋于水平。对于处在同一载荷水平下的试件，疲劳寿命 *N* 随存活率 *P* 的提高而衰减。

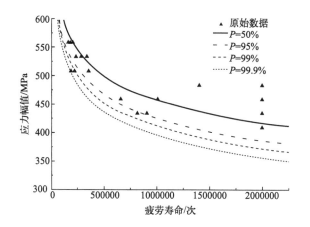

图 5-16　试验数据与不同存活率下的 *P-S-N* 曲线（7mm）

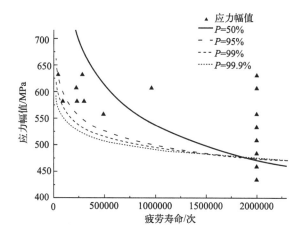

图 5-17　试验数据与不同存活率下的 *P-S-N* 曲线（5mm）

5.2.6　疲劳 γ-*P-S-N* 曲线

置信水平 γ 也叫置信度，是描述疲劳破坏可信程度的度量标准，它反映了样本与母体之间的差异，因此还需要在一定可靠度下根据区间估计，建立不同置信水平的 γ-*P-S-N* 曲线。

由文献可知 $N_{P\gamma}$ 对数形式置信下限的表达式为：

$$y_{P\gamma} = \lg \hat{N}_{P\gamma} = \bar{x} + \mu_p \hat{k}s - t_r s \sqrt{\frac{1}{n} + u_p^2(\hat{k}^2 - 1)} \qquad (5\text{-}40)$$

其中 μ_P 为对应于 P 的标准正态偏差；t_r 为服从 T 分布的分位数[16]。将式（5-40）与式（5-34）相结合，则：

$$\lg N_{P_T} = \lg C + m \lg S + \hat{\sigma} \left[\mu_p - t_r \sqrt{\frac{1}{n\theta^2} + \mu_p^2 \left(1 - \frac{1}{\theta^2}\right)} \right] \qquad (5\text{-}41)$$

式中，$\lg C$ 和 m 为 $S\text{-}N$ 曲线的截距和斜率；$\hat{\sigma}$ 为对数疲劳寿命的标准差估计值；θ 为标准差修正系数。则具有存活率 P 和置信水平 γ 的疲劳寿命为：

$$N_{P_7} \frac{10^{-\left\{\hat{\sigma}\left[\mu_p - t_\gamma \sqrt{\frac{1}{m\theta^2} + \mu_\gamma^2\left(1 - \frac{1}{\theta^2}\right)}\right]\right\}}}{S^m} = C \qquad (5\text{-}42)$$

表 5-7 和表 5-8 展示了 7mm 系列 2100MPa 和 5mm 系列 2200MPa 镀锌钢丝在不同存活率（P）和不同置信度（γ）下，疲劳寿命（N）与应力幅值（S）之间的参数关系。

表 5-7　不同存活率和不同置信度下的参数（7mm）

	U_p	$\gamma = 50\%$	$\gamma = 95\%$	$\gamma = 99\%$
t_r		0.718	2.447	3.707
$P = 50\%$	0	$N = 10^{26.71714} S_a^{-7.78694}$	$N = 10^{26.71516} S_a^{-7.78694}$	$N = 10^{26.71371} S_a^{-7.78694}$
$P = 95\%$	-1.645	$N = 10^{24.9882} S_a^{-7.24638}$	$N = 10^{24.92625} S_a^{-7.24638}$	$N = 10^{24.88108} S_a^{-7.24638}$
$P = 99\%$	-2.326	$N = 10^{24.27344} S_a^{-7.02296}$	$N = 10^{24.18571} S_a^{-7.02296}$	$N = 10^{24.12178} S_a^{-7.02296}$
$P = 99.9\%$	-3.090	$N = 10^{23.47128} S_a^{-6.77227}$	$N = 10^{23.35462} S_a^{-6.77227}$	$N = 10^{23.26959} S_a^{-6.77227}$

表 5-8　不同存活率和不同置信度下的参数（5mm）

	U_p	$\gamma = 50\%$	$\gamma = 95\%$	$\gamma = 99\%$
t_r		0.703	2.262	3.25
$P = 50\%$	0	$N = 10^{22.5616} S_a^{-6.0722}$	$N = 10^{22.5610} S_a^{-6.0722}$	$N = 10^{22.5607} S_a^{-6.0722}$
$P = 95\%$	-1.645	$N = 10^{36.7439} S_a^{-11.4074}$	$N = 10^{36.6876} S_a^{-11.4074}$	$N = 10^{36.6519} S_a^{-11.4074}$
$P = 99\%$	-2.326	$N = 10^{42.6149} S_a^{-13.6160}$	$N = 10^{42.5353} S_a^{-13.6160}$	$N = 10^{42.4849} S_a^{-13.6160}$
$P = 99.9\%$	-3.090	$N = 10^{49.2015} S_a^{-16.09387}$	$N = 10^{49.096} S_a^{-16.09387}$	$N = 10^{49.0288} S_a^{-16.09387}$

图 5-18～图 5-25 所示为 7mm 和 5mm 两系列在不同 P 下的 γ-P-S-N 曲线。当 $P=50\%$ 和 $P=99\%$ 时，不同置信水平下的 γ-P-S-N 曲线变化情况与 P-S-N 曲线相似，曲线趋势均从陡峭逐渐平缓最后趋于水平。随着存活率 P 的增加，同一寿命下应力幅值呈下降趋势。存活率 P 相同时，同一应力水平 S_a 下，置信水平 γ 的升高会对削弱疲劳寿命。应力水平越低，γ-P-S-N 曲线之间的间距越大，且随着存活率 P 的增大，这种趋势愈明显。

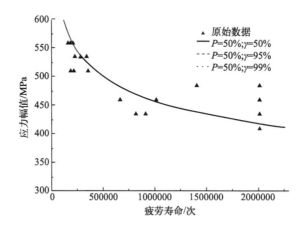

图 5-18　$P=50\%$ 时不同 γ 的 γ-P-S-N 曲线（7mm）

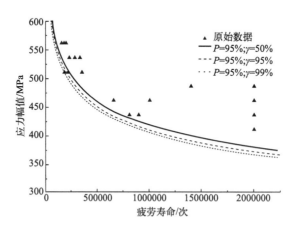

图 5-19　$P=95\%$ 时不同 γ 的 γ-P-S-N 曲线（7mm）

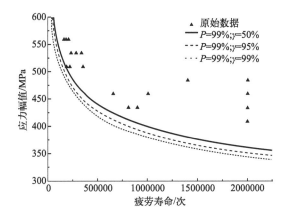

图 5-20 $P=99\%$ 时不同 γ 的 γ-P-S-N 曲线 （7mm）

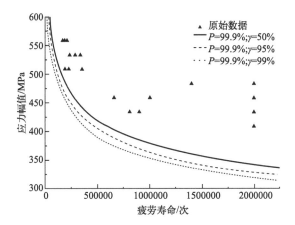

图 5-21 $P=99.9\%$ 时不同 γ 的 γ-P-S-N 曲线 （7mm）

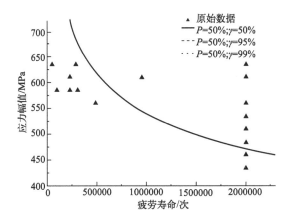

图 5-22 $P=50\%$ 时不同 γ 的 γ-P-S-N 曲线 （5mm）

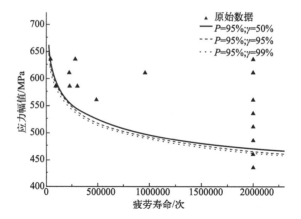

图 5-23 $P=95\%$ 时不同 γ 的 $\gamma\text{-}P\text{-}S\text{-}N$ 曲线 （5mm）

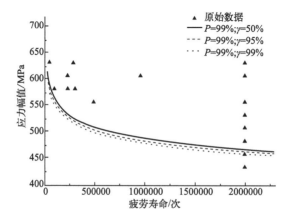

图 5-24 $P=99\%$ 时不同 γ 的 $\gamma\text{-}P\text{-}S\text{-}N$ 曲线 （5mm）

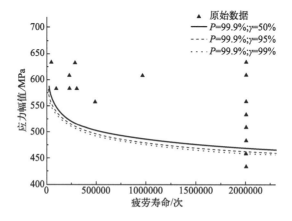

图 5-25 $P=99.9\%$ 时不同 γ 的 $\gamma\text{-}P\text{-}S\text{-}N$ 曲线 （5mm）

针对 7mm-2100MPa 和 5mm-2200MPa 镀锌钢丝进行了大量疲劳试验，探明了影响钢丝疲劳失效的主要影响因素是表面缺陷，包括表面微裂纹、表面擦伤等，因此在钢丝制造和运输过程中应该尽量减少表面损伤。基于疲劳试验的 S-N 曲线，初步阐明了疲劳损伤规律，并揭示了应力疲劳失效机理。

5.3
点蚀

5.3.1 点蚀机理

点蚀，又称孔蚀、坑蚀，其形成机理包括蚀坑的成核与生长过程。点蚀发生在金属表面的局部区域，由于钝态的金属仍具有一定的反应能力，活性阴离子的侵入会打破这种钝化膜的溶解和修复的动态平衡。关于蚀坑成核的原因，一种说法是，氯离子半径小，可穿过钝化膜并使膜在特定点上维持较高的电流密度，当膜-溶液界面电场达到某一临界值时会发生点蚀。

微观点蚀可在光滑的钝化金属表面上任何位置形成，蚀核继续生长至临界尺寸后（孔径一般是 $30\mu m$[17]）出现宏观蚀坑，锈蚀产物的累积会导致蚀坑底部的氧浓度低于蚀坑开口处。受氧浓差腐蚀的出现、金属表面形状不同以及其他类环境因素的影响，微观点蚀逐渐生长为形态各异的宏观蚀坑。对于腐蚀环境下的桥梁缆索用高强钢丝，其表面蚀坑主要为深椭球形、浅椭球形、凹槽形、马鞍形，如图 5-26 所示。蚀坑横截面及裂纹尖端见图 5-27。

在力学因素的作用下，蚀坑带来的应力集中会诱发微裂纹的萌生，从而导致应力腐蚀以及腐蚀疲劳。点蚀的应力集中作用是目前应力腐蚀以及腐蚀疲劳研究的重点所在，但是由于点蚀的形成机理较为复杂，并且点蚀坑的发展速率不恒定以及点蚀凹坑形貌大小不一，因此裂纹在点蚀坑内部萌生的位置随机性较大，对于准确评定点蚀坑的应力集中效应尚待研究。目前评价点蚀坑多是假设其为半球体或是半椭球体，通过深度 a_p、宽度 c_p 或深宽比 a_p/c_p 来衡量蚀坑对力学性能的影响，如 Cerit 等[20]根据有限元模拟建立深度 a_p、宽度 c_p 与应力集中系数的关系。蚀坑应力集中过大会诱导裂纹的萌生，对于无限大板材表面的蚀坑，Chen 等[21]给出了蚀坑底部等效应力强度因子 ΔK 和蚀坑几何参数 a_p、c_p 的关系。

$$\Delta K = \frac{1.12K_t \Delta \sigma \sqrt{\pi a}}{\phi} [\sin^2\theta + (0.5c_p/a_p)^2 \cos^2\theta]^{1/4} \tag{5-43}$$

$$\phi = \int_0^{\pi/2} [\sin^2\theta + (0.5c_p/a_p)^2 \cos^2\theta]^{1/2} d\theta \tag{5-44}$$

式中，ΔK 为蚀坑底部等效应力强度因子；K_t 为应力集中系数；$\Delta \sigma$ 为应力幅值；ϕ 等于 $\pi/2$；a_p 为蚀坑深度；c 为蚀坑宽度的一半；a 是蚀坑深度。

(a) 典型深椭球形蚀坑

(b) 典型浅椭球形蚀坑

(c) 典型凹槽形蚀坑

(d) 典型马鞍形蚀坑

图 5-26　蚀坑类型[18]

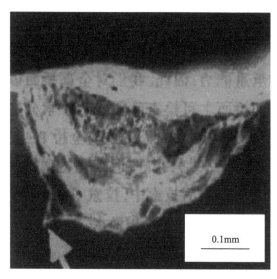

图 5-27　蚀坑横截面及裂纹尖端[19]

为了得到蚀坑各参数的具体数值，以便于在给定工况下预测实际蚀坑状态，确认蚀坑各参数随时间的发展规律是目前研究的重点所在。通过总结目前各类文献对点蚀坑深度、宽度发展规律的研究，发现点蚀深度 a_p 与时间 t 的平方根成正比，点蚀宽度 c_p 与时间 t 成正比。乔燕等[22]统计了袁州大桥旧索钢丝的腐蚀坑参数分布规律，指出蚀坑的宽度和深度较符合对数正态分布。为了更好地建立蚀坑预测模型，采用马尔科夫链[23]与元胞自动机[24]建立了蚀坑深度与宽度随时间变化的概率时变模型。

目前多是使用点蚀因子 ϕ_{max} 来评价最大蚀坑深度随时间的概率分布关系，其具体形式如下：

$$\phi_{max} = \frac{a_{pc}(t)}{a_{uc}(t)} \tag{5-45}$$

式中，$a_{pc}(t)$ 为最大点蚀坑深度随时间变化的函数；$a_{uc}(t)$ 为均匀腐蚀深度随时间变化的函数。由于 $a_{uc}(t)$ 易于在实验中确定，只要在初次试验得到 ϕ_{max}，后续只要建立不同环境下的 $a_{uc}(t)$ 的关系式，即可得到不同环境下的最大蚀坑深度的演化规律。点蚀因子被广泛应用于疲劳力学中，但其也有局限性，因为点蚀因子是用来评价最大深度的蚀坑，而最大蚀坑深度处应力集中系数不一定最大，其有效承载面积也不一定最小。在疲劳主导的工况下，由于材料的不均匀性，微观缺陷会比蚀坑更易演化为初始裂纹，因此试样断裂的位置往往不是发生在蚀坑最大深度处[25]。因此，对于断裂发生在哪种深度的蚀坑，是不确定性的问题。

5.3.2　点蚀坑对钢丝疲劳寿命的影响

蚀坑的存在会诱导裂纹提前萌生。对于缆索高强钢丝，裂纹一般萌生在蚀坑内壁或者蚀坑底部，并从表面裂纹逐渐扩展至包含蚀坑的弧形裂纹，随着裂纹扩展深度的增大，弧形裂纹的曲率逐渐减小，甚至发展成直线形裂纹，如图 5-28 所示。对于服役期的缆索钢丝，蚀坑形状多不规则，其应力集中效应最明显的位置难以确定。单个蚀坑可以萌生多个初始裂纹，或者多个蚀坑萌生初始裂纹，这些初始裂纹均有可能扩展为长裂纹，长裂纹扩展区域可以是单块，也可以是多块。此外，钢丝的材料缺陷、应力腐蚀开裂等也是初始裂纹萌生的一个因素。

微观蚀坑由于几何尺寸过小，其应力集中效应难以导致裂纹的萌生；蚀坑从微观形态演变为宏观形态后，其萌生裂纹的概率会逐渐增大。为了评价蚀坑对疲劳寿命的影响，对采用的桥梁缆索用锌铝合金镀层高强度钢丝进行疲劳加载，通过对二维蚀坑的尺寸量取来反映蚀坑对疲劳寿命的影响。

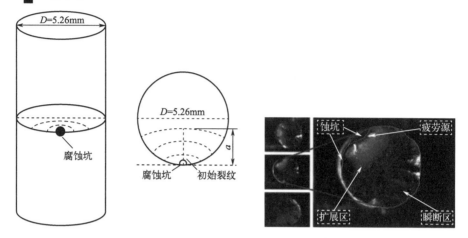

图 5-28　蚀坑诱导裂纹萌生的示意图[6]　　　　　图 5-29　锈蚀钢丝断口[6]

如图 5-28 所示，以扩展区为基准对断口形貌进行划分，锈蚀钢丝的断口形貌（图 5-29）总体符合平面型和台阶型。带蚀坑钢丝的疲劳断口宏观特征详见表 5-9。

表 5-9　平面型疲劳断口宏观特征[6]

类型	单疲劳源	多疲劳源
断口照片	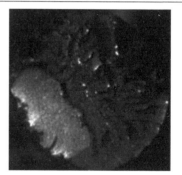	
特征	多出现在小尺寸缺陷或者光滑的疲劳试样中，单个缺陷会诱导一个主裂纹疲劳源，并逐渐扩展至断裂	此类断口多出现在大尺寸缺陷处，如图中蚀坑诱导多个明显的疲劳源的出现

平面型扩展区主要表现为单疲劳源和多疲劳源（这里的疲劳源是指宏观疲劳源，指能够产生主裂纹的区域，受中高周疲劳循环的累积损伤影响，锈蚀钢

丝表面易萌生小裂纹，如 $10\sim100\mu m$，受工业相机像素限制，这些材料的微观特征难以被采集到），疲劳源数量受蚀坑形貌的影响，单个蚀坑会萌生多条小裂纹，但是只有一条裂纹会发展为主裂纹并促使钢丝断裂。

台阶型扩展区是典型的多疲劳源类型，主要体现在有多个初始缺陷的疲劳试样断口。大尺寸宏观蚀坑处会诱发多点疲劳源，各处疲劳源均会演变出一块长裂纹扩展区，这些区域的演变互相独立或者互相影响，但最后都会只有一个主裂纹扩展区。这种多扩展区并存的方式，主要包括包裹型、主次型和分布型，具体特征详见表 5-10。

表 5-10　台阶型疲劳断口特征[6]

类型	包裹型	主次型	分布型
断口照片			
特征	两扩展区对应各自的裂纹疲劳源，存在主裂纹扩展区包裹另外一个扩展区的特征	同包裹型，会出现主次型扩展区，但是两类扩展区不相交	分布型是指多个裂纹扩展区最后汇合为一个裂纹扩展区

对于平面型扩展区与台阶型扩展区，多疲劳裂纹扩展区共同发展会导致钢丝在主裂纹扩展区的应力强度因子 K 要比理论值大。在对台阶型扩展区的临界裂纹深度观察时发现，a_c/D_{corr} 值普遍偏小。在进行含初始缺陷钢丝的疲劳寿命评估时，出于简化分析的考虑，部分文献[22]未考虑到这种多源裂纹共生的情况下对疲劳寿命的影响，仅考虑单疲劳源平面型扩展区这种情况，往往会促使预估寿命比实际值偏高，这是不利于工程可靠性设计的。

上述不同种断口形貌出现的原因主要是蚀坑应力集中效应诱导多疲劳源的出现。进一步对断口蚀坑的二维尺寸进行提取，分析了蚀坑对疲劳寿命的影响。二维蚀坑的尺寸主要取蚀坑深度 a_p 以及宽度 c_p，量取方法如图 5-30 所示。其中，选取锈蚀断面上的三点来确定圆，并将其作为均匀腐蚀后的轮廓，其直径用 D_{corr} 表示，由于断裂面截面积一般是锈蚀钢丝最小处，三点成圆应能够包络大部分的锈蚀面区域，通过圆心引出多条直线至蚀坑内壁边界，直线距离最短处的点为蚀坑最深点，将直线外延至钢丝外表面，延伸距离即为蚀坑深度。另外，取二维蚀坑两侧的点之间直线距离为蚀坑宽度。

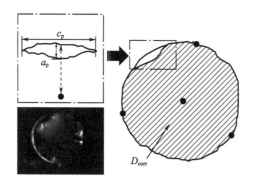

图 5-30　二维蚀坑尺寸测量方法[6]

　　测量结果表明，断口蚀坑深度的分布服从正态分布 N （0.254，0.094），其深度均值接近图 5-28 中蚀坑深度均值，说明诱导钢丝断裂的蚀坑深度并不一定是最大深度处。提取了钢丝断口蚀坑轮廓及裂纹源位置以评估蚀坑对裂纹萌生的影响，如表 5-11 所示，随机选取了两组共 8 个试样的断口蚀坑轮廓，箭头代表其裂纹萌生点及演化方向。

表 5-11　断面蚀坑简图——机械疲劳试样[6]

序号	寿命/次	扩展类型	蚀坑断面简图
1	69533	平面型	
2	161026	平面型	
3	78879	台阶型	
4	82609	台阶型	
5	86201	平面型	
6	107304	台阶型	
7	88210	平面型	
8	133563	平面型	

如表 5-11 所示，对于宏观深度的蚀坑，随着质量损失率的增大，蚀坑沿钢丝通长方向的断面形状多为扁平形，蚀坑的应力集中效应并不是很明显，寿命较短的试样，其蚀坑深径比更大。另外，大多数疲劳断口的疲劳源位置分布在蚀坑底部中心位置及附近，而不是位于蚀坑与钢丝表面的交界处。对于多疲劳源扩展类型，其疲劳源数量以 2~3 个居多，且以两个为主。蚀坑深度与寿命呈现总体的负相关关系，对于处于大致相同深度下的蚀坑，由于多个疲劳源的出现，其寿命可能会发生一定程度的降低。

对断口蚀坑深度及宽度等数据进行提取，如图 5-31 所示，发现蚀坑的宽度随着深度的增加而增加，且在一定范围内服从线性规律。拟合曲线的决定系数 R^2 为 0.92087，且数据点基本上都在 95% 的置信带内，表明拟合效果良好，蚀坑深度和宽度之间强相关。拟合曲线斜率的倒数代表深宽比，其值约为 0.1208，各类蚀坑的数据点分布在这个数值的两侧，说明蚀坑深度在一定区间内，各类蚀坑的二维形状是相同比例的椭圆形。由于蚀坑内壁并不是平滑的椭球面，不存在几何特性绝对相同的蚀坑，在下面分析二维蚀坑对寿命影响时，不考虑蚀坑内壁过于尖锐而产生的应力畸变，根据式（5-43）、式（5-44），可以将宏观蚀坑深度作为评判蚀坑影响寿命的主要指标。

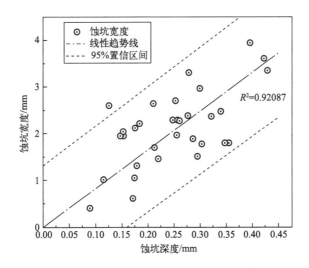

图 5-31　蚀坑深度对蚀坑宽度的影响[6]

图 5-32 反映了蚀坑深度对疲劳寿命的影响，这里忽略由于蚀坑深度不同而造成实际应力幅的微小差异。根据断口裂纹疲劳源的数量，将疲劳试样分为单疲劳源扩展以及多疲劳源扩展两个类型。显而易见，在蚀坑深度偏低时，含有多个疲劳源试样的疲劳寿命要低于单疲劳源试样，但是当蚀坑深度较大时，

这种现象不明显，疲劳寿命点出现汇合。分析认为，出现这种情况是因为含较深蚀坑试样的裂纹萌生寿命占总寿命比率较小，多疲劳源对寿命的影响并不是很大。

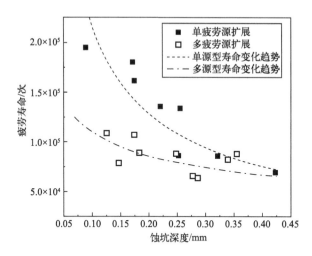

图 5-32　蚀坑深度对疲劳寿命的影响[6]

5.3.3　桥梁钢疲劳腐蚀

作为连接桥道和上部结构的主要传力构件，缆索是整个桥梁结构中对损伤最为敏感的构件。在交变载荷和腐蚀环境的耦合作用下，缆索的承载能力快速下降，使用年限也被极大地缩短，严重威胁着桥梁的运营安全。为了研究腐蚀环境下桥梁缆索体系的损伤失效机理，本节分析了桥梁缆索在服役阶段常见的损伤现象，探讨了腐蚀环境下桥梁缆索体系的失效路径，总结了腐蚀环境下高强钢丝的腐蚀疲劳损伤演化机理，为后续研究奠定基础。

结构的失效往往起源于构件局部的材料损伤累积，然而材料损伤作为结构或构件失效的内在动力，反映的是结构局部状态，对结构宏观力学性能的影响也只有当损伤累积到一定程度才能显现出来。同时，桥梁结构的复杂性也导致结构的服役性能除了依赖于局部材料的损伤状态，还受到结构中构件组合连接方式的影响，结构重要构件的损伤一般会对结构安全性产生重要影响。因此，对桥梁缆索体系疲劳失效问题而言，就需要首先对桥梁缆索体系的失效路径进行分析，探讨从构件层次损伤到结构层次损伤的演化过程，从而在此基础上进一步分析关键缆索损伤对整个桥梁结构的影响。

5.3.3.1　常见桥梁缆索腐蚀疲劳损伤现象及特征

桥梁缆索在服役阶段不仅要承受风、车辆等交变载荷作用，还要承受恶劣环境的侵蚀，这两者的耦合作用常常使缆索在远低于设计使用年限时发生突然破坏。近些年来，国内多座桥梁由于缆索腐蚀疲劳破坏而被迫进行换索，严重的甚至因缆索断裂而发生桥梁坍塌事故，造成了重大经济损失，如图 5-33 所示。

(a) 新疆库尔勒孔雀河大桥坍塌

(b) 攀枝花金沙江大桥吊杆断裂致桥面塌陷

(c) 绍兴人民大桥更换斜拉索

(d) 宜春袁州大桥更换吊索

图 5-33　因缆索腐蚀疲劳破坏导致的桥梁坍塌事故及换索工程

一般来说，桥梁都处在湿度相对较高的大气环境中，考虑到恶劣环境对索体内钢丝的侵蚀，在设计和建造时都会对缆索采取严格的防护措施，如采用 PE 护套、涂装、环氧树脂涂层等防腐蚀方法[26-30]。但是在建造和服役过程中，工艺不合理、保护材料老化等原因仍然会导致缆索防护失效，环境中的腐蚀性介质和潮湿空气将进入到索体内，使缆索内部湿度处于较高水平。由于毛细管作用和吸附作用，水汽在钢丝表面凝聚成肉眼不可见的水膜，同时空气中的工业废气和汽车尾气提供了丰富的电解质，在钢丝表面发生电化学腐蚀，最终在钢丝表面形成深浅不一的点蚀坑。蚀坑的存在更加有利于水分在钢丝表面停留，促使腐蚀持续进行。图 5-34 展示了常见的桥梁缆索防护层失效形式，图 5-35 则展示了防护层失效后索体内钢丝的腐蚀状态。

从桥梁检测中发现的断丝来看，索体内钢丝的断裂一般都是由腐蚀和疲劳共同作用导致的。从图 5-36 中钢丝断裂面可以看出，由于点蚀坑的存在，钢

(a) 护套环向裂纹

(b) 护套开裂

(c) 野蛮施工导致护套损伤

图 5-34　常见的桥梁缆索防护层失效形式

(a) 护套损伤导致钢丝锈蚀

(b) 锚端附近钢丝锈蚀

(c) 索体内钢丝锈蚀

(d) 钢丝局部腐蚀形态

图 5-35　防护层失效后索体内钢丝的腐蚀状态

丝内部的应力均匀性被破坏，蚀坑周围会发生应力集中现象，疲劳裂纹也从点蚀坑表面开始萌生。此外，钢丝的断裂面也不如机械疲劳的断裂面规整，表现出明显的脆断特征。值得注意的是，虽然在钢丝腐蚀疲劳过程中全面腐蚀和局部腐蚀同时存在，但全面腐蚀的危害性远不如局部腐蚀大。全面腐蚀虽然可以造成较大的材料损失，但容易发觉，且在工程设计时可以先考虑留出足够的腐蚀余量，防止过早地腐蚀破坏。而局部腐蚀虽然造成的材料质量损失不大，但由于阳极溶解高度集中，点蚀坑迅速向深处发展，具有极强的隐蔽性，极难检测和预防，其造成的破坏也往往具有突发性和强破坏性。

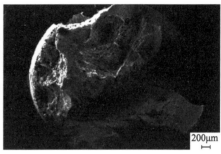

图 5-36　桥梁检测中发现的钢丝断裂面[31]

就目前而言，全面完整地检查缆索状态，特别是对索体内钢丝的损伤情况进行检查，是非常困难的。开窗检查虽然可以发现缆索外层钢丝的锈蚀痕迹，但最严重的锈蚀和断丝完全可能发生在内层钢丝[32]。另外，由于缆索索力对索体内钢丝的损伤程度并不敏感，常规的索力检测也很难发现钢丝局部腐蚀等隐蔽病害[33]。因此，在缆索检测方法不成熟的情况下，从缆索的腐蚀疲劳损伤演化机理出发，通过模拟桥梁缆索体系的损伤演化过程，研究缆索劣化过程中的桥梁结构响应和损伤演化特征，对我们利用结构健康监测系统的输出信息及时发现桥梁缆索体系中的潜在损伤具有重要意义，也是目前较为高效的研究方法。

5.3.3.2　腐蚀环境下桥梁缆索体系的失效路径分析

在桥梁漫长的服役期内，结构损伤和材料劣化共生共存，因此分析大型桥梁结构的劣化过程相当困难。但毫无疑问的是，结构的失效总是起始于最底层，也就是从材料中的微观缺陷开始，在施加于整个结构上的工作载荷的作用下，局部损伤最终演化为结构整体的劣化[34-36]。也就是说桥梁劣化的原因和结果是位于微观尺度和结构尺度这样两个不同量级的空间尺度上的，整体结构的劣化过程是从微观尺度的材料缺陷向宏观尺度的结构失效的发展演化。

基于上述思想并通过对缆索腐蚀疲劳失效过程的观察，可以得到桥梁缆索体系的失效路径是：由于缆索防护体系的失效，环境中的腐蚀性介质和潮湿空气会进入索体内，在钢丝表面发生电化学腐蚀，最终在钢丝表面形成深浅不一的点蚀坑。当点蚀坑发展到一定程度，疲劳微裂纹将从点蚀坑表面萌生，进而在交变载荷和腐蚀环境的共同作用下扩展和聚合，直至钢丝断裂。随着索体内的钢丝出现损伤，钢丝的有效承载面积逐渐降低，但钢丝间的损伤程度差异会使缆索内部发生应力重分布现象，即损伤程度较轻的钢丝承担更多载荷，但整根缆索的索力变化很小。应力的不均匀分布将促使缆索的腐蚀疲劳损伤加速演化，在宏观上表现为缆索的承载能力不断降低，最终演化为桥梁整体结构的劣化。图 5-37 展示了腐蚀环境下桥梁缆索的这一损伤失效过程。

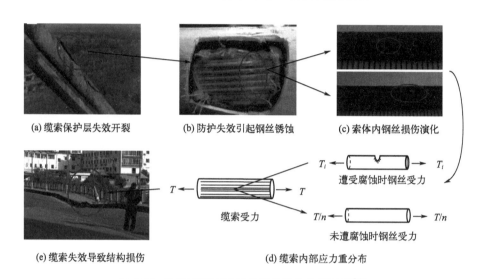

图 5-37　腐蚀环境下桥梁缆索的损伤失效过程[34]

5.3.3.3　高强钢丝的腐蚀疲劳损伤演化机理分析

通过上面对桥梁缆索体系失效路径的分析可知，桥梁缆索体系失效的直接原因是缆索承载能力的丧失，而缆索的承载能力又与索体内钢丝的损伤程度息息相关。因此想要研究腐蚀环境下缆索的损伤失效过程就必须先研究索体内钢丝的腐蚀疲劳损伤演化过程。

（1）钢丝腐蚀疲劳寿命全过程分析

根据钢丝腐蚀疲劳破坏的特点，钢丝的损伤演化过程可以认为由两部分构成，第一部分以腐蚀破坏为主，具体表现为点蚀坑的形成和扩展；第二部分则以疲劳破坏为主，具体表现为疲劳裂纹的萌生与扩展。因此，沿用机械疲劳寿命的分析方法，钢丝的腐蚀疲劳寿命全过程则可认为由镀锌层腐蚀、点蚀坑扩展、短裂纹扩展和长裂纹扩展等 4 个阶段组成[37-38]，如图 5-38 所示。

在钢丝腐蚀疲劳寿命各阶段中，镀锌层腐蚀、点蚀坑扩展和短裂纹扩展这3 个阶段在钢丝腐蚀疲劳寿命中的占比较大，特别是短裂纹扩展的时间比较长[39-40]。由于钢丝力学性能的退化主要发生在镀锌层腐蚀之后[41-43]，因此本文

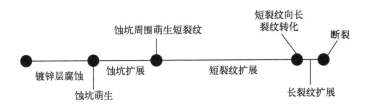

图 5-38　钢丝腐蚀疲劳寿命全过程示意图

也主要针对点蚀坑扩展和短裂纹扩展这两个阶段展开论述。

（2）点蚀坑扩展阶段的损伤演化机理

点蚀是由金属微观粒子所引发的一种局部腐蚀，点蚀坑通常在金属表面电化学不均匀处优先形成，如氧化膜缺陷、表面夹杂、机械裂缝等。组成缆索的钢丝一般是通过冷拉拔变形获得高强度的力学性能，在拉拔过程中钢丝经历了极大的塑性变形，导致钢丝内部出现渗碳体断裂、高密度晶体形成位错墙等不均匀现象，组织结构的不均匀也增加了钢丝表面发生点蚀的可能性。

关于点蚀坑的成长机理，目前比较公认的是点蚀坑自催化理论[44-45]，如图 5-39 所示。以含 Cl^- 水溶液为例，当点蚀发生后，蚀坑内的金属阳极开始溶解，生成可溶性的金属离子：

$$Fe = Fe^{2+} + 2e^- \tag{5-46}$$

蚀坑外表面的阴极则吸收阳极产生的电子，发生还原反应：

$$2H_2O + O_2 + 4e^- = 4OH^- \tag{5-47}$$

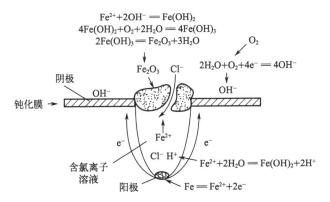

图 5-39　钢丝点蚀坑的自催化过程[44-45]

随着蚀坑内 Fe^{2+} 浓度的不断增加，为了使蚀坑内溶液保持电中性，蚀坑外的侵蚀性阴离子 Cl^- 不断向蚀坑内迁移，造成蚀坑内 Cl^- 浓度升高。Cl^- 和

Fe^{2+} 浓度的升高又促使蚀坑内发生水解反应:

$$Fe^{2+} + 2H_2O = Fe(OH)_2 + 2H^+ \tag{5-48}$$

结果使坑内溶液 H^+ 浓度升高,pH 值降低,溶液酸化,相当于使蚀坑内金属处于 HCl 介质中,即蚀坑内金属处于活化溶解状态。同时,在电场作用和浓差作用下,Fe^{2+} 向蚀坑外扩散,与阴极区 OH^- 和 O_2 反应,生成了难溶性产物铁锈,使蚀坑外部溶液维持中性,即蚀坑外表面处于钝化状态,从而构成了活化-钝化腐蚀电池。

在点蚀坑的成长过程中,闭塞电池的腐蚀电流使点蚀坑周围得到了阴极保护,抑制了点蚀坑周围的全面腐蚀,但大阴极小阳极的状态却加速了点蚀坑向深处发展。因此,对索体内的钢丝而言,虽然局部腐蚀造成的材料质量损失不大,但蚀坑的存在却使得蚀坑周围出现应力集中现象,严重削弱了钢丝的承载能力,常常使钢丝在没有先兆的情况下发生突然破坏。此外,点蚀坑周围通常被腐蚀产物所覆盖,具有极强的隐蔽性,蚀坑深度也难以测量,目前桥梁缆索检测中常用的开窗目测检查也很难发现并准确评估索体内钢丝的损伤程度。

5.3.4 短裂纹扩展阶段的损伤演化机理

在以疲劳破坏为主的阶段中,钢丝的腐蚀疲劳损伤演化由裂纹的萌生与扩展控制。一般而言,钢丝的疲劳损伤被认为起源于晶粒尺度大小的短裂纹,整个疲劳破坏阶段也主要由短裂纹扩展阶段和长裂纹扩展阶段组成,其中短裂纹扩展阶段将消耗掉疲劳破坏阶段的大部分寿命[39-40]。因此,准确地分析钢丝的腐蚀疲劳损伤演化过程同样依赖于对短裂纹萌生和扩展行为的理解。

在钢丝的损伤演化过程中,点蚀坑的存在破坏了钢丝内部的应力均匀性,蚀坑周围也成为应力集中最严重的区域。因此,在交变应力作用下,当蚀坑扩展到一定程度时,短裂纹将会从蚀坑表面萌生,且数量众多[46]。在微观尺度下,短裂纹初始时将沿着晶界扩展,当短裂纹达到一定长度时,开始聚合并以穿晶形式扩展。图 5-40 展示了钢丝腐蚀疲劳裂纹扩展的示意图。

与长裂纹扩展阶段不同的是,短裂纹扩展阶段的损伤演化不是由个别短裂纹的扩展行为控制,而是所有短裂纹群体演化行为的结果。因此,如果仅在微观尺度上研究一条或多条短裂纹的扩展行为,很难得到一个可以描述宏观尺度下钢丝劣化过程的损伤演化模型。但如果单纯利用连续损伤力学的理论描述钢丝的损伤失效行为,忽略微观尺度下裂纹萌生与扩展的细节,又无法很好地认识钢丝腐蚀疲劳过程中的损伤演化机理。于是,如何在钢丝的微观损伤演化行为和宏观力学性能劣化过程之间建立起联系就显得极为重要。

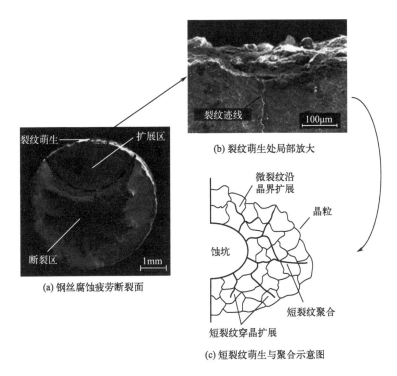

(b) 裂纹萌生处局部放大

(a) 钢丝腐蚀疲劳断裂面

(c) 短裂纹萌生与聚合示意图

图 5-40　钢丝腐蚀疲劳裂纹扩展示意图

5.4
应力腐蚀

5.4.1　应力腐蚀的基础理论

5.4.1.1　应力腐蚀的定义和特点

　　应力腐蚀开裂（SCC）是指受拉应力作用的金属材料在某些特定的介质中，由于腐蚀介质和应力的协同作用而产生滞后开裂，或滞后断裂的现象。通常，在某种特定的腐蚀介质中，材料在不受应力时腐蚀速度很小，而在一定的拉应力下，经过一段时间后，即使是延展性很好的金属也会发生低应力脆性断裂。一般这种 SCC 断裂事先没有明显的征兆，往往造成灾难性的后果。常见的 SCC 有：锅炉钢在热碱溶液中的"碱脆"、低碳钢在硝酸盐中的"硝脆"、奥氏体不锈钢在氯化物溶液中的"氯脆"和铜合金在氨水溶液中的"氨脆"等。作为一种环境静疲劳模式，应力腐蚀开裂一般是在程度较低的应力（可远低于材料的屈服强度）和腐蚀介质作用下产生的，且必须是二者的联合作用，通常具有以下几个特征[47]：

（1）应力腐蚀开裂属于脆性损伤，其断口一般平直，与正应力垂直，无明显的塑性变形。断裂面微观形貌可呈现解理、准解理或沿晶断裂形貌。由于腐蚀的作用，断口表面颜色暗淡，显微断口往往可见腐蚀产物、腐蚀坑和二次裂纹。

（2）产生应力腐蚀开裂必须有拉应力的作用，这种拉应力可以是工作状态下材料承受外加载荷造成的工作应力，也可以是在生产、制造、加工和安装过程中形成的热应力、形变应力等残余应力，或表面腐蚀产物膜（钝化膜或脱合金疏松层）引起的附加应力，裂纹内腐蚀产物的体积效应造成的楔入作用也会产生拉应力。

（3）存在临界值（σ_{SCC}，K_{ISCC}），在应力小于此临界值（或者应力强度因子小于此门槛值）时，不会发生应力腐蚀断裂（或者开裂）。

（4）对于每一种金属材料，特定介质下才能发生应力腐蚀开裂。

（5）合金材料比纯金属更容易发生应力腐蚀开裂，因为合金内部的非活泼性元素影响材料表面的电化学均匀性和稳定性。

（6）应力腐蚀是一种与时间有关的典型的滞后破坏，这种滞后破坏可明显分成三个阶段（如图5-41）：①孕育期（t_i）——裂纹萌生阶段，即裂纹源成核所需时间，对无裂纹试样，t_i约占整个时间t_F的90%左右；②裂纹扩展期（t_p）——裂纹成核后直至发展到临界尺寸所经历的时间；③快速断裂期——裂纹达到临界尺寸后，裂纹失稳导致试样或构件瞬间断裂。

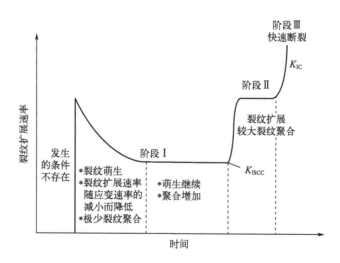

图5-41　应力腐蚀裂纹发生及扩展速率示意图

5.4.1.2 应力腐蚀开裂机理

应力腐蚀按机理可分为阳极溶解型、氢致开裂型和阳极溶解＋氢致开裂混合型三类，主要是根据阳极金属溶解所对应的阴极过程进行区分。

（1）阳极溶解型应力腐蚀

应力腐蚀过程中，阳极过程是金属（M）溶解，阴极过程是析氢或吸氧反应，即：

$$\text{阳极} \qquad \text{M} \Longleftrightarrow \text{M}^{+n} + n\text{e （金属 M 溶解）} \qquad (5\text{-}49)$$

$$\text{阴极} \qquad \text{H}^+ + \text{e} \Longleftrightarrow \frac{1}{2}\text{H}_2 \text{（析氢）} \qquad (5\text{-}50)$$

$$\text{或：} \qquad 2\text{H}_2\text{O} + \text{O}_2 + 4\text{e} \Longleftrightarrow 4\text{OH}^- \qquad (5\text{-}51)$$

式中，M 代表金属；n 是交换电子价数。

如果阴极过程是吸氧反应，则应力腐蚀和氢无关，称为阳极溶解型应力腐蚀。如黄铜在氨水溶液、钛和钛合金在甲醇溶液，阴极反应不涉及氢，故是阳极溶解型。如阴极过程是析氢反应，但应力腐蚀时进入试样的氢含量小于氢致开裂的临界值，从而不会引起氢致开裂，仍然是阳极溶解型 SCC。阳极溶解型应力腐蚀机理具体还可分为：滑移溶解机理、择优溶解机理、介质导致解理机理、腐蚀促进塑性变形机理等[48]。

（2）氢致开裂型应力腐蚀

对超高强钢在水中的应力腐蚀（SCC），阴极过程是析氢反应，氢进入试样，从而产生氢致开裂，称为氢致开裂型应力腐蚀（HI-SCC）。氢致开裂型应力腐蚀是氢致开裂的一个特例，和 H_2（H_2S）环境下的氢致开裂或预充氢试样的氢致开裂本质相同。氢致开裂理论主要有弱键理论、氢降低表面能理论、氢压力理论、位错输送理论、氢促进局部塑性变形理论等[49]。由于氢原子半径极小，氢原子吸附在金属表面后，即可能向金属晶格内部扩散，一部分氢原子在钢中的晶界、相界等缺陷处聚集，降低了界面处原子键合能，从而裂纹沿界面形成；一部分氢原子会扩散到金属晶格内，与位错相互作用，促进或钉扎位错运动，从而促进裂纹脆性扩展[50-51]。然而，目前关于氢致开裂的机理解释众说纷纭，并无一个统一且完美的说法，氢致开裂可能存在不止一种机理或机制。

（3）阳极溶解＋氢致开裂混合型应力腐蚀

顾名思义，阳极溶解＋氢致开裂混合型应力腐蚀为阳极溶解机制和氢致开裂机制共同促进金属材料开裂的应力腐蚀。对于裂纹尖端、点蚀坑内部、缝隙深处等闭塞环境，往往会由于氧浓差效应形成酸性环境（pH 值可低于 4）。这一酸性环境不仅会促进阳极溶解，而且还会发生阴极析氢反应，氢进入金属材料内部即有可能造成氢在附近局部缺陷或应力集中处富集，形成氢脆效应[52-53]。因此，当阳极溶解和氢共同作用时，有可能会导致阳极溶解＋氢致开裂混合型应力腐蚀。

5.4.2 桥索钢应力腐蚀的特点

桥索钢丝一般是由高碳钢经过多次冷拔而形成的高强度钢丝，并在钢丝外表进行热镀锌，因此其腐蚀是钢丝外表的镀锌层与钢丝基体交错发生的复杂腐蚀过程。当外拉力及自身残余应力之和超过其应力腐蚀门槛值时，应力与腐蚀过程的协同作用导致桥索钢丝发生应力腐蚀，其特点和影响因素也随着环境和腐蚀行为的变化而表现不同，主要特点如下。

（1）高拉应力

桥索钢丝一般为多次冷拔而形成的超高强度钢丝，其在服役过程中除承受外部施加的拉应力载荷外，还会叠加由于冷拔成型和锚固导致的残余应力以及因腐蚀导致的应力集中[54]。此外，桥梁缆索钢在风载荷、交通载荷等作用下会承受交变应力，这种动态应力会加速裂纹的扩展。

（2）复杂的腐蚀环境

桥索钢丝面临的服役环境通常为大气环境，其表面常常覆盖一层由空气中水汽凝结的薄液膜，该液膜受到所处的大气环境及局部微环境影响严重。空气湿度、降水、温度变化、大气污染物、微生物、腐蚀产物累积等因素均会造成该薄液膜腐蚀性质的改变，进而影响应力腐蚀行为。图 5-42 为英国 1981 年 7 月建成通车的 Humber 缆索桥用主缆钢丝在 2010 年开缆检查时发现的腐蚀情况[55]。

图 5-42　英国 Humber 桥主缆钢丝服役 30 年后的腐蚀情况[39]

（3）材料的高敏感性

大跨度桥梁用缆索钢丝为了达到超高强度（屈服强度至少 1500MPa），一般采用高碳含量（碳含量接近或超过 1%）的冷拔珠光体钢丝。由于高的碳含量和珠光体中铁素体和渗碳体的微电偶效应，这类冷拔珠光体钢丝的耐蚀性能较差，直接暴露于潮湿空气中极易发生腐蚀，且形成的氧化物层也不具备保护性[56]。此外，超高的强度和残余应力以及珠光体组织也决定了该类钢丝的氢脆敏感性较强，易发生氢致开裂型应力腐蚀。研究表明[57]，即使外加应力为 0 时，冷拔珠光体钢丝在残余应力的作用下也可以发生应力腐蚀。钢丝中若存在较高含量的 S、P 等杂质元素和严重的成分偏析，也会促进应力腐蚀的发生。

（4）极短的应力腐蚀裂纹扩展时间

超高强度的预应力钢丝长期处于大约 55% 到 65% 的最大抗拉强度的连续应力水平，而且所承受的净应力会随着钢丝截面面积的损失而逐渐升高[54]。此外，受钢丝本身结构的限制，尤其是超高强度钢丝，其直径较小，受腐蚀的作用更易损失相对横截面积，且长度方向的缺陷容忍度更低。因此，在上述两方面作用下，超高强度预应力钢丝往往在应力腐蚀裂纹形核之后，即发生瞬时断裂。图 5-43 为超高强度钢丝由局部点蚀至应力腐蚀破断的过程[58]。

图 5-43　超高强度预应力钢丝由局部点蚀发展至应力腐蚀破断的过程[42]

（5）SCC 机理复杂

由于相对闭塞的服役环境，桥索钢丝在腐蚀过程中易形成酸化的局部微环境，导致析氢反应的发生，同时钢丝本身的超高强度和冷拔引入的大量缺陷和残余应力，导致钢丝氢脆敏感性大幅提升。因此，桥索钢丝的 SCC 机理表现为阳极溶解＋氢致开裂的混合机制。

5.4.3 桥索钢应力腐蚀的影响因素

如前所述，应力腐蚀的三要素包括应力、腐蚀环境和材料自身三个方面。因此，影响这三个方面的因素即会影响材料的应力腐蚀行为和机理。对于桥索钢，其所受应力、服役环境和材料均有自身的特点，以下从这三个方面论述桥索钢应力腐蚀的影响因素。

（1）应力的影响

桥索钢丝在服役过程中的应力来源主要有服役环境中的外加应力和加工过程中的残余应力。桥索钢丝的应力腐蚀应考虑外加应力、残余应力以及局部缺陷引发应力集中的叠加。因此，即使当外加应力远低于屈服强度，局部位置的实际应力可能已高于诱发应力腐蚀的应力阈值。Gutman 的研究表明[59-60]，金属的腐蚀活性会随着弹性应力增大而增加，促进应力腐蚀的阳极溶解。当外加应力增大至使局部发生塑性屈服时，变形导致钢丝表面涂层或氧化膜破坏，以及位错滑移出表面促进新鲜金属暴露，更会极大地促进应力腐蚀的阳极溶解[61]。窦光聚[57]等发现，冷拉拔钢丝表面的实际应力值比外加应力值要高，导致钢丝表面即使承受较小的外加应力也能够达到其屈服强度。图 5-44 为三种钢丝不同载荷下的断裂时间，结果显示冷拉拔钢丝出现氢脆开裂的外加应力阈值很低，趋近于零；稳定化钢丝的应力阈值约为其 27% 的破断应力；而轧制钢丝的应力阈值最高，施加 70% 抗拉强度，其破断时间仍大于 1000h。图 5-45 为三种钢丝的纵向应力在直径方向上的分布，发现冷拉拔钢丝的表面残余应力值大于 500MPa，而轧制钢丝的表面残余应力在 −500MPa 左右，即表面处于压应力状态，这也就解释了为什么冷拉拔钢丝的应力阈值趋于零，而轧制钢丝在加载拉应力时需要先抵消其表面的压应力，从而掩盖了其真实的应力阈值[57]。

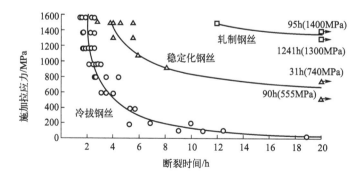

图 5-44　三种钢丝不同载荷下的断裂时间

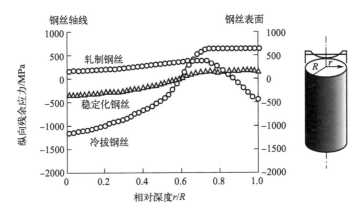

图 5-45　三种钢丝的纵向应力在直径方向上的分布

（2）环境因素的影响

桥索钢丝表面及缆索外层均会做涂层和防水密封等防护处理，以尽可能隔绝外界环境的影响，然而这些防护措施在实际服役过程中并无法 100% 隔绝缆索外部气流。主缆内部环境随着外部昼夜变化、四季交替会出现温度和湿度的改变。同时由于防护层的破损，或者索夹处的缝隙等，雨水、污染性微尘等渗入主缆，聚集在外防护破损位置或相对位置较低处，使得缆内的环境也非常复杂[62]。在众多影响钢丝腐蚀的环境因素中，重点分析对应力腐蚀影响较大的主要因素。

湿度是影响桥索钢丝腐蚀及应力腐蚀的一个重要因素。湿度会直接影响钢丝表面薄液膜的厚度和覆盖度，当空气相对湿度低于 60% 时，钢丝表面薄液膜覆盖不全且厚度较薄，无法形成有效的电化学腐蚀效应，因而腐蚀速率较小，应力腐蚀敏感性较低。而当湿度大于 60% 后，薄液膜能完整覆盖钢丝表面，腐蚀速率会陡然增大，应力腐蚀的阳极溶解会被显著促进，因而将湿度控制在 60% 以下能够有效降低钢丝的应力腐蚀概率[63]。

温度对桥索钢丝应力腐蚀的影响主要表现在两个方面：一是温度提高会促进腐蚀性离子的扩散和提高电化学反应活性；二是温差交替会导致封闭环境中水汽凝结[64]。图 5-46 展示了高强度钢丝腐蚀速率随温度的变化趋势，可见当温度超过 20℃ 时，钢丝的腐蚀速率开始明显上升。当环境温度过高（超过60℃）时，钢丝表面薄液膜会快速蒸发，并不会显著加大腐蚀速率[65]。此外，温度变化还会引发钢丝在长度方向的热胀冷缩，从而改变钢丝的应力状态，进而影响应力腐蚀行为[63]。但普遍来讲，桥索钢服役的温度范围一般在 −10℃至 50℃ 之间[66]。因此，温度对钢丝应力腐蚀敏感性产生显著影响的区间主要在 20～50℃ 范围内。

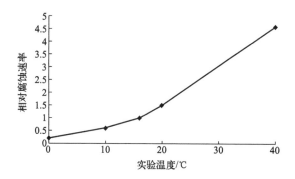

图 5-46 高强度钢丝腐蚀速率随温度的变化趋势[65]

　　大气中的 SO_2、CO_2、氯化物颗粒、尘埃等气体或污染物也是影响桥索钢丝应力腐蚀的重要因素。SO_2、CO_2 等气体溶于钢丝表面薄液膜后会使薄液膜介质呈酸性，显著促进钢丝的阳极溶解过程，甚至导致析氢反应发生[67-68]。另外，SO_2 溶于薄液膜电解质后形成的硫化物还会导致硫致应力腐蚀发生[67-68]。氯化物颗粒和尘埃会附着在钢丝表面，增强钢丝表面的吸湿性，即使在相对湿度小于 60% 的条件下，也会显著促进钢丝表面的电化学腐蚀，从而促进应力腐蚀发生[69]。图 5-47 为不同 NaCl 沉积浓度下高强度钢丝在相对湿度 60% 和 30% 时腐蚀速率的变化趋势，可见当 NaCl 沉积浓度达到 $10g/m^2$ 时，钢丝在 30% 和 60% 两个相对湿度下的腐蚀速率相当[70]。这一点对于滨海地区或海湾地区修建的跨海大桥尤其重要，必须考虑由于海水蒸发导致的空气中 NaCl 含量升高对桥索钢腐蚀和应力腐蚀的影响。

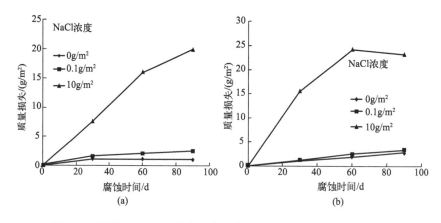

图 5-47 不同 NaCl 沉积浓度下高强度钢丝在相对湿度 （a） 60% 和
（b） 30% 时腐蚀速率的变化趋势[70]

（3）材料因素的影响

材料对桥索钢丝应力腐蚀的影响主要体现在材料成分和组织结构两个方面。C 是提升桥索钢丝强度最主要的元素，理论上，每增加 0.01％的 C 含量，钢的强度将会提升 8MPa 左右[71]。然而，一般来讲，桥索钢丝的应力腐蚀敏感性随 C 含量增加而增加。

Si 主要以固溶形式存在于钢中，可以起到固溶强化作用。增加 Si 的含量可以减小渗碳体的球化倾向，改善钢丝的抗回火软化能力，由此可以一定程度上抵消热浸镀层时降低的强度[72]。另外，在高碳钢中加入适量的 Si，可以有效缓解 C 原子在 α-Fe 片层中的偏聚程度，使 C 原子均匀分布，以提高珠光体相变温度，使珠光体的层间距变薄[73]。过高 Si 含量会降低钢的塑性和韧性，因此，考虑到对应力腐蚀敏感性的影响，桥索钢中 Si 含量一般控制在 0.15％～1％。

Mn 也是固溶强化型元素，可以起到稳定 Fe_3C 的作用，降低热浸对钢丝的回火软化效应，但 Mn 容易出现偏析，导致钢丝在拉拔过程中出现断丝[74]。因此，桥索钢的应力腐蚀敏感性一般随着 Mn 含量提高而提高。但考虑到强度的需要，桥索钢中 Mn 含量一般控制在 0.5％～1.0％。

Cr 虽然有利于提高钢丝的耐蚀性，但 Cr 是强碳化物形成元素，在提高强度的同时会显著降低钢的韧塑性[75]。因此，考虑到应力腐蚀敏感性，桥索钢丝中 Cr 含量一般不超过 0.5％。Ni 是强奥氏体形成元素，虽然有利于降低桥索钢丝的应力腐蚀敏感性，但会显著降低钢丝的强度，加之价格昂贵，一般超高强钢丝不考虑添加 Ni。

Nb、V、Ti、RE 是钢中典型的微合金化元素，一般添加量很少（总添加量一般不超过 1％），但能显著提升钢丝的综合性能，通过合理的微合金化调控，可起到保证强度同时降低应力腐蚀敏感性的作用[76]。

P、S、N、H、O 等杂质元素是钢中的有害元素，桥索钢冶炼时应尽可能降低这些元素的含量，以降低钢丝的应力腐蚀敏感性。

钢材的微观组织也会影响钢材的应力腐蚀敏感性。碳钢在热处理过程中形成的马氏体组织对氢脆更敏感，珠光体组织受其影响相对较小。由于马氏体组织中有较少的位错可供氢扩散，于是，马氏体组织的可扩散氢的浓度阈值较低，只需要较少的氢就能引发碳钢出现脆性断裂。大形变冷拉拔制备的碳钢具有纤维状珠光体组织，由于拉拔时形成了大量位错，氢的扩散区域较大，所以，使冷拉拔珠光体钢材发生氢脆的阈值更高[77]，于是桥梁缆索用钢丝通常选用冷拉拔技术生产。虽然冷拉拔珠光体钢丝有着一定的抗氢脆性能，但是珠光体钢丝的敏感性也会随着强度的增加而增加。另外，珠光体组织中铁素体与渗碳体形成微电偶效应，可能会降低珠光体的耐蚀性，也会影响钢丝的应力腐蚀敏感性[78]。

5.5
氢脆

氢在高强度马氏体钢中诱发的延迟断裂已有大量文献记载[79]。充 H 钢中裂纹的产生和扩展与微观结构有关。裂纹主要源于马氏体-马氏体界面的脱粘，氢增强界面脱粘（HEDE）加剧了裂纹的产生。氢增强局部塑性（HELP）促进了裂纹的后续扩展。若裂纹偶尔偏向铁素体/马氏体界面，表明这些界面是裂纹扩展的低阻力途径。随后的裂纹扩展是通过氢诱导裂纹尖端相互作用产生的裂纹凝聚进行的。这种机制会使小的氢诱导裂纹合并，形成较大的裂纹，导致材料的增量开裂。

一方面，珠光体是过冷奥氏体共晶分解产生的两相复合体，其铁素体和渗碳体有序排列[80]，这使其有别于马氏体钢等传统的单相高强度钢。铁素体/渗碳体界面对高碳含量（>0.9%）全珠光体钢中氢脆（HE）的影响仍不明确。冷拔作为珠光体钢丝的主要加工方法，会产生较高的位错密度并促进珠光体变形，通常与渗碳体片晶、铁素体/渗碳体界面以及珠光体团/簇边界的改变有关[81]。所有微观结构和亚结构都表现出不同的 H 捕获能力[82-84]，使得氢脆比马氏体钢更为复杂。

另一方面，氢导致的钢材抗裂纹扩展能力降低可分为两种类型：氢环境辅助开裂（HEAC），又称氢环境脆化（HEE），是由于在应力加载过程中充入氢气（原位充氢，IHC）而产生的；内部氢辅助开裂（IHAC），又称内部氢脆化（IHE），是在拉伸测试之前充入氢气（异位充氢，EHC）而产生的。

在这两种情况下，氢在裂纹尖端的存在会促进次临界裂纹在应力强度低于临界阈值时扩展，从而降低断裂韧性[85]。氢与位错和应力的相互作用导致了裂纹尖端附近塑性的局部化[86]。在测试过程中，内部和外部氢都会扩散到裂纹尖端区域。内部氢会对距离裂纹尖端相对较近的区域产生影响。而在存在外部氢情况下，其作用的有效范围更大，但与裂纹尖端附近内部氢产生的影响相比，塑性增强并不明显[86-87]。与在空气中测试的样品不同[87]，这两种条件下的断裂面主要以准脆化（QC）为特征。这两个过程之间的区别取决于在加载应力时向裂纹尖端附近提供的氢的来源。

对碳含量高于 0.92%、强度达 2100MPa 级全珠光体钢丝，探究了氢原子与桥梁缆索微观结构特征之间的相互作用。通过对比研究，评估哪种类型的氢会产生主要影响。氢充电与慢应变速率拉伸（SSRT）试验采用两种不同的方法，分别使内部氢（通过 EHC）或环境氢（通过 IHC）占主导地位。使用扫描电子显微镜（SEM）、电子反向散射衍射（EBSD）和透射电子显微镜

（TEM）对断裂表面和二次开裂进行了评估。此外，还采用分子动力学（MD）建模来阐明 SSRT 过程中氢原子与位错之间的相互作用。

试样为直径为 7.0mm、具有完整珠光体显微组织的 Fe-0.93C-0.90Si-0.78Mn-0.26Cr-0.02Cu-0.05V-0.025Nb 珠光体钢丝[88]。用于充氢和拉伸试验的试样是根据 GB/T 228.1—2021 设计和加工的，如图 5-48 所示。

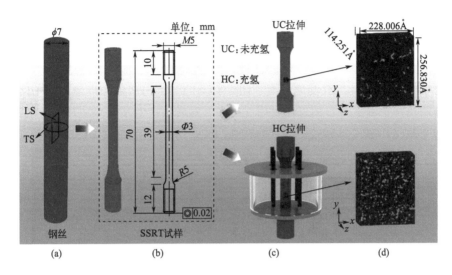

图 5-48 （a）本研究中使用的钢丝；（b）SSRT 试样；
（c）原位氢荷拉伸试验；（d）分子动力学模型示意图

5.5.1 电化学充氢条件下的 SSRT

对加工好的试样进行拉伸试验，以获得其力学性能（拉伸强度和伸长率）。在室温下，用 BairoeYYF-50 慢应变速率拉伸试验机以 0.01mm/min 的拉伸速率进行单轴连续拉伸试验。原始试样（未充氢）、异位充氢（EHC）试样和 EHC＋IHC 试样被用于慢应变速率拉伸（SSRT）试验，如图 5-48（c）所示。试样在 298K 下使用含 0.5g/L CH_4N_2S（硫脲）的 0.2mol/L NaOH 水溶液在阴极进行电化学充氢，不同的充氢时间（0、1h、3h，电流密度为 $1mA/cm^2$）和不同的电流密度（0、$1mA/cm^2$、$2mA/cm^2$，充氢时间相同，均为 1h）可模拟不同内部氢或环境氢含量下的力学行为。钢的氢脆敏感性（EI）通过氢环境下的伸长率损失进行评估，计算公式为：

$$EI = \frac{El_{UC} - El_{HC}}{El_{UC}} \times 100\% \tag{5-52}$$

式中，El_{UC} 和 El_{HC} 分别为试样在充氢前和充氢后的伸长率。拉伸试验重复三次，取平均值作为相应的力学性能数据。拉伸试样沿发生颈缩/断裂的区域切割，以表示微观结构特征。

图 5-49 显示了珠光体钢丝在不同实验环境下的工程应力-应变曲线。在不同的 EHC＋IHC 条件下，加氢后试样的抗拉强度更高，这表明氢原子在拉伸试验前存在或在拉伸试验过程中进入都会提高抗拉强度。此外，即使内部或环境中的氢浓度不同，拉伸强度的增加也保持稳定。保持预充氢时间不变，样品的 EI（氢脆敏感性）会随着电流密度的增加而急剧增加，当预充氢时间为 1h，原位充氢的电流密度为 $2mA/cm^2$ 时，EI 达到 57％ ［图 5-49（a）］。对于电流密度不变，改变预充氢时间的试样，EI 表现出与之前相似的趋势，即随着预充氢时间的增加，EI 随之增大 ［图 5-49（b）］。内部氢和环境氢对 EI 的协同作用比两个因素各自的作用要明显得多。这种效应对于仅存在环境氢的试样尤为明显（EI 改变 15％）。

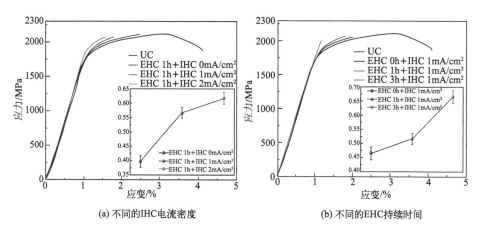

(a) 不同的IHC电流密度　　　　　　　　(b) 不同的EHC持续时间

图 5-49　不同氢充氢环境下试样的工程应力-应变曲线

UC—未充氢；EHC—异位充氢；IHC—原位充氢

每个试样在 SSRT 试验后的断口形貌均如图 5-50 所示。未充氢试样的全尺寸形貌呈现出明显的缩颈特征 ［图 5-50（a）］，表明其延展性相对较好。裂纹从中心向四周扩展是导致其断裂的主要原因，这证明内部应力相对较大且分布均匀。中心主要由微裂纹诱发的次生裂纹和凹陷组成 ［图 5-50（b）］。同时，周围主要是小而浅的凹陷和微空洞凝聚 ［图 5-50（c）］，其大小与晶粒大小有关[89-90]。一个有趣的现象是，在充氢的试样中没有观察到明显的颈缩现象，取而代之的是由大而不规则的裂纹扩展引起的断裂 ［图 5-50（d）和图 5-50（h）］。对于充氢试样，氢原子在试样中的分布并不均匀，主要集中在亚表面附近，在拉伸过程中诱发了最初的微裂纹成核 ［图 5-50（g）］，随后这些微裂纹扩展为大裂纹，导致试样断裂。中心在最后阶段失效，其特征是撕裂脊、二次裂纹和一些具有 QC 形态的小区域 [图 5-50（e）]。断口呈现出小而浅的凹陷 [图 5-50（f）]，表明存在脆性断裂的趋势。在 EHC 3h ＋ IHC 1mA/cm² 试样中，具有初始微裂纹的周边占据了断裂的较大份额，并诱发了一些向内延伸的宏观裂纹 [图 5-50（h）]。与 EHC 1h＋IHC 2mA/cm² 试样相比，二次裂纹的尺寸和 QC 区的面积更大。此外，还可以观察到明显的滑移带以及面积不等、深度较浅的凹陷 [图 5-50（j）]。这些特征导致 EHC 3h ＋ IHC 1mA/cm² 试样的伸长率损失最高。

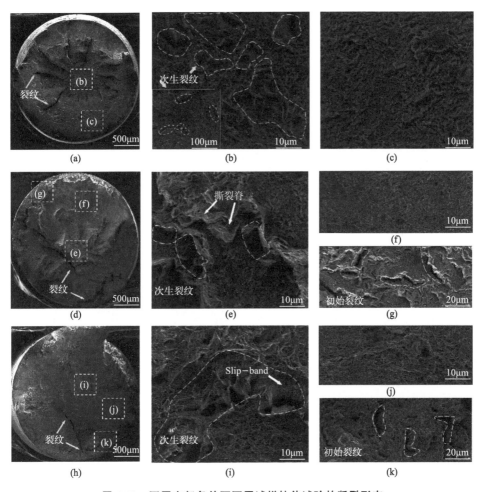

图 5-50 不同充氢条件下不同试样拉伸试验的断裂形态

（a）～（c）未充氢试样；（d）～（g）EHC 1h＋IHC 2mA/cm²试样；

（h）～（k）EHC 3h＋IHC 1mA/cm²试样

（EHC：异位充氢，IHC：原位充氢）

充氢试样在拉伸过程中的裂纹于样品亚表面处萌生，并最终形成大裂纹[图 5-51（a）]。为了探究充氢试样断口处初始裂纹的拓展机理，对充氢后的拉伸断裂试样断口处（LS，TS：断口下方 0.5～1mm 处）进行取样表征，从宏观断口来看，IHC 试样与 PIC 试样裂纹萌生及拓展机理相似，故选取 IHC 试样进行研究。

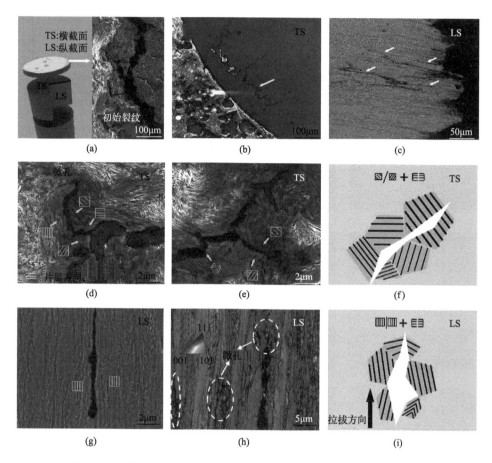

图 5-51 从横向（b，d～f）或纵向（c，g～i）截面上观察到的带 H
电荷的张力试样的断裂（a～c）和裂纹（d～i）形态，以及相应的裂纹扩展机制（f，i）

对于 TS 面，由于大部分 H 聚集于亚表面，所以表现为周向主裂纹分布于断口外围，在氢原子向内扩散的过程中，主裂纹产生向径向拓展的分支裂纹[图 5-51（b）]。对分支裂纹的拓展路径和裂纹尖端进行进一步的显微表征[图 5-51（d）和图 5-51（e）]。发现裂纹尖端部分珠光体晶粒中的渗碳体片层在拉拔过程中发生弯曲破碎，这使得裂纹更加容易沿着珠光体晶界扩展，表现为裂纹路径两端的珠光体片层的取向不同，即大部分裂纹沿着珠光体的晶界（团簇界面）拓展，与此同时存在垂直于片层的裂纹，通过剪切机制穿过珠光体片层［图 5-51（e）］，当裂纹几乎垂直穿过铁素体/渗碳体片层时，有学者将这种类型的裂纹扩展称为珠光体撕裂[91-92]。图 5-51（f）总结了 TS 截面上裂纹的扩展机理，在 H 存在的情况下，珠光体晶界（簇界面）是 H 高度敏感位置，它们为裂纹的扩展提供了有利的路径，且氢原子会促进剪切，导致穿晶断裂。

而对于纵截面，裂纹开始从缺口根部沿着拉伸方向笔直延伸［图 5-51（c）］，进一步观察发现，裂纹沿着片层方向扩展［图 5-51（c）］。此时，片层界面与被拉长的团/簇界面无法区分，所以无法确定裂纹的拓展是沿着片层还是沿着团/簇界面。EBSD 的晶界取向差计算可以作为区分珠光体晶粒的有效表征方式。通过 EBSD［图 5-51（h）］可以发现，在拉伸过程中，部分晶粒会被挤压破碎，形成空隙，这为裂纹的拓展提供了有利条件。横向的珠光体更容易破碎。因此，对于纵截面，形成了一种独特的基于晶粒破碎而导致裂纹萌生的沿晶断裂方式［图 5-51（i）］。

有研究表明，位错在 TEM 中的可见度取决于位错柏氏矢量（b）与衍射光束的倒易点阵矢量（g）之间的关系[93]。研究中采用双光束观察珠光体中的位错，尤其是铁素体薄片中的位错。由于冷拉过程中的大变形使得铁素体片层的取向逐渐偏离相邻的铁素体片层，因此只有两到三个铁素体薄片满足位错成像条件。图 5-52（双光束条件）显示了一些具有代表性的位错 TEM 明场图像和相应的暗场图像。在不带电的试样中［图 5-52（a）和图 5-52（b）］，在拉伸过程中形成的两端夹在界面上的位错环是单个铁素体片层的主要类型，相邻位错之间的距离不均匀[81]。最近的位错线间距约为 $10\sim20nm$，与 $\varepsilon\approx1.5$ 的金属丝中的位错线间距十分相似。此外，铁素体片层中也存在大量的位错网络［图 5-52（c）和图 5-52（d）］。另一方面，渗碳体层状结构的对比度变得更加均匀，表明层状结构内部不存在位错。然而，在充氢试样中，铁素体/渗碳体界面上积累了大量的界面位错［图 5-52（d）］。在位错对 F/C 界面的冲击部位，附近的基体产生了应变集中［图 5-52（f）中的 GPA 图］。

渗碳体的非晶化有效地吸收了界面位错，松弛了界面应变集中。研究表明，氢可降低基体的堆积断层能（SFE），促进局部位错的分解，抑制交叉滑移，最终将塑性应变集中在较窄的滑移带中。断层带中 H-H 对的形成可解释 SFE 的降低[94]。此外，由于位错被认为是有效的氢捕获器，氢会随着位错的移动而迁移，并在位错聚集的位置不断积累，进而导致应力集中和析出物的剪切断裂，形成微空洞等缺陷[95-96]。

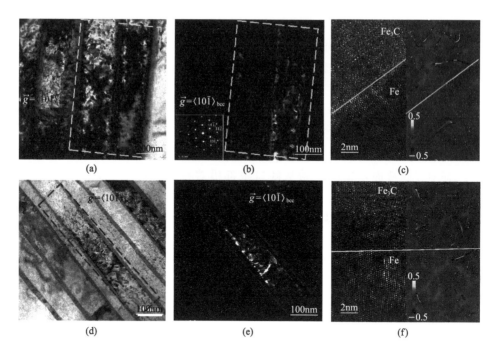

图 5-52 未充氢试样 (a～c) 和充氢试样 (f) 的代表性 TEM 图像

明场（BF）图像（a, d），对应的暗场（DF）图像（b, e）。(b)、(e)，插入部分为选区电子衍射（SAED）图样。(c)、(f) 的插图为双光束条件下珠光体层的选区电子衍射（SAED）图样

（$g=<10\bar{1}>_{bcc}$），以及基于 GPA 方法的渗碳体/铁素体界面高分辨率图像和相应的

基于 GPA 方法的应变分析

5.5.2 热脱附谱 (TDS)

采用 TDS 分析法可分析充氢后试样的捕氢特性[97-98]。先对尺寸为 30mm×6mm×2mm 的板状试样进行机械抛光，然后在 288K 的温度下使用 90% 体积分数的冰醋酸和 10% 体积分数的高氯酸混合溶液在 20V 的外加电位下电化学抛光 20s。然后，在 298K 下使用含有 0.5g/L CH$_4$N$_2$S（硫脲）的 0.1mol/L NaOH 水溶液在阴极对抛光试样进行电化学充氢，电流密度为 5mA/cm^2。利用在三种加热速率（100K/h、200K/h 和 300K/h）下获得的 TDS 光谱分析 H 解吸活化能（E_a）。进行 TDS 分析后，测量氢解吸曲线中的相应温度峰。E_a 是通过基辛格一阶反应动力学方程[99]得出的：

$$\frac{\partial \ln(\phi/T_p^2)}{\partial(1/T_p)} = -\frac{E_a}{R} \tag{5-53}$$

式中，ϕ 是加热速率，K/s；T_p 是峰值温度，K；E_a 是氢解吸活化能，

kJ/mol；R 是气体常数，8.314J/（K·mol）。通过 $\ln(\phi/T_p^2)$ 与 $(1/T_p)$ 的斜率关系图，可以得到与特定氢捕获位点相对应的 E_a 值。

图 5-53（a）总结了实验珠光体钢丝在不同加热速率下的 TDS 光谱。TDS 曲线呈现双峰特征，峰 1 的 H 解吸温度约为 380K，峰 2 约为 600K。峰 1 代表位错应变区和冷拔诱导微应变区的氢捕获[100]。另一方面，峰 2 代表了珠光体钢丝中的空位、位错核心以及铁素体和渗碳体之间边界的氢陷阱[101-103]。各峰值的拟合活化能见图 5-53（b），低温峰的活化能为 26.98kJ/mol（可能是位错 H 捕获位点[83]），而高温峰的活化能为 53.09kJ/mol（可能是碳化物/α-铁界面上的错配位错核心或碳空位，以及铁素体/渗碳体界面 H 捕获位点[83]）。

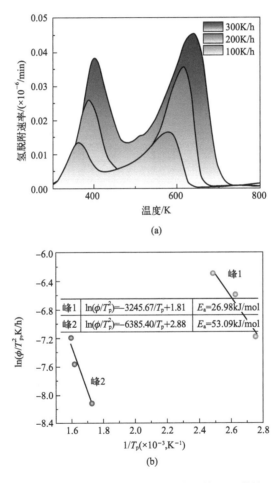

(a)

(b)

图 5-53　（a）钢丝在不同加热速率下的 TDS 曲线；

（b）各峰值的拟合活化能 $\ln(\phi/T_p^2)$-$1/T_p$ 图

5.5.3 微观结构表征

为了观察铁素体的微观结构演变，使用几何相分析（GPA）软件来观察铁素体的应变分布。通过分析晶格的几何相位，可以发现晶格间距和取向的细微变化。当单位面积的临界应变大于一个柏氏矢量时，可定义为位错，否则视为晶格畸变[64]。

钢丝的横截面微观结构如图 5-54 所示，呈现出典型的高应变微观结构。原奥氏体转变为具有不同尺寸和取向的珠光体，形成珠光体团或珠光体簇。在

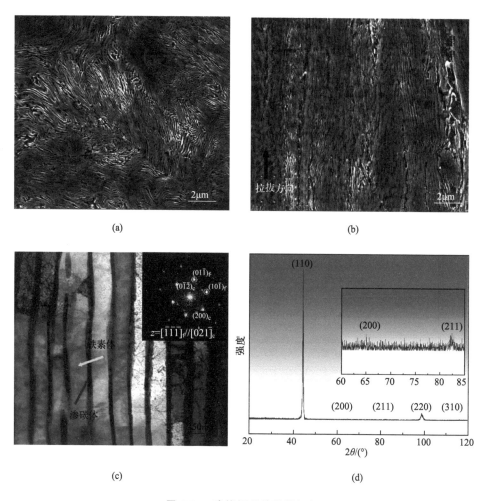

(a)   (b)

(c)   (d)

图 5-54　冷拔钢丝的显微组织

（a）横截面微观结构；（b）纵截面微观结构；（c）高倍微观结构；（d）珠光体钢丝的 XRD 图

冷拔变形（ε＝1.69）作用下，珠光体团和簇的片层发生弯曲，部分片层断裂，使得珠光体团与簇的边界模糊不清［图5-54（a）］。珠光体团和珠光体簇的取向与冷拔方向平行，一些取向差较大的珠光体团或珠光体簇出现断裂［图5-54（b）］。如图5-54（c）所示，珠光体由铁素体和渗碳体片层交替组成。铁素体/渗碳体界面能够阻碍位错滑移，这是高碳珠光体钢强度较高的主要原因之一。图5-54（d）展示了实验用珠光体钢丝的X射线衍射（XRD）图谱。图谱中仅能观察到体心立方结构铁（α-Fe）的衍射峰，这表明钢丝中不存在残余奥氏体。在冷拔过程中，晶格逐渐出现失配，导致 $\alpha_{(200)}$、$\alpha_{(211)}$ 和 $\alpha_{(310)}$ 峰的强度减弱，初始强度较弱的峰甚至消失不见。此外，由于形成了 {110} 织构，$\alpha_{(110)}$ 峰的强度增强[49]。然而，各峰值的位置并没有发生明显的移动，这表明铁素体晶格并没有发生严重的失配。且在冷拔过程中，渗碳体没有溶解或仅发生极少量溶解。

5.5.4　分子动力学建模

分子模拟的有效性依赖于精确的原子间相互作用势。通过 MD 模拟在 0wppm H 和 50wppm H 作用下对 Fe 原子模型的单轴拉伸，并采用 DXA 算法研究 H 原子对位错积累的影响。对模型添加初始应变后，模型内部产生部分初始位错，在单轴拉伸过程中，位错密度有两次显著的提升，用小箭头表示。第一次位错密度的提升是由于在拉伸过程中位错的进一步形核而引起的，而对于 50wppm H 的原子模型，位错形核受到抑制（V），这是因为 H 原子占据了 BCC 的晶格间隙位置，导致 H 原子附近 Fe 原子受到的应力增加，提升了其整体刚度。具有不同 Burgers 向量的位错形成了三维位错网络，由于模型的三个方向都为周期性边界，且沿着 x 和 z 的方向无应力条件，并且拉伸应变速率足够慢，使得原子有足够的时间弛豫，当这些堆积的位错相交时，会发生位错反应和位错湮灭，同种位错在滑移过程发生重组［图5-55（a）］，小部分位错环打开［图5-55（b）］，这都使得位错线的长度减小，因此在随后的拉伸过程中，位错密度会显著下降。而添加了 50wppm H 的 Fe 原子模型，位错的"消失"更快，这是因为 H 促进了局部位错的滑移，使得位错网络中的位错线更快的相遇，发生反应和湮灭，在相同的模拟时间下，含 H 模型中位错反应得更快、更彻底，因此，在模型出现裂纹以前，含 H 模型的位错密度更低［图5-56（Ⅲ）、（Ⅶ）］。当模型开裂时，发生位错密度的第二次提升，裂纹引起的位错形核是位错密度提升的主要原因，与此同时，我们发现，在无 H 状态下，位错密度提升更多［图5-56（Ⅳ）、（Ⅷ）］，这是因为在 H 浓度较低或无 H 的状态下，有足够的 H 稀疏区或无 H 区可使位错成核。而裂纹附近的富氢区没有足够的 H 稀疏位错成核区，导致位错成核受到抑制。值得注意的是，

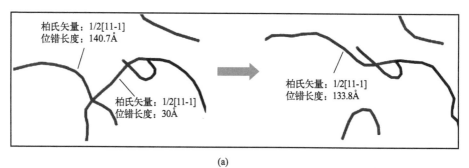

(a)

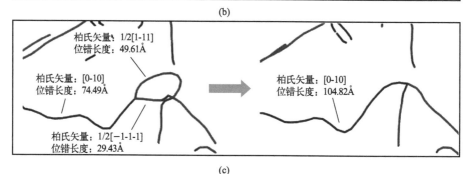

(b)

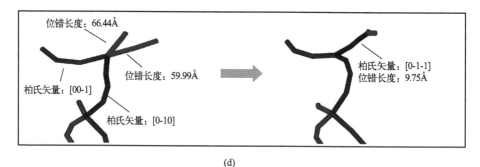

(c)

位错长度：66.44Å

位错长度：59.99Å

柏氏矢量：[00-1]

柏氏矢量：[0-10]

柏氏矢量：[0-1-1]
位错长度：9.75Å

(d)

图 5-55　UC 和充氢试样不同位错线之间的位错反应及其在

模拟拉伸试验中不同应变下的演化规律图

（a）具有相同柏氏矢量的两条位错线连接成一条位错线；（b）位错环与相邻的位错线；（c）位错反

应（1/2 $[1\bar{1}1]$ +1/2 $[\bar{1}\bar{1}\bar{1}]$ → $[0-10]$）；（d）位错反应（$[00\bar{1}]$ + $[0\bar{1}0]$ → $[0\bar{1}\bar{1}]$）

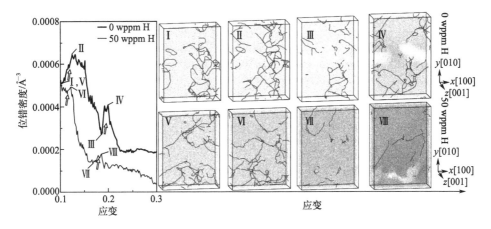

图 5-56　在模拟拉伸试验过程中，UC 和充氢试样的
位错密度-应变曲线及其在不同应变下的分布图

基于溶质-缺陷相互作用热力学框架的 Kirchheim's defactant[104] 理论认为，像氢这样的外部脱聚剂增加了带 H 电荷的自由基体的能量，从而降低了位错的形成能量。Jiao 等[105]通过对面心立方铁碳纳米孔单晶变形机制的分子动力学模拟发现，在无滑移区前激活的高能 H 原子可以降低晶格对位错滑移的阻力，从而提高位错的迁移率。与此相对应的是，在原位实验中，也观察到了因 H 的存在而增强的迁移率。在微观尺度上，离散位错动力学（DDD）模拟表明，H 的存在提高了位错运动速度，促进了裂纹扩展，并降低了材料的层错能[106]。

5.5.5　氢对材料性能的影响

拉伸试验表明，不论是预先存在于内部的氢原子还是从外部扩散到内部的氢原子，都会提高试样的抗拉强度。在其他研究中，也发现了氢致抗拉（屈服）强度的增加[107-109]。Gavriljuk 等进行了第一性原理计算和分析，发现当位错未被激活时，氢原子作为间隙原子可以对位错产生钉扎作用。除了氢对位错的钉扎作用外，氢致位错密度增加所引起的高密度位错之间的应变场相互作用也可能是提高材料抗拉强度的原因之一。通过结合微观表征结果，可以发现，当试样钢内部存在氢时，渗碳体界面与铁素体界面充当强氢陷阱，使得大量氢原子聚集在界面，改变了界面处周围的应力场，从而提高了位错运动的阻力，最终使得材料的抗拉强度提升。而对于延伸率，加载过程中进入材料的环境氢与加载前存在于材料内部的内部氢对材料的塑性影响则完全不同，这在仅存在于内部氢 [图 5-49 （a），IHC 0mA/cm^2] 和仅存在于环境氢 [图 5-49 （b），

EHC 0h] 的对比实验中尤为明显。这种现象与材料在拉伸过程中的氢含量以及氢分布有关[110]。首先，试样经过 1~3h 的预充氢处理后，样品内部氢浓度接近饱和或已达到饱和，建立了稳定内部氢环境。在随后的拉伸过程中，额外施加的充氢时间控制在 1h 以内，以模拟环境氢的持续引入过程。以环境氢的变化为主导的拉伸试验和以内部氢变化为主导的拉伸试验的断口表面都表现出不均匀的断裂行为。这种行为表明，在两种条件下，氢的分布都是不均匀的。环境氢为主的样品的断口表面显示，样品表面边缘局部脆化，而材料中心似乎只受到有限的氢影响。在环境氢主导的拉伸试验中，环境氢样品仅在加载过程中充氢相对较短的时间。在材料完全饱和之前停止充氢。因此，靠近表面的 H 浓度较高。此外，在拉伸试验中，弹性应力和氢与位错的相互作用都可能促进氢进入材料。氢在移动位错中的存在被认为可以增强氢在整个材料中的传输[111-112]。然而由于珠光体钢独特的组织组成，氢与位错的迁移会被渗碳体阻碍[113-115]，因此，在有限的预充氢时间以及环境氢渗透下，表现出较低的延性损失，随着环境氢电流密度的增大，环境氢可以渗透到更深的位置，其对表面的破坏性更强，因此，表现出延伸率降低和 EI 升高的结果。而对于内部氢主导的拉伸试验，可以假设氢从外表面到样品内部的传输是由氢的扩散速率控制的。根据圆柱坐标系中的菲克第二定律[116]，

$$x \approx \sqrt{\pi D_{\mathrm{eff}} t} \tag{5-54}$$

式中，D_{eff} 为扩散系数，$\mathrm{m^2 \cdot s^{-1}}$；$x$ 为扩散深度，m；t 为时间，s。

当 D_{eff} 为 $2.56 \times 10^{-10} \mathrm{m^2 \cdot s^{-1}}$[117]，即当预充氢时间达到 3h 时，样品内部氢浓度达到饱和，因此，在饱和的预充氢条件以及外部氢的综合作用下，其整体断口的脆化程度更高，中心部分脆化程度也更高。

综合来看，较高的局部表面氢浓度将导致试样边缘裂纹萌生的增强，因此，尽管在拉伸测试时到达样品中心的环境氢较少，但这些样品在拉伸测试时却表现出略高的延性损失。表面裂纹的增加将导致横截面的减小，从而产生更高的载荷，最终使材料更快地完全断裂失效。然而，在有限的电流密度范围内（电流密度不能无限大，否则会导致外层裂纹区脱落），通过增加电流密度，并不能显著增加外层环境氢的扩散深度，这可能与有限的充氢时间以及拉伸过程表面产生的微裂纹会释放一部分氢有关，因此，在内部氢为主导的条件下，其对断口整体的脆化是试样断裂失效的更大危害。对不同氢环境下的断口做进一步表征，对于未充氢样品，可以发现轴心处的微裂纹群 [图 5-50 (b)]，即次生裂纹，Minoshima 等[118]在研究无缺口未充氢的珠光体钢丝时，也发现了同样的微裂纹，他们还报道说，次生裂纹引起的小台阶会导致断口表面变得更加粗糙，表现出韧性断裂的特征。而对于高应变钢丝，拉伸过程中由轴心向外的

应力分布导致次生裂纹向外快速拓展，产生宏观径向裂纹，最终引起钢丝的断裂失效。对于在氢环境下的试样，所产生的二次裂纹在内部氢主导的试样和环境氢主导的试样中表现出不同的特征。环境氢主导的拉伸中，二次裂纹附近出现 QC 的断裂特征，QC 区的形成是由于氢促进铁素体中的位错沿着滑移区移动，导致珠光体片层断裂。在不同加载方式的纯铁和各种低合金钢中经常有相同的明显特征[119-122]。Yu 等[123]在研究珠光体钢的氢脆时，将这样的特征称为撕裂形貌表面（TTS），同时他注意到，由平面和凹陷表面所组成的 TTS，其尺寸和珠光体团大小相似，经过研究，确定这样的形貌是由穿过珠光体团的微剪切裂纹引起的，即穿晶断裂。因此，我们可以推断，QC 特征的出现可能是轴向穿晶断裂所引发。在二次裂纹处还发现撕裂脊，撕裂脊处往往有高密度位错，表明在断裂之前，断口轴心处发生了严重的塑性变形。对于内部氢主导的拉伸中，由于断口整体脆化程度提高，并未观察到撕裂脊，却在微裂纹旁发现明显滑移带。在预充氢条件下，试样中铁素体基体中饱和的氢原子将借助位错迁移到铁素体/渗碳体（F/C）界面。随着氢浓度和缺陷的协同增加，滑移带交叉处和 F/C 界面通过氢致局部塑性增强或氢致界面脱粘的形式，更易引发氢辅助开裂[124-126]。微观组织在裂纹扩展过程中表现出差异化作用，这是珠光体钢较为复杂的显微组织和不同氢环境共同作用的结果。对于试样钢而言，从盘条转变为钢丝的拉拔过程产生的应力对断裂的影响同样不可忽视。拉拔过程中，钢丝的横截面产生不规则局部应力会使珠光体晶界产生微孔洞。在无 H 的条件下，断口取样处未发现裂纹拓展，这说明在拉伸过程中，只发生了应力作用下的表面裂纹的向外拓展和钝化。对于处在氢环境的试样，拉伸过程中晶界界面应力进一步增加，使得氢原子聚集在应力较为集中的微孔洞附近，H 原子的存在使得材料的原子间键能或内聚强度降低（HEDE）[127]，促进了晶界处微孔洞向微裂纹的转变，与此同时，位于尖端的 H 原子促使位错通过 HELP 机制滑移到裂纹尖端，裂纹尖端的脱粘和位错的释放导致裂纹沿着晶界不断拓展，这种由 HEDE 和 HELP 机制协同作用的氢致断裂，被称为吸附诱导位错发射（AIDE）。在 Fe、Ni 和 Ti 的表面上检测到大量的氢吸附，作为支持 AIDE 机制的证据[128]。

　　除了晶界处，珠光体的铁素体/渗碳体界面是珠光体钢的另一高度敏感位置，拉拔过程产生的预应变虽然可以提升钢的强度，但是也会使渗碳体部分分解产生的位错数量和碳间隙增多[129]。基体内部位错的增多和铁素体/渗碳体界面缺陷的出现，使得界面出现 H 诱导界面脱粘的风险。然而，在我们的研究中，并未发现这种情况，而是出现珠光体片层剪切断裂的现象。造成这样的差异主要是 SSRT 过程施加在试样的宏观应力相当温和（几百兆帕的数量级）。此外，在如此小的应力水平下，由气相提供的氢原子引起的沿铁素体/渗碳体界面的内聚还原程度不足以触发界面脱键。

事实上，Tomatsu 等[130]的相关研究指出，在冷拔丝的缺口试样上存在界面分层的可能性，由于几何应力集中和初步细化的微观组织的存在，应力水平无可争议地更高（即在 GPa 范围内）。McEniry 等进行的第一性原理计算[131]表明，在实际氢浓度下，界面脱粘所需的应力水平超过 10GPa。Zhang 等[132]在最近的一项研究中发现，珠光体经过较大的预应变后，氢会聚集在滑移带和渗碳体富含缺陷的交叉处，较大的预应变将导致局部剪切带和渗碳体片层的断裂。因此，在氢存在下，GBs 和珠光体团/簇之间的界面是高度敏感的位置，它们为裂纹扩展提供了有利的路径。

铁素体/渗碳体界面是珠光体显微组织中的薄弱部位，裂纹倾向于沿这些界面扩展，特别是在高氢逸度存在的情况下，或在试验末期应力不足以引导裂纹扩展路径的情况下。在这种情况下，通过增加氢或载荷的作用，更有可能发生的是剪切机制，而非片层脱粘。双束条件下，充氢铁素体内部位错密度呈现"减少"现象。研究表明氢可提高金属中的位错迁移率[133-136]，铁素体中的可扩散氢促进了拉伸过程中的部分位错向界面处滑移。随着氢浓度和缺陷的协同增加，滑移带交叉处和铁素体/渗碳体界面更容易以氢致局部塑性增强或氢致脱粘的形式发生氢辅助开裂[137-139]。

因此，当材料充满环境氢时，与充满内部氢的样品相比，裂纹扩展较少依赖于微观结构，而更多地依赖于加载过程中的应变和应力分布。同时充满环境氢和内部氢的样品表现出与环境样品最相似的行为，这强调了环境氢在破坏过程中的主导作用。

5.6
结论

为了研究腐蚀环境下桥梁缆索的损伤失效过程，分析了桥梁缆索常见的损伤现象，探讨了腐蚀环境下桥梁缆索体系的损伤失效路径，同时总结了高强钢丝的腐蚀疲劳损伤演化机理，为后续研究提供了方向与思路。主要结论如下：

（1）桥梁缆索体系的失效源于钢丝损伤在环境侵蚀和服役载荷共同作用下的不断演化，是结构损伤演化这一长期过程的终点。若要研究腐蚀环境下缆索的损伤失效过程就必须先研究索体内钢丝的腐蚀疲劳损伤演化过程。

（2）钢丝的腐蚀疲劳寿命全过程可认为由镀锌层腐蚀、点蚀坑扩展、短裂纹扩展和长裂纹扩展等 4 个阶段组成，其中镀锌层腐蚀、点蚀坑扩展和短裂纹扩展这 3 个阶段在钢丝腐蚀疲劳寿命中的占比较大。由于钢丝力学性能的退化主要发生在镀锌层腐蚀之后，点蚀坑扩展阶段和短裂纹扩展阶段将作为重点关注的阶段。

（3）由于缆索防护体系失效，钢丝表面会发生电化学腐蚀，并最终形成深浅不一的点蚀坑。点蚀是一种危害较大且难以发现的腐蚀形式，目前比较公认的点蚀坑成长模型是点蚀坑自催化理论，即在腐蚀环境下，点蚀处形成闭塞电池，使点蚀坑内盐溶液酸化，从而进一步促进点蚀坑发展。

（4）在以疲劳破坏为主的阶段，钢丝的腐蚀疲劳损伤演化由裂纹的萌生与扩展控制。在交变应力作用下，大量短裂纹从蚀坑表面萌生并沿着晶界扩展，当短裂纹达到一定长度时，开始聚合并以穿晶形式扩展。短裂纹扩展阶段的损伤演化是所有短裂纹群体演化行为的结果，准确地分析钢丝的腐蚀疲劳损伤演化过程依赖于对短裂纹萌生和扩展行为的理解。

参考文献

[1] 许金泉. 疲劳力学 [M]. 北京：科学出版社，2017.

[2] 潘胜军. 大跨悬索桥复杂受力部位的疲劳裂纹分析与数值模拟 [D]. 南京：东南大学，2016.

[3] 王荣. 金属材料的腐蚀疲劳 [M]. 西安：西北工业大学出版社，2001.

[4] Jiang J H，Ma A B，Weng W F，et al. Corrosion fatigue performance of pre-split steel wires for high strength bridge cables [J]. Fatigue & Fracture of Engineering Materials & Structures，2009，32（9）：769-779.

[5] ASTM E468-76，American Society for Testing and Materials，Philadelphia，1976.

[6] 余夏明. 桥梁平行钢丝腐蚀疲劳试验与吊索寿命评估研究 [D]. 南京：东南大学，2019.

[7] Forman R G，Shivakumar V. Growth behavior of surface cracks in the circumferential plane of solid and hollow cylinders. Fracture mechanics，ASTM STP 905，1986.

[8] Turnbull A，Zhou S. Pit to crack transition in stress corrosion cracking of a steam turbine disc steel [J]. Corrosion Science，2004，46（5）：0-1264.

[9] Chaboche J L. Continuum damage mechanics：Part I—general concepts [J]. Journal of Applied Mechanics，1988，55（1）：59-64.

[10] 张文辉. 桥梁索用钢丝腐蚀疲劳性能试验研究和数值模拟 [D]. 南京：东南大学，2020.

[11] 徐俊，陈维珍，刘学. 斜拉索退化机理及钢丝力学模型 [J]. 同济大学学报（自然科学版），2008，36（7）：911-915.

[12] 徐俊，陈惟珍，刘学．斜拉索退化机理及钢丝力学模型 [J]．同济大学学报（自然科学版），2008，36（7）：911-915.

[13] Nakamura S I，Suzumura K．Hydrogen embrittlement and corrosion fatigue of corroded bridge wires [J]．Journal of Constructional Steel Research，2009，65（2）：269-277.

[14] Xu J，Hao Z，Fu Z，et al．Hydrogen embrittlement behavior of selective laser-melted Inconel 718 alloy [J]．Journal of Materials Research and Technology，2023（23）：359-369.

[15] 中华人民共和国住房和城乡建设部．城市桥梁养护技术规范 [S]．北京，2003.

[16] Verpoest I，Aernoudt E，Deruyttere A，et al．The fatigue threshold，surface condition and fatigue limit of steel wire [J]．International Journal of Fatigue，1985，7（4）：199-214.

[17] 孙跃，胡津．金属腐蚀与控制 [M]．哈尔滨：哈尔滨工业大学出版社，2003.

[18] Sun Bin．A continuum model for damage evolution simulation of the high strength bridge wires due to corrosion fatigue [J]．Journal of Constructional Steel Research，2018，146：76-83.

[19] 黄跃平，胥明，姜益军，等．拉索局部腐蚀检测与评估分析 [J]．腐蚀科学与防护技术，2006，18（2）：132-135.

[20] Cerit M，Genel K，Eksi S．Numerical investigation on stress concentration of corrosion pit [J]．Engineering Failure Analysis，2009，16（7）：2467-2472.

[21] Chen G S，Wan K C，Gao M，et al．Transition from pitting to fatigue crack growth—modeling of corrosion fatigue crack nucleation in a 2024-T3 aluminum alloy [J]．Materials Science & Engineering，1996，219（1-2）：126-132.

[22] 乔燕，缪长青，孙传智．索承式桥梁吊索钢丝腐蚀疲劳寿命评估 [J]．土木建筑与环境工程，2017，39（4）：115-121.

[23] Caleyo F，Velazquez J C，Hallen J M，et al．Markov chain model helps predict pitting corrosion depth and rate in underground pipelines，Proceedings of 8th International Pipeline Conference，IPC 2010-31351，SEP 27-OCT 1，2010，Calgary，Alberta，Canda.

[24] Caprio D D，Vautrin-Ul C，Stafiej J，et al．Morphology of corroded surfaces：contribution of cellular automaton modelling [J]．Corrosion Science，2011，53（1）：418-425.

[25] 郑祥隆，谢旭，李晓章，等．锈蚀钢丝疲劳断口分析与寿命预测 [J]．中国公路学报，2017，30（4）：79-86.

[26] 郦正能，张纪奎．工程断裂力学 [M]．北京：北京航空航天大学出版社，2012.

[27] Negi A，Elkhodbia M，Barsoum I，et al．Coupled analysis of hydrogen diffusion，deformation，and fracture：a review [J]．International Journal of Hydrogen Energy，2024（82）：281-310.

[28] Nakamura S I，Suzumura K．Hydrogen embrittlement and corrosion fatigue of corroded bridge wires [J]．Journal of Constructional Steel Research，2009，65（2）：269-277.

[29] Roffey P. The fracture mechanisms of main cable wires from the forth road suspension [J]. Engineering Failure Analysis, 2013, 31 (31): 430-441.

[30] Adasooriya N D, Tucho W M, Holm E, et al. Effect of hydrogen on mechanical properties and fracture of martensitic carbon steel under quenched and tempered conditions [J]. Materials Science and Engineering, 2021, 3 (80): 140495.

[31] Gavriljuk V G, Shivanyuk V N, Shanina B D. Change in the electron structure caused by C, N and H atoms in iron and its effect on their interaction with dislocations [J]. Acta Materialia, 2005, 53 (19): 5017-5024.

[32] 刘元泉, 陈惟珍, 徐俊, 等. 拉索劣化性能研究 [J]. 公路, 2004 (09): 29-33.

[33] 黄跃平, 胥明, 姜益军, 等. 拉索局部腐蚀检测与评估分析 [J]. 腐蚀科学与防护技术, 2006, 18 (02): 57-60.

[34] 汤可可. 结构损伤时空多尺度模拟及其在桥梁疲劳分析中的应用 [D]. 南京: 东南大学, 2011.

[35] 吴佰建, 李兆霞, 汤可可. 大型土木结构多尺度模拟与分析-从材料多尺度到结构多尺度力学 [J]. 力学进展, 2007, 37 (3): 321-336.

[36] 李兆霞. 大型土木结构多尺度损伤预后的现状、研究思路与前景 [J]. 东南大学学报 (自然科学版), 2013, 43 (5): 1111-1121.

[37] Shi P, Mahadevan S. Damage tolerance approach for probabilistic pitting corrosion fatigue life prediction [J]. Engineering Fracture Mechanics, 2001, 68: 1493-1507.

[38] Akid R. The role of stress-assisted localized corrosion in the development of short fatigue cracks [J]. ASTM Special Technical Publication, 1997, 1298: 1-17.

[39] Wu Q G, Chen X D, Fan Z C, et al. Corrosion fatigue behavior of FV520B steel in water and salt-spray environments [J]. Engineering Failure Analysis, 2017, 79: 422-430.

[40] Nakamura S I, Suzumura K. Hydrogen embrittlement and corrosion fatigue of corroded bridge wires [J]. Journal of Constructional Steel Research, 2009, 65 (2): 269-277.

[41] Kuraoka T, Sato Y. A study of corrosion of zinc-coated stranded steel wire used as messenger wire [J]. Computer in Railways XI, 2009, 103: 439-448.

[42] Ma Y, Ye J S, Ge W G, et al. Hydrogen embrittlement and corrosion fatigue performance of galvanized steel wires for high strength bridge cables [J]. Advanced Materials Research, 2011, 146-147: 134-142.

[43] 刘秀成, 安成强. 金属腐蚀学 [M]. 北京: 国防工业出版社, 2002.

[44] 凌必超. 超高强度钢丝拉拔损伤过程模拟分析及扭转性能提升 [D]. 南京: 东南大学, 2017.

[45] Li S X, Akid R. Corrosion fatigue life prediction of a steel shaft material in seawater [J]. Engineering Failure Analysis, 2013, 34: 324-334.

[46] Walde K V D, Hillberry B M. Initiation and shape development of corrosion-nucleated fatigue cracking [J]. International Journal of Fatigue, 2007, 29: 1269-1281.

[47] 褚武扬，乔利杰，李金许，等．氢脆和应力腐蚀：基础部分 [M]．北京：科学出版社．2014.

[48] Zhang Z, et al. Stress corrosion cracking mechanisms in bridge cable steels: Anodic dissolution or hydrogen embrittlement [J]. International Journal of Hydrogen Energy, 2025. 97: p. 46-56.

[49] Lynch S P. 2 - Hydrogen embrittlement (HE) phenomena and mechanisms, in Stress Corrosion Cracking [M]. Woodhead Publishing, 2011.

[50] Zhao T, et al. Effect of cathodic polarisation on stress corrosion cracking behaviour of a Ni (Fe, Al) -maraging steel in artificial seawater [J]. Corrosion Science, 2021 (179): 109176.

[51] Zhao T, et al. Interaction between hydrogen and cyclic stress and its role in fatigue damage mechanism [J]. Corrosion Science, 2019 (157): 146-156.

[52] 崔中雨．X70 钢近中性 pH 环境中电化学及应力腐蚀行为与机理研究 [D]．北京：北京科技大学，2015.

[53] 褚武扬，乔利杰，肖纪美．应力腐蚀机理研究 [J]．北京科技大学学报，1992. 14 (2): 8.

[54] 张浩娜．超高强度桥梁缆索用钢丝的应力腐蚀性能研究 [D]．南京：东南大学，2022.

[55] Christodoulou C. Humber Bridge suppressing main cable corrosion by means of dehumidification//18th International Corrosion Congress. Australia, 2011.

[56] 张强先，赵华伟，方园，等．悬索桥主缆钢丝腐蚀与防护的应用进展 [J]．南京工业大学学报（自然科学版），2020. 42 (3): p. 278-283.

[57] 窦光聚．共析钢冷拔钢丝的残余应力和氢脆// 全国金属制品信息网第 21 届年会．镇江，2007.

[58] Colford B R. The corrosion situation study of the Forth Road Bridge [J]. Institution of Civil Engineers, 2008 (3): 125-132.

[59] Gutman E M. Mechanochemistry of Solid Surfaces. Mechanochemistry of Solid Surfaces. 1994: World Scientific.

[60] Gutman E M. Mechanochemistry of Materials [M]. British: Cambridge Int Science Publishing, 1998.

[61] 李谦，刘凯，赵天亮．弹性拉应力下 Q235 碳钢在 5％NaCl 盐雾中的成锈行为及其机理 [J]．金属学报，2023. 59 (6): 829-840.

[62] Wu S, et al. Effects of environmental factors on stress corrosion cracking of cold-drawn high-carbon steel wires [J]. Corrosion Science, 2018. 132: 234-243.

[63] Revie R W, Uhlig H H. Corrosion and corrosion control: an introduction to corrosion science and engineering [M]. New Jersey: Wiley, 2008.

[64] 李晓刚，董超芳，肖葵，等．金属大气腐蚀初期行为与机理 [M]．北京：科学出版社，2009.

[65] 李晓刚，肖葵，董超芳，等．我国海洋大气腐蚀分级分类与机理// 2014 海洋材料腐蚀与防护大会．北京，2014.

[66] ISO，Steel for the prestressing of concrete—Part 2：cold-drawn wire. 1991.

[67] Graedel T E，and Frankenthal R P．Corrosion mechanisms for iron and low alloy steels exposed to the atmosphere [J]．Journal of the Electrochemical Society，1990. 137（8）：p. 2385.

[68] Kumar V，et al．Atmospheric corrosion of materials and their effects on mechanical properties：A brief review [J]．Materials Today：Proceedings，2021（44）：4677-4681.

[69] Wang J H，et al．The corrosion mechanisms of carbon steel and weathering steel in SO_2 polluted atmospheres [J]．Materials Chemistry and Physics，1997. 47（1）：1-8.

[70] Suzumura K N S．Environmental factors affecting corrosion of galvanized steel wires [J]．Journal of Materials in Civil Engineering，2004. 16（1）：101-110.

[71] Benjamin J S，Bomford M J．Dispersion strengthened aluminum made by mechanical alloying [J]．Metallurgical Transactions A，1977. 8（8）：1301-1305.

[72] 冯路路．合金元素及强磁场对高碳钢珠光体相变及微观结构的影响 [D]．武汉：武汉科技大学，2021.

[73] Wang L，Ma H，Li P，et al．Application of Silicon on Development of High Carbon Steel Wire Rod [J]．Journal of Iron and Steel Research，2014. 26（6）：p. 54-56.

[74] 黄羚惠．合金元素相分配对珠光体钢共析转变过程及性能的影响 [D]．南京：东南大学，2020.

[75] 岳超华．Cr 元素对珠光体转变组织及性能的影响 [D]．南京：东南大学，2021.

[76] 周杰．超高强度桥梁缆索用钢的微合金化及强化机理 [D]．武汉：武汉理工大学，2022.

[77] Toribio J，Lancha A M．Effect of cold drawing on susceptibility to hydrogen embrittlement of prestressing steel [J]．Materials and Structures，1993. 26：30-37.

[78] Toribio J，Ovejero．Effect of cold drawing on microstructure and corrosion performance of high-strength steel [J]．Mechanics of Time-Dependent Materials，1997. 1（3）：307-319.

[79] Songjie L，Boping Z，Akiyama E，et al．Hydrogen embrittlement property of a 1700 MPa-class ultrahigh-strength tempered martensitic steel [J]．Science and Technology of Advanced Materials，2010，11（2）：025005.

[80] Zhang M X，Kelly P．The morphology and formation mechanism of pearlite in steels [J]．Materials Characterization，2009，60（6）：545-554.

[81] Zhou Y，Shao X，Zheng S，Ma X．Structure evolution of the Fe_3C/Fe interface mediated by cementite decomposition in cold-deformed pearlitic steel wires [J]．Journal of Materials Science & Technology，2022（101）：28-36.

[82] Yu S H，Jeong H B，Lee J S，et al．Micro-axial cracking in unnotched，cold-drawn

pearlitic steel wire: Mechanism and beneficial effect on the resistance to hydrogen embrittlement [J]. Acta Materialia, 2022 (225): 117567.

[83] Zhang B, Cao Z, Zhou J, et al. Improving the hydrogen embrittlement resistance by straining the ferrite/cementite interfaces [J]. Acta Materialia, 2024 (270): 119850.

[84] Li Z, Sasaki T, Ueji R, et al. Role of deformation on the hydrogen trapping in the pearlitic steel [J]. Scripta Materialia, 2024 (241): 115859.

[85] Gangloff R. Control of hydrogen environmental embrittlement of ultra-high strength steel by coatings [M]. University of Virginia, Charlottesville, 2005.

[86] Sun S, Shiozawa K, Gu J, et al. Investigation of deformation field and hydrogen partition around crack tip in fcc single crystal [J]. Metallurgical and Materials Transactions A, 1995 (26): 731-739.

[87] Yamabe J, Takakuwa O, Matsunaga H, et al. Hydrogen diffusivity and tensile-ductility loss of solution-treated austenitic stainless steels with external and internal hydrogen [J]. International Journal of Hydrogen Energy, 2017, 42 (18): 13289-13299.

[88] Jia L, Hu C Y, Zhu X X, et al. Structure evolution of the Fe₃C/Fe interface mediated by cementite decomposition in cold-deformed pearlitic steelwires [J]. Journal of Iron and Steel Research, 2024, 36 (7): 947-956.

[89] Mine Y, Tachibana K, Horita Z. Effect of hydrogen on tensile properties of ultra-fine-grained type 310S austenitic stainless steel processed by high-pressure torsion [J]. Metallurgical and Materials Transactions A, 2011 (42): 1619-1629.

[90] Mine Y, Horita T Z. Effect of high-pressure torsion processing and annealing on hydrogen embrittlement of type 304 metastable austenitic stainless steel [J] Metallurgical & Materials Transactions A, 2010, 41 (12): 3110-3120.

[91] Park Y, Bernstein I. The process of crack initiation and effective grain size for cleavage fracture in pearlitic eutectoid steel [J]. Metallurgical Transactions A, 1979 (10): 1653-1664.

[92] Ogawa Y, Nishida H, Nakamura M, et al. Dual roles of pearlite microstructure to interfere/facilitate gaseous hydrogen-assisted fatigue crack growth in plain carbon steels [J]. International Journal of Fatigue, 2022 (154): 106561.

[93] Wollgarten M, Gratias D, Zhang Z, Urban K. On the determination of the Burgers vector of quasicrystal dislocations by transmission electron microscopy [J]. Philosophical Magazine A, 1991, 64 (4): 819-833.

[94] Hermida J, Roviglione A. Stacking fault energy decrease in austenitic stainless steels induced by hydrogen pairs formation [J]. Scripta materialia, 1998, 39 (8): 1145-1149.

[95] Li X, Li Q, Wang T, Zhang J. Hydrogen-assisted failure of laser melting additive manufactured IN718 superalloy [J]. Corrosion Science, 2019 (160): 108171.

[96] Jebaraj J J, Morrison D J, Suni I I. Hydrogen diffusion coefficients through inconel 718

in different metallurgical conditions [J]. Corrosion Science, 2014 (80): 517-522.

[97] Wei F G, Tsuzaki K. Response of hydrogen trapping capability to microstructural change in tempered Fe-0. 2C martensite [J]. Scripta Materialia, 2005, 52 (6): 467-472.

[98] R. Shi, Ma Y, Wang Z, et al. Atomic-scale investigation of deep hydrogen trapping in NbC/α-Fe semi-coherent interfaces [J]. Acta Materialia, 2020 (200): 686-698.

[99] Kissinger H E. Reaction kinetics in differential thermal analysis [J]. Analytical Chemistry, 1957, 29 (11): 1702-1706.

[100] Nematollahi G A, von Pezold J, Neugebauer J, et al. Thermodynamics of carbon solubility in ferrite and vacancy formation in cementite in strained pearlite [J]. Acta Materialia, 2013, 61 (5): 1773-1784.

[101] Devanathan M, Stachurski Z. The mechanism of hydrogen evolution on iron in acid solutions by determination of permeation rates [J]. Journal of the Electrochemical Society, 1964, 111 (5): 619.

[102] Shi R, Chen L, Wang Z, et al. Quantitative investigation on deep hydrogen trapping in tempered martensitic steel [J]. Journal of Alloys and Compounds, 2021 (854): 157218.

[103] Hÿtch M, Snoeck E, Kilaas R. Quantitative measurement of displacement and strain fields from HREM micrographs [J]. Ultramicroscopy, 1998, 74 (3): 131-146.

[104] Borchers C, Kirchheim R. Cold-drawn pearlitic steel wires [J]. Progress in Materials Science, 2016 (82): 405-444.

[105] Zhou J, Hu C, Zhu X, et al. Micro-structure-property relationship of heavily drawn steel wires for large span suspension bridge cables [J]. Ironmaking & Steelmaking, 2024: 03019233241279005.

[106] Ogawa Y, Iwata K. Resistance of pearlite against hydrogen-assisted fatigue crack growth [J]. International Journal of Hydrogen Energy, 2022, 47 (74): 31703-31708.

[107] Kheradmand N, Johnsen R, Olsen J S, et al. Effect of hydrogen on the hardness of different phases in super duplex stainless steel [J]. International Journal of Hydrogen Energy, 2016. DOI: 10. 1016/j. ijhydene. 2015. 10. 106.

[108] Depover T, Hajilou T, Wan D, et al. Assessment of the potential of hydrogen plasma charging as compared to conventional electrochemical hydrogen charging on dual phase steel [J]. Materials Science and Engineering A, 2019, 754 (29): 613-621.

[109] Claeys L, De Graeve I, Depover T, et al. Hydrogen-assisted cracking in 2205 duplex stainless steel: Initiation, propagation and interaction with deformation-induced martensite [J]. Materials Science & Engineering A. Structural Materials: Properties, Misrostructure and Processing, 2020 (797): 797.

[110] Laureys A, Depover T, Verbeken K. Effect of environmental and internal hydrogen on the hydrogen assisted cracking behavior of TRIP-assisted steel [J]. Materials Science

and Engineering A, 2019, 739: 437-444.

[111] Pressouyre G M. Trap theory of hydrogen embrittlement [J]. Acta Metallurgica, 1980, 28 (7): 895-911.

[112] Bastien P, Azou P. Influence de l'écrouissage sur le frottement intérieur du fer et de l'acier, chargés ou non en hydrogène [J]. Comptes Rendus des Séances de l'Académie des Sciences, 1951, 232: 1845-1848.

[113] McEniry E J, Hickel T, Neugebauer J. Ab initio simulation of hydrogen-induced decohesion in cementite-containing microstructures [J]. Acta Materialia, 2018, 150: 53-58.

[114] Embury J D, Fisher R M. The structure and properties of drawn pearlite [J]. Acta Metallurgica, 1966, 14 (2): 147-159.

[115] Hyzak J M, Bernstein I M. The role of microstructure on the strength and toughness of fully pearlitic steels [J]. Metall. Trans. A, 1976 (7): 1217-1224 .

[116] Crank J. The mathematics of diffusion [M]. Oxford University Press, 1979.

[117] Jeng H W, Chiu L H, Johnson D L, et al. Effect of pearlite morphology on hydrogen permeation, diffusion, and solubility in carbon steels [J]. Metallurgical Transactions A, 1990, 21: 3257-3259.

[118] Minoshima K, Nakatani M, Sugeta A, et al. Influence of irreversible hydrogen on the fatigue strength in cold drawn high strength steel [J]. Journal of Solid Mechanics and Materials Engineering, 2008, 2 (11): 1436-1443.

[119] Birenis D, Ogawa Y, Matsunaga H, et al. Hydrogen-assisted crack propagation in α-iron during elasto-plastic fracture toughness tests [J]. Materials Science and Engineering A, 2019, 756: 396-404.

[120] Birenis D, Ogawa Y, Matsunaga H, et al. Interpretation of hydrogen-assisted fatigue crack propagation in BCC iron based on dislocation structure evolution around the crack wake [J]. Acta Materialia, 2018, 156: 245-253.

[121] Martin M L, Fenske J A, Liu G S, et al. On the formation and nature of quasi-cleavage fracture surfaces in hydrogen embrittled steels [J]. Acta Materialia, 2011, 59 (4): 1601-1606.

[122] Merson E D, Myagkikh P N, Poluyanov V A, et al. Quasi-cleavage hydrogen-assisted cracking path investigation by fractographic and side surface observations [J]. Engineering Fracture Mechanics, 2019, 214: 177-193.

[123] Yu S H, Jeong H B, Kwon G H, et al. Origin of tearing topography surface in hydrogen-charged pearlitic steel [J]. Acta Materialia, 2023, 256: 119116.

[124] Robertson I M, Sofronis P, Nagao A, et al. Hydrogen embrittlement understood [J]. Metallurgical and Materials Transactions A, 2015, 46: 2323-2341.

[125] Tehranchi A, Zhou X, Curtin W A . A decohesion pathway for hydrogen embrittle-

ment in nickel: Mechanism and quantitative prediction [J]. Acta Materialia, 2020, 185: 98-109.

[126] Yuefeng, Jiang, Bo, et al. Hydrogen-assisted fracture features of a high strength ferrite-pearlite steel [J]. Journal of Materials Science & Technology, 2019. DOI: CNKI: SUN: CLKJ. 0. 2019-06-016.

[127] Lynch S. Hydrogen embrittlement phenomena and mechanisms [J]. Corrosion Reviews, 2012, 30 (3-4): 105-123.

[128] MatsumotoT, Eastman J, Birnbaum H K. Direct observations of enhanced dislocation mobility due to hydrogen [J]. Scr. Metall. Mater., 1981. 15: 1033-1037.

[129] Zhou Y T, Shao X H, Zheng S J, et al. Structure evolution of the Fe3C/Fe interface mediated by cementite decomposition in cold-deformed pearlitic steel wires [J]. Journal of Materials Science & Technology, 2022, 101: 28-36.

[130] Tomatsu K, Amino T, Chida T, et al. Anisotropy in hydrogen embrittlement resistance of drawn pearlitic steel investigated by in-situ microbending test during cathodic hydrogen charging [J]. ISIJ International, 2018, 58 (2): 340-348.

[131] McEniry E J, Hickel T, Neugebauer J. Ab initio simulation of hydrogen-induced decohesion in cementite-containing microstructures [J]. Acta Materialia, 2018, 150: 53-58.

[132] Zhang B, Cao Z, Zhou J, et al. Improving the hydrogen embrittlement resistance by straining the ferrite/cementite interfaces [J]. Acta Materialia, 2024, 270: 119850.

[133] Shih D S, Robertson I M, Birnbaum H K. Hydrogen embrittlement of α titanium: in situ TEM studies [J]. Acta Metallurgica, 1988, 36 (1): 111-124.

[134] Bond G M, Robertson I M, Birnbaum H K. Effects of hydrogen on deformation and fracture processes in high-purity aluminium [J]. Acta Metall., 1988, 36: 2193-2197 .

[135] Rozenak P, Robertson I M, Birnbaum H K. HVEM studies of the effects of hydrogen on the deformation and fracture of AISI type 316 austenitic stainless steel [J]. Acta Metall. Mater., 1990, 38: 2031-2040.

[136] Tabata T, Birnbaum H K. Direct observations of the effect of hydrogen on the behavior of dislocations in iron [J]. Scr. Metall. Mater., 1983, 17: 947-950.

[137] Robertson I M, Sofronis P, Nagao A, et al. Hydrogen embrittlement understood [J]. Metall. Mater. Trans. B, 2015 (46): 1085-1103.

[138] Tehranchi A, Zhou X, Curtin W A. A decohesion pathway for hydrogen embrittlement in nickel: mechanism and quantitative prediction [J]. Acta Mater., 2020 (185): 98-109.

[139] Jiang Y, Zhang B, Wang D, et al. Hydrogen-assisted fracture features of a high strength ferrite-pearlite steel [J]. J. Mater. Sci. Technol., 2019, 35 (6): 1081-1087.